W0258677

Bernhard Stauss
Herbert Weidner

Vieweg Profi-Software
WESTgraf

GKS für professionelle Grafik
mit C

Bernhard Stauss
Herbert Weidner

Vieweg Profi-Software WESTgraf

GKS für professionelle Grafik mit C

Das in diesem Buch enthaltene Programm-Material ist mit keiner Verpflichtung oder Garantie irgendeiner Art verbunden. Die Autoren und der Verlag übernehmen infolgedessen keine Verantwortung und werden keine daraus folgende oder sonstige Haftung übernehmen, die auf irgendeine Art aus der Benutzung dieses Programm-Materials oder Teilen davon entsteht.

Umschlagsgestaltung: Schrimpf & Partner, Wiesbaden

Gedruckt auf säurefreiem Papier

ISBN 978-3-528-05215-7   ISBN 978-3-322-87799-4 (eBook)
DOI 10.1007/978-3-322-87799-4

Inhaltsverzeichnis

Kapitel 1

Einleitung

Für ein von uns entwickeltes Programmpaket zur Aufnahme und Auswertung von Meßwerten suchten wir nach einer geeigneten Grafikbibliothek. Diese sollte alle PC-üblichen Ausgabegeräte, einschließlich Laserdrucker, unterstützen und auch grafische Eingabemöglichkeiten mittels Maus zur Verfügung stellen. Produkte, die am Markt (für viel Geld) angeboten wurden, erwiesen sich jedoch bald als mit schweren Mängeln behaftet (zu langsam, zu großer Speicherverbrauch, interne Fehler), die sie für unsere Zwecke unbrauchbar machten. Daher entschlossen wir uns, unsere Grafikbibliothek selbst zu schreiben. Wir entschieden uns bewußt dafür, nicht irgendeine selbst ausgedachte Schnittstelle zu implementieren, sondern im Interesse der Portabilität die Schnittstelle des international genormten *Grafischen Kernsystems, GKS*, in der Programmiersprache C. Das Ergebnis dieser Arbeit ist WESTgraf.

WESTgraf ist eine umfangreiche Sammlung grafischer Unterprogramme auf der Grundlage der internationalen Norm für das *Grafische Kernsystem, GKS* (DIN 66252, ISO 7942) und dessen Sprachbindung an C (ISO 8651-4). WESTgraf ist ein Produkt, das sich an professionelle Programmentwickler richtet, die für ihre Anwendungsprogramme leistungsfähige, geräteunabhängige grafische Ein- und/oder Ausgabe brauchen. GKS bietet für professionelle Entwickler gegenüber anderen Grafikbibliotheken einige entscheidende Vorteile:

Normung. GKS ist eine international genormte Funktionsschnittstelle für zweidimensionale grafische Ein- und Ausgabe. Daher lassen sich Programme, die Grafik mit GKS erzeugen, leicht von einer Umgebung (Rechner, Betriebssystem, Programmiersprache) in eine andere übertragen.

Geräteunabhängigkeit. Die Anpassung an verschiedene Grafikgeräte wird von einem Gerätetreiber innerhalb von GKS erledigt. Das Anwendungsprogramm ist somit unabhängig von den eingesetzten grafischen Ein- und Ausgabegeräten; es muß also nicht geändert werden, wenn sich die Grafikperipherie (Bildschirm, Drucker, Maus) ändert.

Maschinenunabhängigkeit. GKS-Implementierungen sind für alle Klassen von
  Rechnern verfügbar, vom 8-Bit Mikroprozessor bis zum Großrechner.

GKS leistet also für die Grafikprogrammierung dasselbe, wie die höheren Programm-
miersprachen für die Programmierung insgesamt. Der Grafikprogrammierer kann
seine Software auf einer problemorientierten Ebene, unabhängig von bestimmten
Rechnern oder Betriebssystemen und unabhängig vom Vorhandensein bestimmter
Grafikgeräte entwickeln. GKS eignet sich daher auch zur Ausbildung von Studen-
ten und Schülern in der grafischen Datenverarbeitung anhand einer international
genormten Grafikschnittstelle.

1.1   Merkmale und Voraussetzungen

Bei der Entwicklung von WESTgraf ließen wir uns von folgenden Überlegungen
leiten:

- WESTgraf ist speziell für den IBM-PC und dessen begrenzte Fähigkeiten
  (Speicher, Geschwindigkeit) optimiert. So haben wir z.B. intern so weit wie
  möglich auf Gleitkommarechnung verzichtet, da in den meisten PC noch
  kein 80x87-Koprozessor steckt. WESTgraf ist so schnell, daß selbst auf 10-
  MHz-ATs einfache on-line-Animationen mit mehreren Bildern pro Sekunde
  möglich sind (s. Uhrenfilm im Demo auf der Diskette).

- WESTgraf unterstützt die GKS-Leistungsstufe *0b*, d.h. vorhanden sind alle
  Ausgabedarstellungselemente (Linienzug, Füllgebiet, Polymarken, Text, Zell-
  matrix) mit zugehörigen Attributen und grafische Eingabe in der Betriebsart
  Anforderung. Für die meisten Anwendungen reicht das völlig aus, und der
  Speicherverbrauch des Pakets hält sich in Grenzen (ca. 80 KByte Kode und
  20 KByte Daten).

- WESTgraf hat ein sehr kleines (also gutes) Preis/Leistungsverhältnis.

WESTgraf setzt folgende Umgebung voraus:

- Einen IBM-PC (oder einen dazu 100%-kompatiblen Rechner). Zur Installation von WESTgraf von der beigelegten Diskette brauchen Sie ein $5\frac{1}{4}$-Zoll
  Diskettenlaufwerk hoher Kapazität (1,2 MByte).

- MS-DOS ab Version 2.

- WESTgraf liegt in Bibliotheken zur Benutzung mit Turbo C++ Version 1.01,
  Borland C++ 2.0 und 3.0 oder Microsoft C in den Versionen 5.0, 5.1 und
  6.0 vor.

- Zur grafischen Eingabe empfiehlt sich eine Microsoft (oder dazu kompatible)
  Maus. Das ist nicht unbedingt nötig, da WESTgraf auch die Tastatur als
  grafisches Eingabegerät unterstützt. Aber eine Maus ist handlicher.

- WESTgraf enthält Treiber für die PC-üblichen Grafikkarten (Hercules, CGA, EGA, VGA). Es werden auch Super-VGA-Modi (800 · 600 und 1024 · 768 Bildpunkte) für die meisten Tseng ET3000 und Tseng ET4000 VGA-Karten unterstützt.

- Außerdem sind Treiber für HP LaserJet II-kompatible Laserdrucker enthalten, sowie Treiber für 8- und 24-Nadel-Matrixdrucker (Epson FX80, Epson LQ500, NEC P6). Die meisten am Markt erhältlichen Drucker sind zu einem der obengenannten kompatibel.

Das vorliegende Handbuch zu WESTgraf ist kein ausführliches Lehrbuch für GKS (und soll es auch nicht sein). Die nachfolgenden Kapitel enthalten eine Beschreibung der Konzepte von GKS, die für den Einsatz von WESTgraf notwendig sind, sowie einfache Beispiele zur Demonstration. Größere und komplexere Beispielprogramme für die Grafikprogrammierung mit GKS sind auf der Diskette als C-Quellen verfügbar. Den Hauptteil des Buches macht die Funktionsreferenz (Kapitel 7) aus, die jede einzelne Funktion von WESTgraf mit Schnittstelle und Bedeutung vollständig und ausführlich beschreibt.

1.2 Grundidee des GKS

Das Grafische Kernsystem (GKS) ist eine funktionale Schnittstelle zwischen einem Anwendungsprogramm und einer Gruppe von grafischen Ein- und Ausgabegeräten. Besonderheiten der grafischen Hardware werden vom Anwendungsprogramm ferngehalten. GKS stellt logische (abstrakte) Ein- und Ausgabefunktionen zur Verfügung. Dabei handelt es sich um grafische Grundfunktionen, die zur interaktiven und passiven Grafik auf einer Vielzahl grafischer Geräte geeignet sind. Zur grafischen Ausgabe sind die Darstellungselemente *Linienzug*, *Polymarke*, *Text*, *Füllgebiet*, *Zellmatrix* und *verallgemeinertes Darstellungselement* vorgesehen (Kapitel 4), für die grafische Eingabe die Eingabeklassen *Lokalisierer*, *Liniengeber*, *Wertgeber*, *Auswähler*, *Textgeber* und *Picker* (Kapitel 5).

Grafische Ausgaben mit GKS bestehen aus zwei Gruppen von Funktionen, denen zum Erzeugen der *Darstellungselemente* (siehe oben) und denen zum Setzen der zugehörigen *Darstellungsattribute*. Die Darstellungsattribute legen das Aussehen (die *Aspekte*) der Darstellungselemente an einem Gerät fest, wie z. B. Linientyp, Farbe oder Zeichenhöhe (Abschnitt 4.1).

Nichtgeometrische Aspekte von Darstellungselementen, wie etwa Linientyp oder Farbe (im Gegensatz zu geometrischen Aspekten wie Zeichenhöhe), können für jeden Arbeitsplatz gesondert festgelegt werden. Zu diesem Zweck hat jeder Arbeitsplatz für jedes Darstellungselement eine *Bündeltabelle*. Man kann z. B. einstellen, daß die nichtgeometrischen Aspekte eines Linienzugs aus dem Bündel Nr. 3 der arbeitsplatzspezifischen Bündeltabelle für Linienzüge genommen werden sollen. Damit überläßt das Anwendungsprogramm dem Arbeitsplatz die Entscheidung darüber, wie der gezeichnete Linienzug letzlich aussieht. Jeder Arbeitsplatz kann eine seinen Fähigkeiten entsprechende Darstellung wählen, ohne daß das Anwendungsprogramm die unterschiedlichen Fähigkeiten der einzelnen Arbeitsplätze kennen muß.

Im Gegensatz dazu muß das Anwendungsprogramm die geometrischen Aspekte der Darstellungselemente jeweils global im GKS einstellen, da diese das Erscheinungsbild der Zeichnung wesentlich prägen.

Ein weiteres wichtiges Konzept für die Geräteunabhängigkeit im GKS sind die Koordinatentransformationen (Kapitel 3). Das Anwendungsprogramm verwendet *Weltkoordinaten*, die von GKS in einem ersten Schritt in *normierte Koordinaten* transformiert werden. Das normierte Koordinatensystem ist eine abstrakte Darstellungsfläche, die für alle Geräte einheitlich ist. In einem zweiten Schritt führt GKS individuell für jeden Arbeitsplatz die Abbildung von normierten Koordinaten in das spezifische Koordinatensystem des Geräts durch. Eingaben (etwa eines Lokalisierers) werden von GKS durch die inversen Transformationen von Gerätekoordinaten in Weltkoordinaten abgebildet.

Die grafische Eingabe wird von GKS in sechs *Eingabeklassen* unterteilt, wobei jede Klasse einen bestimmten Datentyp als *logischen Eingabewert* liefert. Die Auswirkungen einer Eingabetätigkeit des Bedieners auf die Darstellungsfläche, wie Aufforderung und Echo, werden von GKS für jedes logische Eingabegerät individuell gesteuert (Kapitel 5).

Bei der Initialisierung logischer Eingabegeräte können Attribute für die Bedienung angegeben werden. Zum Beispiel kann man während der Initialisierung einen Anfangswert, ein Aufforderungs- und Echoverfahren und einen Bereich für das Echo auf der Darstellungsfläche des Gerätes festlegen.

1.3   Leistungsstufen

Die volle GKS-Norm definiert sehr viele Funktionen. Anwendungen verwenden davon jedoch oft nur charakteristische Teilmengen: Ein Stapelverarbeitungsprogramm, das aus einigen Werten ein Bild zeichnet, braucht z.B. keine grafische Eingabe; asynchrone Eingabearten werden nicht von jedem Betriebssystem unterstützt. Daher legt die GKS-Norm 9 legale Untermengen des Standards fest, die sogenannten GKS-*Leistungsstufen* (*level*). Dabei sind für Eingabe und Ausgabe jeweils 3 Leistungsstufen vorgesehen. Die Ausgabeleistungsstufen werden mit *0*, *1* und *2* bezeichnet, die Eingabeleistungsstufen mit *a*, *b* und *c*:

Ausgabestufe 0. Alle Ausgabedarstellungselemente mit zugehörigen Attributen.

Ausgabestufe 1. Zusätzlich zu Stufe *0*: Einfache Segmentierung, mehrere Arbeitsplätze müssen gleichzeitig aktiv sein können, Bilddatei muß vorhanden sein.

Ausgabestufe 2. Zusätzlich zu Stufe *1*: Volle Segmentierung mit arbeitsplatzunabhängigem Segmentspeicher (*AUSS*).

Eingabestufe a. Keine Eingabe.

Eingabestufe b. Alle logischen Eingabeklassen in der Betriebsart *Anforderung*. Die Eingabeklasse *Picker* ist nur verfügbar, falls es auch Segmente gibt, d.h. bei den Ausgabeleistungsstufen *1* und *2*.

Eingabestufe c. Zusätzlich zu Stufe *b*: Alle logischen Eingabeklassen in den Betriebsarten *Abfrage* und *Ereignis*. *Picker* ist nur verfügbar, falls es auch Segmente gibt, d.h. bei den Ausgabeleistungsstufen *1* und *2*.

Jede Ausgabeleistungsstufe kann mit jeder Eingabeleistungsstufe kombiniert werden. Die von WESTgraf unterstützte GKS-Leistungsstufe *0b* bedeutet also Ausgabeleistungsstufe *0* und Eingabeleistungsstufe *b*. Das bedeutet, daß WESTgraf alle grafischen Ausgabefähigkeiten unterstützt, nur auf den Komfort einer integrierten Segmentverwaltung muß der Effizienz wegen verzichtet werden. Die grafischen Eingabefähigkeiten sind für fast alle Anwendungen ausreichend.

1.4 Sprachschalen

Die GKS-Norm beschreibt alle Funktionen und Datentypen des GKS in einer Form, die unabhängig von einer bestimmten Programmiersprache ist. Um GKS von einer konkreten Programmiersprache aus verwenden zu können, ist es nötig, eine sogenannte *Sprachschale* festzulegen. Die Sprachschale bestimmt die Namen der GKS-Funktionen sowie Anzahl und Typen ihrer Parameter in dieser Sprache. International genormte GKS-Sprachschalen für die Programmiersprachen FORTRAN, Pascal, Ada und C liegen vor (ISO 8651-1, 8651-2, 8651-3 und 8651-4).

WESTgraf implementiert die C-Sprachschale für GKS. Das Referenzhandbuch mit der genauen Aufrufschnittstelle für jede einzelne Funktion finden Sie in Kapitel 7.

1.5 Betriebszustände

GKS unterscheidet zwischen verschiedenen Betriebszuständen, zwischen denen mittels sogenannter *Steuerungsfunktionen* gewechselt werden kann (Bild 1-1)[1]. GKS ist zu jedem Zeitpunkt in genau einem der Betriebszustände und kann von einem Zustand nur in einen benachbarten übergehen. Am Anfang z.B., bevor GKS initialisiert wird, ist GKS im Zustand *GKS geschlossen* (*GKGS*). Von diesem Zustand kann GKS nur in den Zustand *GKS offen* (*GKOF*) wechseln. In jedem Zustand sind gewisse Funktionen des GKS erlaubt, andere nicht. Jeder Versuch, eine GKS-Funktion auszuführen, die im aktuellen GKS-Betriebszustand nicht zulässig ist, führt zu einem Fehler.

---

1 Der Betriebszustand *Segment offen* ist nur für Ausgabeleistungsstufen ≥ 1 relevant und wird daher hier nicht weiter erwähnt.

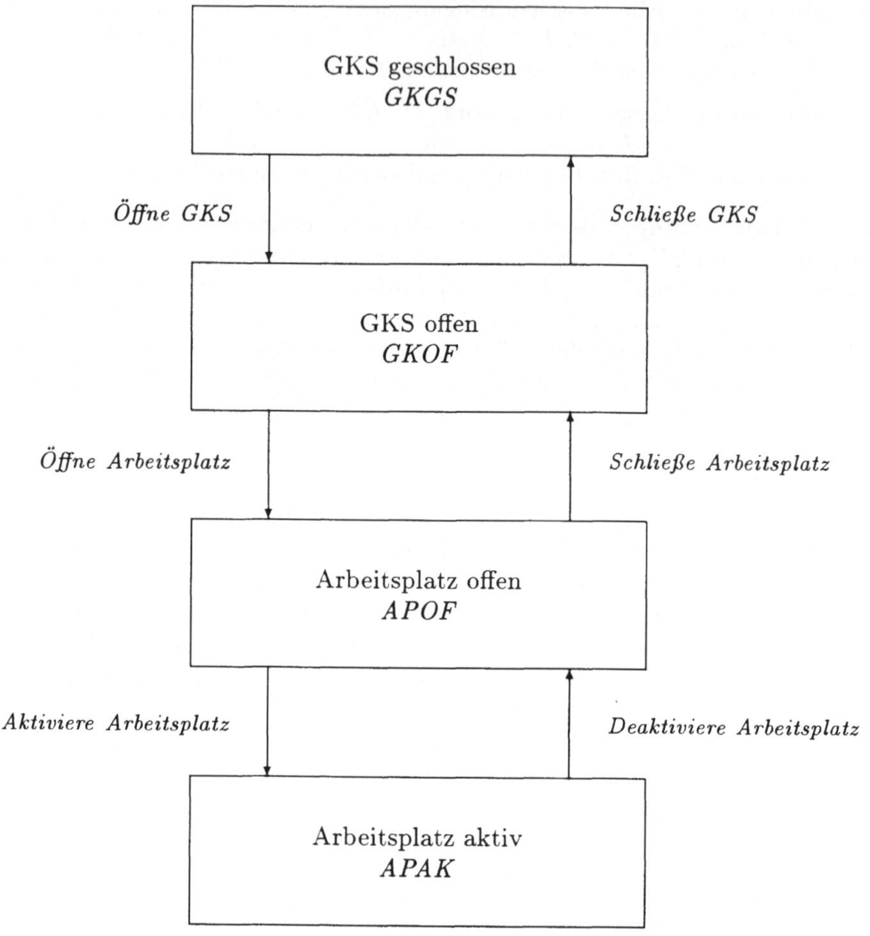

Bild 1-1   Vereinfachtes GKS-Zustandsdiagramm

GKS-Name	langer C-Name	kurzer C-Name
Öffne GKS	gopen_gks()	gopks()
Öffne Arbeitsplatz	gopen_ws()	gopwk()
Aktiviere Arbeitsplatz	gactivate_ws()	gacwk()
Deaktiviere Arbeitsplatz	gdeactivate_ws()	gdawk()
Schließe Arbeitsplatz	gclose_ws()	gclwk()
Schließe GKS	gclose_gks()	gclks()

Tabelle mit GKS-Steuerungsfunktionen

Die GKS-Betriebszustände haben folgende Bedeutung:

GKS geschlossen, GKGS. GKS ist nicht initialisiert und es dürfen keine GKS-Funktionen (außer *Öffne GKS* und einigen Erfragefunktionen) aufgerufen werden.

GKS offen, GKOF. GKS ist initialisiert. Das Anwendungsprogramm kann jetzt verschiedene Abfragen starten (z. B. wieviele und welche Arbeitsplätze sind vorhanden?); es kann globale Darstellungsattribute und Normierungstransformationen setzen sowie Arbeitsplätze öffnen.

Arbeitsplatz offen, APOF. Mindestens ein GKS-Arbeitsplatz ist offen. Jeder Arbeitsplatz verfügt über spezifische Tabellen, in denen z. B. die aktuelle Gerätetransformation, arbeitsplatzabhängige Attribute und die Fähigkeiten des Arbeitsplatzes gespeichert sind. Das Anwendungsprogramm kann für einen geöffneten Arbeitsplatz diese Tabellen abfragen und zum Teil auch setzen. Grafische Ausgabe ist jedoch im Zustand *APOF* noch nicht möglich.

Arbeitsplatz aktiv, APAK. Mindestens ein GKS-Arbeitsplatz ist aktiv. Das Anwendungsprogramm kann erst jetzt tatsächlich grafische Ausgabe machen. Grafische Ausgaben werden auf allen aktiven Arbeitsplätzen gleichzeitig ausgegeben.

In Prg. 1-1 ist die typische Sequenz zu sehen, mit der eine Anwendung GKS öffnet und einen Arbeitsplatz für die grafische Ausgabe vorbereitet. Nach Beendigung der Grafik wird der Arbeitsplatz deaktiviert, geschlossen und GKS wird geschlossen.

```
     ⋮
/* Initialisieren, Vorbereiten der grafischen Ausgabe */
gopen_gks("gks.err", GDEF_MEM_SIZE);
gopen_ws(1, arbeitsplatzverbindung, arbeitsplatztyp);
gactivate_ws(1);

/* Jetzt kann grafische Ausgabe auf den Arbeitsplatz erfolgen */
     ⋮

/* Grafik schließen */
gdeactivate_ws(1);
gclose_ws(1);
gclose_gks();
     ⋮
```

Prg. 1-1 Initialisieren und Beenden von GKS

Um ein GKS-Anwendungsprogramm „sauber" zu beenden, müssen die oben aufgeführten Zustände in umgekehrter Reihenfolge wieder durchlaufen werden:

1. Alle aktiven Arbeitsplätze müssen deaktiviert werden. GKS befindet sich
   dann wieder im Zustand *APOF*.

2. Alle offenen Arbeitsplätze müssen geschlossen werden. GKS befindet sich
   dann wieder im Zustand *GKOF*.

3. Nun kann GKS geschlossen werden. GKS befindet sich dann im Zustand
   GKGS und das Anwendungsprogramm kann sich beenden oder GKS neu
   öffnen.

1.6   Arbeitsplätze

Ein *grafischer Arbeitsplatz* (*workstation*) im Sinn von GKS ist eine Zusammenfassung von einem oder mehreren physikalischen Geräten. Ein grafischer Arbeitsplatz
besteht aus einer Kombination von maximal einem Gerät zur grafischen Ausgabe
(z.B. Bildschirm, Drucker, Plotter) und keinem, einem oder mehreren Geräten zur
Eingabe (z.B. Tastatur, Maus, Tablett).
GKS unterscheidet bei grafischen Arbeitsplätzen verschiedene *Kategorien*. Im
einzelnen sind dies:

Ausgabe. Der Arbeitsplatz hat nur Ausgabefähigkeiten (z.B. Drucker oder Plotter, der nur zum Zeichnen verwendet wird).

AusEin. Der Arbeitsplatz besitzt Ausgabefähigkeiten und mindestens ein logisches Eingabegerät (z.B. Bildschirm mit angeschlossener Tastatur oder Maus
für interaktive Grafik).

Die weiteren im GKS vorgesehenen Arbeitsplatzkategorien *Eingabe*, *AUSS*, *BA*,
BE spielen für WESTgraf zur Zeit keine Rolle und werden daher nicht weiter
erläutert.

1.7   Erfragefunktionen

Ungefähr die Hälfte der etwa 150 GKS-Funktionen der Leistungsstufe *0b* sind
sogenannte *Erfragefunktionen* (*inquiries*). Mittels dieser Funktionen kann das
Anwendungsprogramm die grafischen Fähigkeiten der vorhandenen Arbeitsplatztypen ermitteln und sich darauf einstellen, z.B. Anzahl der verfügbaren Farben,
Anzahl der logischen Eingabegeräte, dynamische Fähigkeiten des Arbeitsplatztyps. Ebenso können die aktuellen Einstellungen aller Attribute, Transformationen usw. erfragt werden. Das Anwendungsprogramm hat damit die Möglichkeit,
nachdem es zu einem bestimmten Zweck einige Attribute gesetzt hat, die vorher
erfragten Werte wiederherzustellen.

1.8   Fehlerbehandlung

Jede GKS-Funktion führt eine Reihe von Prüfungen durch (z.B.: Befindet sich
GKS im richtigen Zustand? Sind die Eingabeparameter der Funktion im zulässigen

Wertebereich?). Nur falls bei diesen Überprüfungen keine Fehler gefunden werden, wird die geforderte Aktion ausgeführt. Andernfalls wird die GKS-Fehlerbehandlung aktiviert. Das geschieht, indem die Funktion *Fehlerbehandlung* (gerr_hand()) aufgerufen wird. Als Parameter erhält sie die Identifizierungen des Fehlers und der Funktion, die ihn entdeckt hat, sowie den Namen der GKS-Fehlerdatei (der bei *Öffne GKS* angegeben wird). Die Standardfunktion *Fehlerbehandlung* tut nichts anderes, als mit denselben Parametern die Funktion *Fehlerprotokoll* (gerr_log()) aufzurufen. Diese protokolliert den gefundenen Fehler und die Funktion, die ihn entdeckt hat, auf der GKS-Fehlerdatei.

GKS-Name	langer C-Name	kurzer C-Name
Fehlerbehandlung	gerr_hand()	gerhnd()
Fehlerprotokoll	gerr_log()	gerlog()
Setze Fehlerbehandlung	gset_err_hand()	gsehnd()
Notabschluß GKS	gemergency_close_gks()	geclks()

Tabelle mit GKS-Funktionen zur Fehlerbehandlung

Die oben beschriebene Standard-Fehlerbehandlung im GKS kann vom Anwendungsprogramm durch eine eigene Fehlerbehandlung ersetzt werden. Zu diesem Zweck muß die Funktion gerr_hand() durch eine eigene Fehlerbehandlungsroutine ersetzt werden. Die C-Sprachschale sieht zu diesem Zweck eine besondere Funktion vor: *Setze Fehlerbehandlung* (gset_err_hand()). Eine eigene *Fehlerbehandlung* darf auch die Funktion *Fehlerprotokoll* (gerr_log()) aufrufen.

Die Erfragefunktionen weichen von der normalen Fehlerbehandlung im GKS ab. Sie rufen nicht die Funktion *Fehlerbehandlung* auf, sondern haben stattdessen einen speziellen Ausgabeparameter, an dem das Anwendungsprogramm erkennen kann, ob ein Fehler aufgetreten ist. Nur wenn dieser Fehlerstatus den Wert 0 (kein Fehler) enthält, sind die übrigen Ausgabeparameter einer Erfragefunktion definiert.

Diese Eigentümlichkeit der Erfragefunktionen bei der Fehlerbehandlung hat zur Folge, daß Erfragefunktionen im Gegensatz zu anderen GKS-Funktionen in einer Funktion *Fehlerbehandlung* verwendet werden können. „Normale" GKS-Funktionen dürfen in *Fehlerbehandlung* nicht benutzt werden, da sie ja weitere Fehler produzieren könnten und so die Gefahr einer endlos rekursiven *Fehlerbehandlung* bestünde.

Falls das Anwendungsprogramm schwere Fehler erkennt, die das sinnvolle Weiterarbeiten unmöglich machen (Betriebssystemfehler, Speichermangel usw.), kann es jederzeit einen Notabschluß des GKS durchführen. Dazu muß es die Funktion *Notabschluß GKS* (gemergency_close_gks()) aufrufen. Diese Funktion versucht, GKS so geordnet wie möglich zu beenden, d.h. alle begonnenen Ausgaben zu beenden (z.B. gepuffertes Druckerbild drucken), alle von GKS belegten Betriebsmittel (Dateien, Speicher) freizugeben und die grafischen Arbeitsplätze zu schließen. Die Funktion *Notabschluß GKS* kann auch innerhalb einer eigenen *Fehlerbehandlung* aufgerufen werden.

Kapitel 2

Installation

Um mit WESTgraf eigene Programme zu entwickeln, benötigen Sie einen der folgenden C-Übersetzer:

- Turbo C++ 1.01, Borland C++ 2.0 oder Borland C++ 3.0.

- Microsoft C 5.0, Microsoft C 5.1 oder Microsoft C 6.0.

Auf der Diskette befindet sich eine Datei mit dem Namen liesmich. Sie enthält wichtige Zusatzinformationen, die erst nach Drucklegung dieses Buches zur Verfügung standen. Lesen Sie diese Datei als erstes. Falls sich Informationen in dieser Datei mit Informationen im Buch widersprechen, so zählt das, was auf der Datei liesmich steht.

Der Hauptkatalog der Diskette enthält einige spezielle Dateien (*.gks und *.txt), die für jede Anwendung zur Laufzeit verfügbar sein müssen. Die Diskette enthält verschiedene Unterkataloge. Im Katalog LIB befinden sich die Bibliotheken (*.lib) zur Verwendung mit den verschiedenen Übersetzern. Alle Bibliotheken sind für das Speichermodell *Large* des jeweiligen Übersetzers erzeugt. Der Katalog INCLUDE enthält #include-Dateien (*.h) zum Übersetzen einer Anwendung. Außerdem befinden sich im Katalog BEISPIEL einige Beispiele im C-Quelltext und als ausführbare *.exe-Dateien. Im einzelnen bedeuten:

. Beschreibungsdateien für die verschiedenen von WESTgraf unterstützten Arbeitsplatztypen und Zeichensätze (*.gks) und die Datei mit den Namen der GKS-Funktionen und den Texten für die GKS-Fehlermeldungen (gks.txt). Diese Dateien müssen jeder WESTgraf-Anwendung zur *Ausführungszeit* zur Verfügung stehen. Das bedeutet: Wenn Sie eine WESTgraf-Anwendung erstellen und vertreiben, müssen Sie diese Dateien zusammen mit Ihrer Anwendung verteilen. Dazu haben Sie hiermit ausdrücklich die Erlaubnis. Falls gks.txt zur Laufzeit nicht gefunden wird, schreibt die GKS-Fehlerbehandlung nur die Nummern der GKS-Funktionen und die Nummern der Fehlermeldungen auf die Fehlerdatei, statt der zugehörigen Texte.

LIB\wgksmc86.lib Bibliothek für Microsoft C 5.0, 5.1 und 6.0 ohne Verwendung eines numerischen Koprozessors. Die Bibliothek wurde mit der Gleitkommaoption *-FPa* übersetzt.

LIB\wgksmc87.lib Bibliothek für Microsoft C 5.0, 5.1 und 6.0 mit Verwendung eines numerischen Koprozessors. Die Bibliothek wurde mit der Gleitkommaoption *-FPi87* übersetzt.

LIB\wgkstcbc.lib Bibliothek für Turbo C++ 1.01, Borland C++ 2.0 und Borland C++ 3.0. Ein Gleitkommakoprozessor wird verwendet, falls vorhanden, andernfalls emuliert.

INCLUDE*.h #include-Dateien für Anwendungen.

Von den drei Bibliotheken brauchen Sie natürlich nur die eine zu installieren, die Ihrer Übersetzer- und Rechnerkonfiguration entspricht. Die Bibliothek muß explizit beim Binden einer WESTgraf-Anwendung angegeben werden. Für Turbo bzw. Borland C++ heißt das, sie muß in die Projektdatei für das entsprechende Projekt aufgenommen werden.

Die #include-Dateien müssen in einem Katalog stehen, in dem sie vom Übersetzer gefunden werden. Jede Quelltextdatei, die GKS-Aufrufe macht oder GKS-Typen bzw. -Konstanten verwendet, muß die Datei gks.h einfügen. Diese Datei fügt ihrerseits alle benötigten weiteren #include-Dateien ein.

Die Dateien für die Laufzeitumgebung (Hauptkatalog auf der Diskette) werden von einer WESTgraf-Anwendung nacheinander in folgenden Katalogen gesucht:

1. Im aktuellen Katalog.

2. In den Katalogen, die in der DOS-Umgebungsvariablen WESTGRAF angegeben sind. Mehrere Kataloge werden, wie beim DOS-Kommandosuchpfad, mit Strichpunkten getrennt.

3. In den Katalogen, die im DOS-Kommandosuchpfad angegeben sind (Umgebungsvariable PATH).

ACHTUNG: Die Dateien für die Laufzeitumgebung müssen sich alle in *ein- und demselben* Katalog befinden. Sie dürfen nicht über mehrere Kataloge verteilt werden.

2.1 Beispiel

Gehen Sie zur Installation von WESTgraf folgendermaßen vor:

1. Legen Sie auf Ihrer Festplatte einen Katalog für die WESTgraf-Dateien an, z. B. c:\westgraf:

   ```
   mkdir c:\westgraf
   ```

2. Kopieren Sie alle Dateien mit allen Unterkatalogen von der Diskette nach c:\westgraf:

```
xcopy a:\*.*  c:\westgraf /s
```

3. Weisen Sie der DOS-Umgebungsvariablen WESTGRAF den Namen dieses Katalogs zu. Diese Anweisung sollten Sie sinnvollerweise in Ihre autoexec.bat-Datei schreiben, damit sie bei jedem Neustart des Rechners automatisch ausgeführt wird:

```
set WESTGRAF=c:\westgraf
```

4. Sie können jetzt zum Einsparen von Plattenplatz im Unterkatalog LIB die Bibliotheken löschen, die Sie nicht brauchen.

Um Ihre Installation zu überprüfen, sollten Sie jetzt die Beispielanwendung gkshaus.exe erzeugen und ausführen.

1. Übersetzen Sie die Datei gkshaus.c, die sich im Unterkatalog BEISPIEL befindet. Vergessen Sie dabei nicht, das Speichermodell *Large* zu verwenden.

2. Binden Sie gkshaus.obj zusammen mit der WESTgraf-Bibliothek.

3. Führen Sie die so erzeugte WESTgraf-Anwendung gkshaus.exe aus. Wenn alles funktioniert hat, sehen Sie jetzt auf Ihrem Bildschirm ein hübsches Häuschen mit zugehörigem Garten. Eine beliebige Taste beendet das Programm.

2.2   Falls etwas nicht klappt

Bei Schwierigkeiten beim Übersetzen, Binden oder Ausführen einer WESTgraf-Anwendung überprüfen Sie bitte die nachstehende Liste von Hinweisen. Sollte keiner der hier aufgeführten Punkte Ihr Problem beheben, lesen Sie bitte auch die Datei liesmich auf der Diskette, die weitere Hinweise enthalten kann.

- Verwenden Sie das Speichermodell *Large* Ihres Übersetzers.

- Bei Fehlern (*unresolved externals*) beim Binden: Geben Sie die für Sie richtige WESTgraf-Bibliothek LIB\wgksxxxx.lib explizit beim Binden an. Für Turbo bzw. Borland C++ bedeutet das, daß Sie eine *Projektdatei* für die Anwendung anlegen müssen und die WESTgraf-Bibliothek in diese Projektdatei aufnehmen müssen.

- Bei Verwendung von Turbo bzw. Borland C++: WESTgraf-Anwendungen müssen als C-Programme (nicht als C++) übersetzt werden.

- Stellen Sie sicher, daß Ihre WESTgraf-Anwendung die Dateien der Laufzeitumgebung (*.gks, *.txt) findet. Diese werden im aktuellen Katalog, im Katalog, der in der DOS-Umgebungsvariablen WESTGRAF angegeben ist, und in den Katalogen des DOS-Suchpfades (Umgebungsvariable PATH) gesucht. Die Dateien dürfen nicht über mehrere Kataloge verteilt werden.

Kapitel 3

Koordinatensysteme und Transformationen

Damit GKS z.B. einen Linienzug zeichnen kann, muß das Anwendungsprogramm an GKS die Eckpunkte dieses Linienzuges übergeben. Dazu gibt man die Punkte als Koordinatenpaare in einem zweidimensionalen kartesischen Koordinatensystem an. GKS unterscheidet drei solche Koordinatensysteme (Bild 3-1):

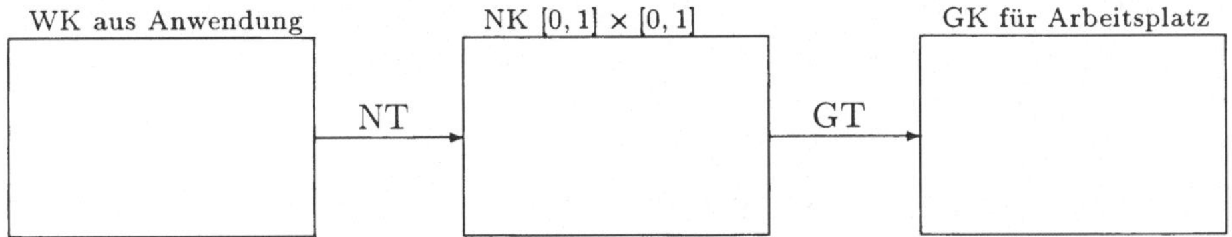

Bild 3-1   GKS-Koordinatensysteme

Weltkoordinatensystem, WK. Dieses Koordinatensystem ist vom Anwender frei wählbar. Im WK gibt er die Punkte in ihm genehmen Einheiten an. Das WK ist somit nur an das Problem angepaßt, jedoch völlig unabhängig vom gewählten Ausgabegerät. Insbesondere erlaubt das WK keine Aussage darüber, wie groß die Zeichnung wird oder in welcher Ecke der Darstellungsfläche des Ausgabegerätes sie erscheint.

Normiertes Koordinatensystem, NK. Das NK ist eine logische Zeichenfläche, auf die die Weltkoordinaten in einem ersten Schritt abgebildet werden. Das NK ist unabhängig vom tatsächlichen Ausgabegerät und stets festgelegt auf das Quadrat $[0, 1] \times [0, 1]$.

Gerätekoordinatensystem, GK. Jedes Ausgabegerät hat sein eigenes GK. Gerätekoordinaten werden im GKS normalerweise in Metern angegeben.

GKS definiert die Abbildung vom anwenderspezifischen WK ins gerätespezifische GK in zwei Schritten:

1. Abbildung von WK in NK (Normierungstransformation, NT).

2. Abbildung von NK in GK (Gerätetransformation, GT).

Die Abbildung der Zeichnung (oder Teilen davon) von einem Koordinatensystem in das nächste geschieht mittels *Transformationen*, die durch die Anwendung gesetzt werden können. Eine Transformation wird definiert durch zwei achsenparallele Rechtecke, von denen eines auf das andere abgebildet wird, und kann damit sowohl eine Verschiebung (Translation) als auch eine Verkleinerung (Vergrößerung) bzw. Verzerrung (Skalierung) bewirken. Das Rechteck aus dem Herkunftskoordinatensystem (z.B. WK) wird *Fenster* (*window*) genannt, das Rechteck im Zielkoordinatensystem (hier z.B. NK) heißt *Darstellungsfeld* (*viewport*).

GKS-Name	langer C-Name	kurzer C-Name
Setze Fenster	gset_win()	gswn()
Setze Darstellungsfeld	gset_vp()	gsvp()
Setze Darstellungsfeld-Eingabepriorität	gset_vp_pri()	gsvpip()
Wähle Normierungstransformation	gsel_norm_tran()	gselnt()
Setze Klippanzeiger	gset_clip()	gsclip()
Setze Gerätefenster	gset_ws_win()	gswkwn()
Setze Gerätedarstellungsfeld	gset_ws_vp()	gswkvp()
Erfrage Größe der Darstellungsfläche	ginq_disp_space_size()	gqdsp()

Tabelle der GKS-Funktionen zum Einstellen von NT und GT und des Klippanzeigers

3.1   Normierungstransformationen

Das Anwendungsprogramm kann im GKS das gesamte Bild aus Einzelbildern zusammensetzen. Jedes der Einzelbilder kann grundsätzlich in seinem eigenen Weltkoordinatensystem (WK) definiert sein. Alle definierten WK werden jedoch in ein einziges normiertes Koordinatensystem (NK) abgebildet, wodurch die relative Lage der Einzelbilder zueinander festgelegt ist.

Eine Normierungstransformation (NT) bildet ein Fenster aus dem Weltkoordinatensystem (WK) auf ein Darstellungsfeld im normierten Koordinatensystem (NK) ab. Durch Skalieren mit unterschiedlichen Faktoren für die beiden Achsen kann das Bild verzerrt werden.

WK-Fenster und NK-Darstellungsfeld einer NT können unabhängig voneinander mit zwei Funktionsaufrufen eingestellt werden: *Setze Fenster* und *Setze Darstellungsfeld*.

Es können mehrere NT gleichzeitig gesetzt sein, von denen allerdings immer nur eine benutzt werden kann. Welche der gesetzten NT zur Ausgabe von Darstellungselementen benutzt werden soll, kann mit der Funktion *Wähle Normierungstransformation* eingestellt werden.

Unmittelbar nach dem Öffnen von GKS sind alle NT so eingestellt, daß sie das $[0, 1] \times [0, 1]$-Quadrat auf sich selbst abbilden. Die maximale Nummer einer NT ist implementierungsabhängig und kann erfragt werden. Für WESTgraf ist die maximale Nummer einer NT derzeit 20. Das bedeutet, daß die NT mit den Nummern 0–20 verfügbar sind (also 21 NT). Die NT mit der Nummer 0 hat eine besondere Bedeutung für GKS: Sie kann nicht gesetzt werden, bildet also stets das Einheitsquadrat auf sich selbst ab.

Die NT haben auch für grafische Eingabe mittels Lokalisierer und Liniengeber eine wesentliche Bedeutung. Das Anwendungsprogramm bekommt die eingegebenen Punkte von GKS in Weltkoordinaten geliefert, zusammen mit der Nummer einer NT, die zur Rücktransformation benutzt wurde. Alle eingegebenen Punkte müssen im Darstellungsfeld dieser NT liegen. Falls die Punkte gleichzeitig in den Darstellungsfeldern mehrerer NT liegen, so wird die NT mit der höchsten Eingabepriorität verwendet. Unmittelbar nach dem Öffnen von GKS sind die Eingabeprioritäten gleich den Nummern der NT, wobei die kleinste Nummer die höchste Priorität bedeutet (die NT 0 hat also die höchste Priorität). Die Eingabeprioritäten können mit der Funktion *Setze Darstellungsfeld-Eingabepriorität* verändert werden.

3.2 Die Gerätetransformation

Die Gerätetransformation (GT) bildet ein Fenster aus dem NK ($[0, 1] \times [0, 1]$-Quadrat) auf ein Darstellungsfeld im GK des Ausgabegerätes ab. Jeder Arbeitsplatz hat seine eigene GT. Die GT erfolgt stets ohne Verzerrung! Das bedeutet, das NK-Fenster wird auf das größtmögliche *ähnliche* Rechteck innerhalb des angegebenen GK-Darstellungsfelds abgebildet.
Unmittelbar nach dem Öffnen des Arbeitsplatzes ist eingestellt, daß das $[0, 1] \times [0, 1]$-Quadrat verzerrungsfrei auf die gesamte Darstellungsfläche des Arbeitsplatzes abgebildet wird. Das bedeutet insbesondere: Hat der grafische Arbeitsplatz keine quadratische Darstellungsfläche, sondern z. B. eine mit einem Längenverhältnis $x{:}y$ von 4:3 (wie es etwa z. Z. bei allen WESTgraf-Arbeitsplätzen der Fall ist), so muß explizit eine Gerätetransformation gesetzt werden, um die gesamte Darstellungsfläche nutzen zu können. Eine solche Gerätetransformation muß ein NK-Fenster mit demselben Längenverhältnis (hier z. B. $[0, 1] \times [0, 0{,}75]$) auf die Darstellungsfläche des Geräts abbilden (s. Prg. 3-1). Man kann dann das Darstellungsfeld der Normierungstransformation ebenfalls auf das Rechteck $[0, 1] \times [0, 0{,}75]$ im NK setzen, um diesen Bereich voll auszunutzen (die NT darf ja im Gegensatz zur GT verzerren). Der Bereich der Gerätekoordinaten eines Arbeitsplatzes kann mit der Funktion *Erfrage Größe der Darstellungsfläche* erfragt werden.

NK-Fenster und GK-Darstellungsfeld der GT können unabhängig voneinander mit zwei Funktionsaufrufen eingestellt werden: *Setze Gerätefenster* und *Setze Gerätedarstellungsfeld*.

```
        :
        :
    Glimit norm;
        :
        :

    /* Fenster der Gerätetransformation und Darstellungsfeld der NT */
    /* so setzen, daß Gerätedarstellungsfläche voll genutzt wird */
    /* für Arbeitsplätze mit einem Längenverhältnis x:y = 4:3 */
    /* Normierungstransformation 1 verwenden */

    norm.x_min = 0; norm.x_max = 1;
    norm.y_min = 0; norm.y_max = 0.75;
    gset_ws_win(arbeitsplatz, &norm);
    gset_vp(1, &norm); gset_win(1, ... );
    gsel_norm_tran(1);
        :
        :
```

Prg. 3-1   Setzen von NT und GT

3.3 Klippen

Unter Klippen versteht man das Abschneiden von nicht sichtbaren Teilen einer
Zeichnung. GKS definiert zwei Rechtecke, an denen geklippt wird:

1. Das Darstellungsfeld der aktuellen NT definiert das Klipprechteck, an dessen
   Grenzen jedoch nur dann geklippt wird, wenn der globale Klippanzeiger auf
   klippen gesetzt ist. Der globale Klippanzeiger kann mit der Funktion *Setze
   Klippanzeiger* gesetzt werden.

2. Die zweite Begrenzung für das Klippen ist das Gerätefenster der jeweiligen
   GT. An diesem Gerätefenster wird stets geklippt, unabhängig von der Stellung des globalen Klippanzeigers.

Kapitel 4

Grafische Ausgabe

GKS sieht zur grafischen Ausgabe sechs sogenannte Darstellungselemente vor. Diese sind:

Linienzug. Zeichnet von jedem Punkt zum nächsten eine gerade Linie.

Füllgebiet. Bildet aus den übergebenen Punkten die Randlinie einer Fläche, die mit einem Muster bzw. einer Schraffur gefüllt wird.

Polymarke. Zeichnet an jedem der gegebenen Punkte eine zentrierte Marke.

Text. Gibt eine Zeichenfolge an der gegebenen Position aus.

Zellmatrix. Zeichnet eine Matrix (Rechteck) von Bildpunkten, wobei jeder Bildpunkt seine eigene Farbe hat. Mit dieser Funktion kann GKS zur Ausgabe von Rasterbildern verwendet werden.

Verallgemeinertes Darstellungselement, VDEL. Erzeugt grafische Objekte, die z. B. den besonderen Hardwarefähigkeiten eines Arbeitsplatzes entsprechen und nicht genormt sind (z. B. Kreis- und Ellipsenbögen, Bézier-Kurven).

WESTgraf unterstützt zur Zeit keine VDELe.

GKS-Name	langer C-Name	kurzer C-Name
Linienzug	gpolyline()	gpl()
Füllgebiet	gfill_area()	gfa()
Polymarke	gpolymarker()	gpm()
Text	gtext()	gtx()
Zellmatrix	gcell_array()	gca()
Verallg. Darstellungselement	ggdp()	ggdp()

Tabelle der GKS-Ausgabefunktionen (Darstellungselemente)

4.1   Darstellungsattribute

Jedes Darstellungselement von GKS (ausgenommen Zellmatrix und VDEL) hat seine eigenen Attribute, so gibt es z. B. für Linienzüge u. a. die Attribute *Linientyp* (durchgezogen, gestrichelt usw.) und *Farbe*.

Die Attributverwaltung von GKS gliedert sich in zwei Teile:

1. Arbeitsplatzunabhängige, globale Attribute.

2. Arbeitsplatzabhängige, gebündelte Attribute.

Arbeitsplatzunabhängige (globale) Attribute gibt es genau einmal global im GKS für jedes Darstellungselement.

Arbeitsplatzabhängige Attribute werden mittels sogenannter Bündeltabellen arbeitsplatzintern verwaltet. Ein Attributbündel ist eine Zusammenfassung von Attributen eines Darstellungselementes (z. B. Linientyp, Strichdicke, Farbe für Linienzug; Ausfüllungsart, Farbe usw. für Füllgebiet). Jeder Arbeitsplatz enthält seine private Tabelle mit mehreren Attributbündeln für jedes Darstellungselement (mindestens 2 für Text, mindestens je 5 für die anderen Darstellungselemente). Ein solches Bündel wird über einen Index ausgewählt. So kann für jedes Gerät eine seinen Fähigkeiten entsprechende Darstellungsform gewählt werden. Beispiel: auf einem Farbbildschirm ist im Bündel für Füllgebiete eingestellt, daß Flächen gleichmäßig rot gefüllt werden, im entsprechenden Bündel für einen Schwarzweißschirm steht, daß Flächen diagonal schraffiert werden sollen.

Viele Attribute, wie etwa Linientyp oder Farbindex, sind sowohl global als auch gebündelt vorhanden. GKS muß bei der Darstellung eines Linienzugs wissen, ob es das globale oder das gebündelte Attribut für den Linienzug verwenden soll. Daher gibt es für jedes Attribut, das sowohl global als auch gebündelt existiert, einen sogenannten *Aspektanzeiger*, mit dem das Anwendungsprogramm die gewünschte Art (*gebündelt* oder *individuell*) für dieses Attribut einstellen kann. Ist der Aspektanzeiger auf *gebündelt* gestellt, so wird das Attribut anhand des aktuellen Bündelindexes aus dem betreffenden Bündel des Arbeitsplatzes genommen, sonst wird das globale Attribut verwendet.

Bei der Initialisierung des Systems sind alle Aspektanzeiger auf denselben Wert eingestellt. Es ist implementierungsabhängig, ob dieser Wert *individuell* oder *gebündelt* ist. WESTgraf stellt zu Beginn alle Aspektanzeiger auf den Wert *individuell*.

4.2   Farbtabelle

Eines der wichtigsten Attribute eines Darstellungselementes wie Linienzug oder Füllgebiet ist die *Farbe*. Die Farbe wird als Index in eine *Farbtabelle* angegeben. Jeder Eintrag dieser Farbtabelle enthält 3 Gleitkommazahlen im Bereich zwischen 0,0 und 1,0. Diese Zahlen geben jeweils die Intensität der drei Grundfarben Rot,

GKS-Name	langer C-Name	kurzer C-Name
Setze Linientyp	gset_linetype()	gsln()
Setze Linienbreitefaktor	gset_linewidth()	gslwsc()
Setze Linienzugfarbindex	gset_line_colr_ind()	gsplci()
Setze Füllgebietsausfüllung	gset_fill_int_style()	gsfais()
Setze Füllgebietsausfüllungsindex	gset_fill_style_ind()	gsfasi()
Setze Füllgebietsfarbindex	gset_fill_colr_ind()	gsfaci()
Setze Mustergröße	gset_pat_size()	gspa()
Setze Musterreferenzpunkt	gset_pat_ref_point()	gsparf()
Setze Markentyp	gset_marker_type()	gsmk()
Setze Markenvergrößerungsfaktor	gset_marker_size()	gsmksc()
Setze Polymarkenfarbindex	gset_marker_colr_ind()	gspmci()
Setze Schriftart und -qualität	gset_text_font_prec()	gstxfp()
Setze Zeichenbreitefaktor	gset_char_expan()	gschxp()
Setze Zeichenabstand	gset_char_space()	gschsp()
Setze Textfarbindex	gset_text_colr_ind()	gstxci()
Setze Zeichenhöhe	gset_char_ht()	gschh()
Setze Zeichenaufwärtsvektor	gset_char_up_vec()	gschup()
Setze Schreibrichtung	gset_text_path()	gstxp()
Setze Textausrichtung	gset_text_align()	gstxal()

Tabelle der GKS-Funktionen zum Setzen der globalen Darstellungsattribute für Linienzug, Füllgebiet, Polymarken und Text

GKS-Name	langer C-Name	kurzer C-Name
Setze Aspektanzeiger	gset_asfs()	gsasf()
Setze Linienzugindex	gset_line_ind()	gspli()
Setze Füllgebietsindex	gset_fill_ind()	gsfai()
Setze Polymarkenindex	gset_marker_ind()	gspmi()
Setze Textindex	gset_text_ind()	gstxi()

Tabelle der GKS-Funktionen zum Setzen der Aspektanzeiger und der Bündelindizes

Grün und Blau an. Die Farbtabelle ist arbeitsplatzabhängig, d.h. jeder Arbeitsplatz hat seine eigene, private Farbtabelle.

GKS-Name	langer C-Name	kurzer C-Name
Setze Farbbeschreibung	gset_colr_rep()	gscr()

GKS-Funktion zum Setzen der arbeitsplatzabhängigen Tabelle für Farbe

Kapitel 5

Grafische Eingabe

Eingabemöglichkeiten sind in der GKS-Norm ab der Eingabeleistungsstufe *b* vorgesehen. WESTgraf unterstützt die GKS-Leistungsstufe *0b* und implementiert somit grafische Eingabe in der Betriebsart *Anforderung* (*request*).

5.1 Eingabeklassen

GKS verwaltet grafische Eingabegeräte mittels des abstrakten Modells *logischer Eingabegeräte*. Aufgabe der jeweiligen GKS-Implementierung ist es, die logischen Eingabegeräte auf am Arbeitsplatz verfügbare physikalische Eingabegeräte abzubilden. Jedes logische Eingabegerät hat einen *aktuellen Wert*, der durch ein *Echo* dargestellt werden kann. Alle Arbeitsplätze, die logische Eingabegeräte zur Verfügung stellen, haben die Kategorie *Eingabe* oder *AusEin*.

Das Eingabemodell von GKS unterscheidet zwischen sechs *Klassen* logischer Eingabegeräte, die durch ein oder mehrere physikalische Geräte des Arbeitsplatzes implementiert sein können. Die sechs Klassen sind:

Lokalisierer (Positionsgeber), (*locator*). Liefert eine Position (einen Punkt) in Weltkoordinaten und die Nummer der zugehörigen Normierungstransformation, mit der der Punkt rücktransformiert wurde. Liegt die Position gleichzeitig in den Darstellungsfeldern mehrerer NT, so wird die NT mit der höchsten Priorität gewählt.

Mögliche physikalische Geräte zur Implementierung z.B.: Maus, Lichtgriffel, Tastatur, Tablett.

Mögliche Echoarten z.B.: Fadenkreuz, Nachführkreuz, Gummiband, Gummirechteck.

Liniengeber, (*stroke*). Liefert eine Folge von Punkten eines Linienzuges in Weltkoordinaten und die Nummer der zugehörigen Normierungstransformation.

Physikalische Geräte z.B.: wie Lokalisierer.

Echo z.B.: Marke bei jedem Punkt des Linienzugs, Linienzug mit Gummiband zum aktuellen Punkt.

Auswähler, (*choice*). Liefert eine positive ganze Zahl aus einer vorgegebenen Anzahl von Alternativen.

Physikalische Geräte z.B.: Funktionstastatur, alphanumerische Tastatur, Tablett, Maus.

Echo z.B.: Menü mit vorgegebenen Texten und Nachführkreuz.

Textgeber, (*string*). Liefert eine Zeichenfolge.

Physikalische Geräte z.B.: alphanumerische Tastatur.

Echo z.B.: Eingegebene Zeichen werden dargestellt, Schreibmarke an aktueller Position in Eingabezeichenkette.

Wertgeber, (*valuator*). Liefert eine reelle Zahl aus einem vorgegebenen Intervall.

Physikalische Geräte z.B.: Potentiometer, alphanumerische Tastatur, Maus.

Echo z.B.: Simulierter Schieberegler.

Picker, (*pick*). Ist nur für GKS-Ausgabeleistungsstufen *1* und *2* im Zusammenhang mit Segmenten relevant und wird daher hier nicht besprochen.

Aus dieser Beschreibung ist zu ersehen, daß ein physikalisches Eingabegerät keineswegs eindeutig einer GKS-Eingabeklasse zugeordnet werden kann. Zum Beispiel kann die Maus mit Nachführkreuzecho als Positionsgeber, als Liniengeber und auch als Auswähler (z.B. Nummer der gedrückten Maustaste) verwendet werden. Eine alphanumerische Tastatur kann als Textgeber, aber auch als Wertgeber, Auswähler oder Lokalisierer dienen.

5.2   Betriebsarten

Jedes logische Eingabegerät kann laut GKS-Norm in drei verschiedenen Betriebsarten betrieben werden:

Anforderung. Das Anwendungsprogramm wartet, bis der Bediener die Eingabe vornimmt oder abbricht. Diese Betriebsart ist in der Eingabeleistungsstufe *b* definiert und wird von WESTgraf unterstützt.

Abfrage. Der aktuelle Wert des logischen Eingabegeräts wird sofort an das Anwendungsprogramm übermittelt, ohne daß dieses auf eine Bedieneraktion wartet. Diese Betriebsart ist erst ab der Eingabeleistungsstufe *c* definiert und wird daher von WESTgraf derzeit nicht unterstützt.

Ereignis. In dieser Betriebsart können Eingaben asynchron gemacht werden, d.h. unabhängig vom Ablauf des Anwendungsprogrammes. GKS verwaltet eine Eingabewarteschlange, in die sich alle Bedienereingaben in der Reihenfolge ihres Eintreffens als Ereignisse einreihen. Das Anwendungsprogramm kann dann zu einem beliebigen Zeitpunkt in der Warteschlange nachschauen,

GKS-Name	langer C-Name	kurzer C-Name
Setze Auswählermodus	gset_choice_mode()	gschm()
Setze Lokalisierermodus	gset_loc_mode()	gslcm()
Setze Textgebermodus	gset_string_mode()	gsstm()
Setze Liniengebermodus	gset_stroke_mode()	gsskm()
Setze Wertgebermodus	gset_val_mode()	gsvlm()
Initialisiere Auswähler	ginit_choice()	ginch()
Initialisiere Lokalisierer	ginit_loc()	ginlc()
Initialisiere Textgeber	ginit_string()	ginst()
Initialisiere Liniengeber	ginit_stroke()	ginsk()
Initialisiere Wertgeber	ginit_val()	ginvl()
Fordere Auswähler an	greq_choice()	grqch()
Fordere Lokalisierer an	greq_loc()	grqlc()
Fordere Textgeber an	greq_string()	grqst()
Fordere Liniengeber an	greq_stroke()	grqsk()
Fordere Wertgeber an	greq_val()	grqvl()
Setze Darstellungsfeld-Eingabepriorität	gset_vp_pri()	gsvpip()

Tabelle der GKS-Eingabefunktionen zum Einstellen der Betriebsart, Initialisieren des logischen Eingabegeräts, Anfordern eines Wertes und Setzen der Eingabepriorität des Darstellungsfeldes einer Normierungstransformation

ob eine Eingabe vorliegt und wenn ja, welche. Diese Betriebsart ist erst ab der Eingabeleistungsstufe c definiert und wird daher von WESTgraf derzeit nicht unterstützt.

Kapitel 6

Implementierung

In der GKS-Norm sind absichtlich eine Anzahl von Einzelheiten nicht spezifiziert, um die Möglichkeit offen zu lassen, eine GKS-Implementierung unterschiedlichen Umgebungen (Betriebssystem, Programmiersprache, grafische Arbeitsplätze usw.) anzupassen. Insbesondere verwendet die Norm abstrakte, von einer bestimmten Programmiersprache unabhängige Bezeichnungen und Datentypen. Bei einer Sprachbindung (im Fall von WESTgraf an C) werden die abstrakten GKS-Funktionen und -Typen in eine sprachabhängige Schicht gebettet. Die C-Sprachschale für GKS ist in Kapitel 7 ausführlich beschrieben und soll hier nicht weiter erläutert werden.

Außer der Sprachschale gibt es jedoch weitere zulässige Unterschiede zwischen GKS-Implementierungen. Sie lassen sich in zwei Gruppen unterteilen:

1. Globale Unterschiede, die GKS als Ganzes betreffen.

2. Geräteabhängige Unterschiede, die die einzelnen Arbeitsplätze betreffen.

Zweck dieses Kapitels ist es, zu erläutern, wie WESTgraf diese von der Norm offengelassenen Punkte festlegt und implementiert.

6.1   Globale Festlegungen

Globale Festlegungen betreffen GKS als Ganzes und nicht nur einen bestimmten Arbeitsplatz. Die globalen Festlegungen für WESTgraf sind nachstehend aufgeführt:

Funktionaler Umfang. WESTgraf entspricht der GKS-Leistungsstufe *0b* (s. Abschnitt 1.3). Diese Information ist in der GKS-Beschreibungstabelle enthalten und kann von einem Anwendungsprogramm erfragt werden.

Kapazität.

1. Anzahl der verfügbaren Arbeitsplatztypen: s. Abschnitt 6.2.

2. Liste der verfügbaren Arbeitsplatztypen: s. Abschnitt 6.2.

3. Maximale Anzahl der gleichzeitig offenen grafischen Arbeitsplätze: 1.

4. Maximale Anzahl der gleichzeitig aktiven grafischen Arbeitsplätze: 1.

5. Maximale Anzahl der mit einem Segment verbundenen grafischen Arbeitsplätze: 1, jedoch sind in Leistungsstufe *0b* keine Segmente vorhanden.

6. Maximale Nummer einer Normierungstransformation: 20.

7. Anzahl der gleichzeitig definierbaren Segmente (je Arbeitsplatz): in Leistungsstufe *0b* keine Segmente vorhanden.

8. Maximale Größe der Eingabewarteschlange: in Leistungsstufe *0b* keine Eingabewarteschlange vorhanden.

9. Anzahl der Schriftarten: 3.

10. Anzahl der verallgemeinerten Darstellungselemente: 0.

11. Anzahl der Fluchtfunktionen: 2.

Diese Informationen können z.T. vom Anwendungsprogramm erfragt werden.

Verschiedenes.

1. Anfangseinstellung der Aspektanzeiger: *individuell*.

2. Verhalten von *Notabschluß GKS*: gibt die von GKS dynamisch belegten Betriebsmittel (Hauptspeicher, Dateien, Bildschirm, Drucker) frei und schließt GKS. Für offene Bildschirmarbeitsplätze bedeutet das, daß sie aus dem Grafikmodus in den vorher eingestellten Modus (normalerweise Text) zurückgeschaltet werden. Im einzelnen deaktiviert/schließt *Notabschluß GKS* einen evtl. aktiven/offenen Arbeitsplatz, gibt den von GKS dynamisch belegten Hauptspeicher frei, schließt von GKS geöffnete Dateien und schließt GKS.

3. Werte der Parameter von Erfragefunktionen, wenn die Information nicht verfügbar ist: Die Werte der Ausgabeparameter sind in diesem Fall undefiniert (im Normalfall behalten sie ihren vorherigen Wert).

4. Bilddateien werden von WESTgraf derzeit nicht unterstützt.

5. WESTgraf stellt folgende Schriftarten zur Verfügung: GSCHRIFT_ECKIG (1), GSCHRIFT_GROTESK (−1), GSCHRIFT_ANTIQUA (−2) (s. Bild 6-1, 6-2, 6-3). Alle Schriftarten liegen in der Qualität *Strich* vor.

6.2 Arbeitsplatztypen von WESTgraf

In diesem Abschnitt werden die derzeit von WESTgraf unterstützten Arbeitsplatztypen und ihre wichtigsten Merkmale beschrieben.

Bild 6-1   Schrift 1

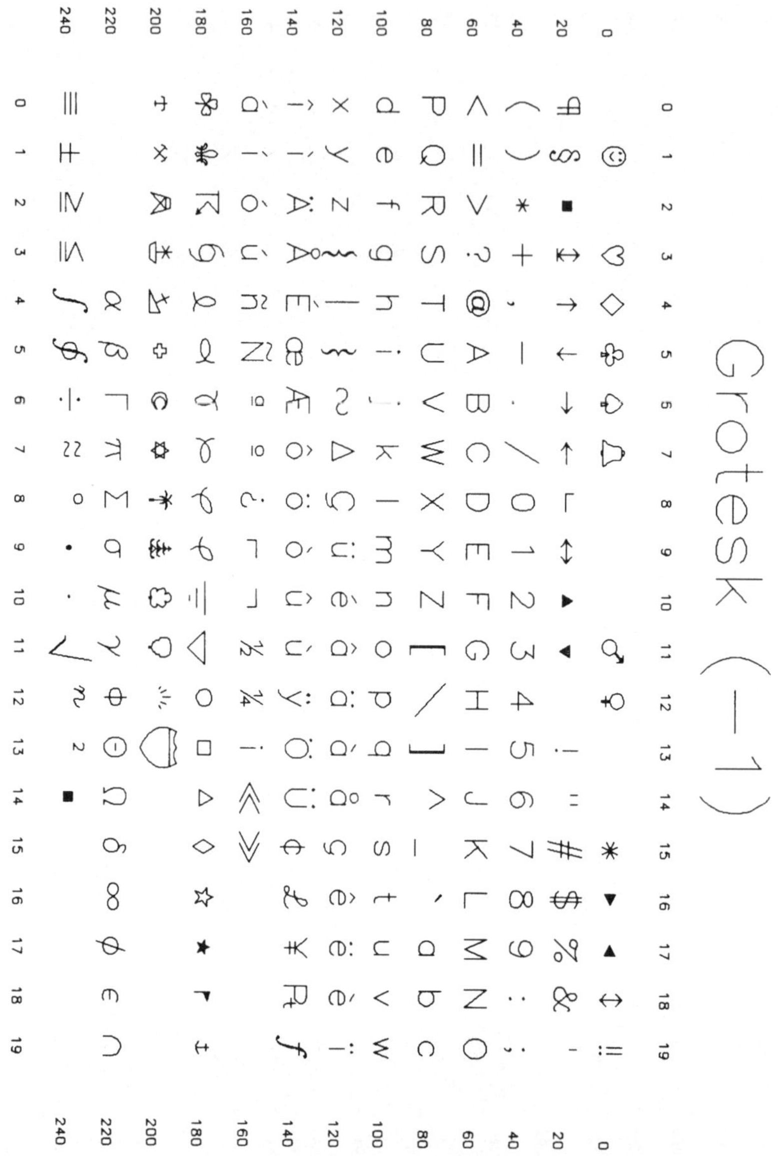

Bild 6-2 Schrift −1

Antiqua (−2)

Bild 6-3 Schrift −2

Alle WESTgraf-Arbeitsplatztypen haben die Kategorien *Ausgabe* oder *AusEin* und die Klasse *Raster*. Die implizite Regenerierung ist für alle Arbeitsplatztypen gesperrt. Alle Arbeitsplatztypen haben einheitlich denselben Bereich der Gerätekoordinaten von $[0, 0{,}24] \times [0, 0{,}18]$.

Die *AusEin*-Arbeitsplätze benutzen den PC-Bildschirm als Darstellungsfläche und die PC-Tastatur sowie eine Maus (falls vorhanden) zur Eingabe. Unterstützt werden alle PC-üblichen Grafikkarten und eine Microsoft-kompatible Maus. Im einzelnen gibt es folgende *AusEin*-Arbeitsplätze, die sich durch Auflösung und Farbfähigkeiten der Grafikkarte voneinander unterscheiden:

GTYP_EGA. EGA-Grafik, 640 · 350 Bildpunkte, 16 aus 64 Farben, 2 Bildspeicherseiten, falls mindestens 256 KByte Bildspeicher vorhanden sind.

GTYP_VGA. VGA-Grafik, 640 · 480 Bildpunkte, 16 aus 262 144 Farben, 2 Bildspeicherseiten, falls eine Tseng ET4000-Karte mit mindestens 512 KByte Bildspeicher verwendet wird.

GTYP_VGA_800. Super-VGA-Grafik, 800 · 600 Bildpunkte, 16 aus 262 144 Farben, Dieser Modus ist nur mit einer Tseng ET3000/ET4000 VGA-Karte und passendem Monitor möglich. 2 Bildspeicherseiten, falls eine ET4000-Karte mit mindestens 512 KByte Bildspeicher vorhanden ist.

GTYP_VGA_1024. Super-VGA-Grafik, 1024 · 768 Bildpunkte, 16 aus 262 144 Farben, Dieser Modus ist nur mit einer Tseng ET4000 VGA-Karte, mindestens 512 KByte Bildspeicher und passendem Monitor möglich. 2 Bildspeicherseiten, falls eine Tseng ET4000-Karte mit 1 MByte Bildspeicher vorhanden ist.

GTYP_CGA. CGA-Grafik, 640 · 200 Bildpunkte, Schwarz + 1 aus 16 Farben. Bei einer echten CGA-Grafikkarte ist normalerweise nur 1 Bildspeicherseite vorhanden. Eine EGA/VGA-Karte im CGA-Modus kann jedoch auch 2 Seiten zur Verfügung stellen.

GTYP_HER. Hercules-Grafik, 720 · 348 Bildpunkte, Schwarzweiß. 2 Bildspeicherseiten, falls mindestens 64 KByte Bildspeicher vorhanden sind.

ACHTUNG: Der gewählte Grafikmodus muß von Grafikkarte und Monitor unterstützt werden. Andernfalls könnten Karte und/oder Monitor beschädigt werden.

Die VGA/EGA-Arbeitsplatztypen unterstützen dynamische Änderungen der Farbbeschreibung. Als Farbtabelle voreingestellt ist für diese Arbeitsplatztypen die normale VGA/EGA-Standardfarbpalette mit einer Ausnahme: der Farbtabelleneintrag 1 ist auf Gelb voreingestellt und der Eintrag 14 auf Blau. Blau und Gelb sind also gegenüber der Standardpalette vertauscht. Der Grund dafür ist, daß Farbindex 1 für GKS der Ersatzwert zum Zeichnen von Darstellungselementen ist. Diesem Index sollte daher eine leuchtkräftigere Farbe als Dunkelblau entsprechen. Für WESTgraf sind mit #define symbolische Namen für die voreingestellten Farben der VGA/EGA-Farbtabelle vorgesehen (s. Tabelle auf Seite 43).

Nummer	WESTgraf-Name	voreingestellte Farbe
0	GFARB_SCHWARZ	Schwarz
1	GFARB_GELB	Gelb
2	GFARB_GRUEN	Grün
3	GFARB_TUERKIS	Türkis (Cyan)
4	GFARB_ROT	Rot
5	GFARB_VIOLETT	Violett (Magenta)
6	GFARB_BRAUN	Braun
7	GFARB_HELLGRAU	Hellgrau
8	GFARB_DUNKELGRAU	Dunkelgrau
9	GFARB_HELLBLAU	Hellblau
10	GFARB_HELLGRUEN	Hellgrün
11	GFARB_HELLTUERKIS	Helltürkis
12	GFARB_HELLROT	Hellrot
13	GFARB_HELLVIOLETT	Hellviolett
14	GFARB_BLAU	Blau
15	GFARB_WEISS	Weiß

Voreingestellte Farbtabelle für EGA/VGA-Arbeitsplatztypen

Für CGA/Hercules ist dagegen bei Änderungen der Farbbeschreibung ein Neugenerieren des Bildes zur Aktualisierung erforderlich. Farbtabelleneintrag 0 ist auf Schwarz voreingestellt, Eintrag 1 auf Gelb für CGA bzw. Weiß für Hercules. Ein invertiertes Bild kann erzeugt werden, indem Eintrag 0 auf eine Farbe $\neq$ Schwarz und Eintrag 1 auf Schwarz definiert werden.

Die weiteren WESTgraf-Arbeitsplatztypen haben die Kategorie *Ausgabe*. Vier Arbeitsplatztypen unterstützen den HP LaserJet II und kompatible Laserdrucker in verschiedenen Auflösungen, zwei sind für 8-Nadel-Matrixdrucker (Epson FX80 und kompatible) und weitere zwei für 24-Nadel-Matrixdrucker (Epson LQ500, NEC P6 und kompatible) in jeweils verschiedenen Auflösungen zuständig. Die Laser- und Matrixdrucker-Arbeitsplätze erzeugen im aktuellen Katalog eine temporäre Auslagerungsdatei, die je nach Arbeitsplatztyp bis zu 1,1 MByte groß werden kann. Auf dem aktuellen Laufwerk muß genügend Platz für die Auslagerungsdatei vorhanden sein. Bei normaler Beendigung des Programms wird die Auslagerungsdatei gelöscht. Falls das Programm jedoch irregulär beendet wird (Benutzerabbruch, Stromausfall) bleibt die Auslagerungsdatei im aktuellen Katalog übrig und muß von Hand gelöscht werden. Die Datei hat einen eindeutigen Namen, der mit den Buchstaben vs beginnt.

GTYP_HPLJ75. HP LaserJet II, 75 · 75 dpi, Schwarzweiß. Auslagerungsdatei maximal 60 KByte.

GTYP_HPLJ100. HP LaserJet II, 100 · 100 dpi, Schwarzweiß. Auslagerungsdatei maximal 100 KByte.

GTYP_HPLJ150. HP LaserJet II, 150 · 150 dpi, Schwarzweiß. Auslagerungsdatei maximal 200 KByte.

GTYP_HPLJ300. HP LaserJet II, 300 · 300 dpi, Schwarzweiß. Auslagerungsdatei maximal 770 KByte.

GTYP_FX80_60. Epson FX80, 60 · 72 dpi, Schwarzweiß. Auslagerungsdatei maximal 40 KByte.

GTYP_FX80_120. Epson FX80, 120 · 144 dpi, Schwarzweiß. Auslagerungsdatei maximal 160 KByte.

GTYP_LQ500. Epson LQ500, 180 · 180 dpi, Schwarzweiß. Auslagerungsdatei maximal 280 KByte.

GTYP_NECP6. NEC P6, 360 · 360 dpi, Schwarzweiß. Auslagerungsdatei maximal 1,1 MByte.

6.3   Geräteabhängige Festlegungen

Die wichtigsten Fähigkeiten eines Arbeitsplatzes bei der grafischen Aus- und Eingabe sind in der Arbeitsplatz-Beschreibungstabelle enthalten und können von einem Anwendungsprogramm erfragt werden (s. auch Abschnitt 6.2). In diesem Abschnitt sind zusätzliche Festlegungen von WESTgraf bzgl. der Fähigkeiten der implementierten Arbeitsplatztypen beschrieben.

Steuerungsfunktionen.

1. Die GKS-Funktion *Nachricht* steht in der Leistungsstufe *0b* nicht zur Verfügung.

2. *Fluchtfunktionen* (`gescape()`) zur Umschaltung der zu beschreibenden bzw. der sichtbaren Bildspeicherseite sind für die Bildschirmarbeitsplatztypen implementiert. Es müssen 2 Bildspeicherseiten vorhanden sein (s. Abschnitt 6.2). Das ist üblicherweise der Fall für die Arbeitsplatztypen GTYP_EGA und GTYP_HER. Die Fluchtfunktionen haben die Kennzeichnungen: GESC_SCHREIBE_SEITE (−1), GESC_ZEIGE_SEITE (−2). Die Nummer der Seite (0 oder 1) wird im Eingabedatensatz der jeweiligen Fluchtfunktion übergeben. Die Fluchtfunktionen dürfen nur verwendet werden, wenn ein Arbeitsplatz, der 2 Bildspeicherseiten zur Verfügung stellt, geöffnet ist.

Ausgabefunktionen und Attribute. Folgende Festlegungen treffen auf alle Arbeitsplatztypen gleichermaßen zu:

- *Linienzug*: Der Linientyp wird fortlaufend generiert. Linienenden sind senkrecht oder waagrecht.

- *Polymarke*: Marken, deren Positionen außerhalb des Klipprechtecks liegen, werden nicht dargestellt. Marken, deren Positionen innerhalb des Klipprechtecks liegen und von denen ein Teil über die Grenzen des Klipprechtecks hinausragt, werden wie Linien geklippt, d.h. der Teil der Marke, der im Klipprechteck liegt, wird dargestellt, der Rest abgeschnitten.

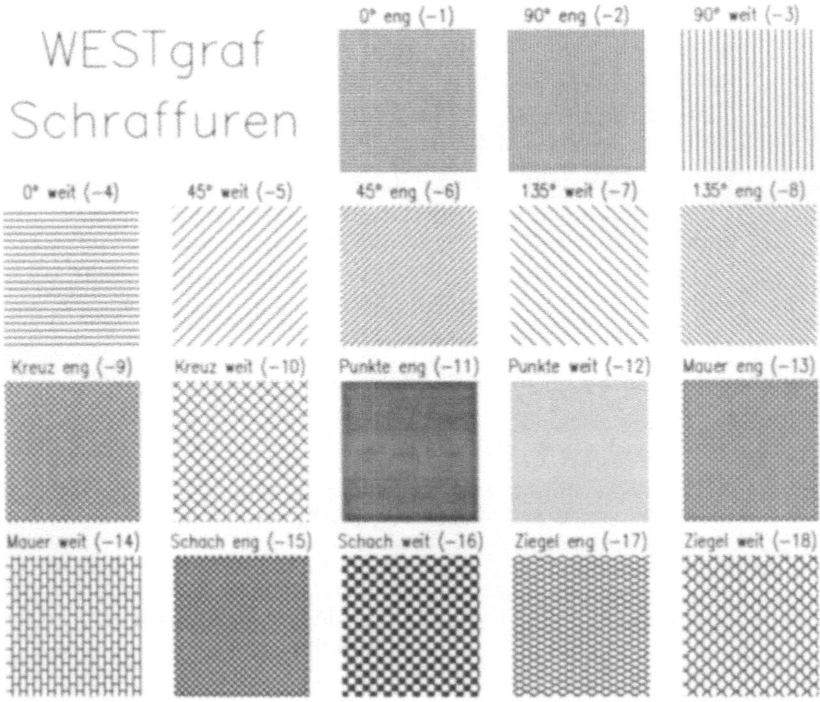

Bild 6-4 Schraffuren für Füllgebiete

- *Text*: Alle Texte liegen in Qualität *Strich* vor. Steuerungszeichen in einer Zeichenfolge werden nicht besonders interpretiert, d. h. das entsprechende Zeichen der Schrift wird grafisch dargestellt (falls vorhanden). Falls ein Zeichen in der Schrift nicht vorhanden ist, entspricht das der Darstellung eines unsichtbaren Zeichens der Breite 0.

- *Füllgebiet*: Es sind 18 Schraffuren verfügbar (−1 bis −18). Die Schraffuren sind in Bild 6-4 dargestellt. Schraffuren werden durch Transformationen nicht beeinflußt. Muster werden derzeit nicht unterstützt. Für die Ausfüllung *Leer* wird die Umrandung des Füllgebiets mit einer durchgezogenen Linie und Linienbreitefaktor 1 gezeichnet.

- *Zellmatrix*: Zellmatrix ist für alle Arbeitsplatztypen implementiert. Die Größe der Farbmatrix darf 64 KByte nicht übersteigen.

- *Verallgemeinertes Darstellungselement, VDEL*: Es werden z. Z. keine VDELe unterstützt.

- *Alle Darstellungselemente*: Falls ein Darstellungselement mit einem Farbindex dargestellt wird, der in der Farbtabelle nicht vorhanden ist, wird der Farbindex 1 verwendet.

  Monochrome Arbeitsplätze (GTYP_HER und die Druckerarbeitsplätze) bilden angeforderte Rot-, Grün- und Blauwerte folgendermaßen ab: Sie stellen Schwarz (bzw. Papierfarbe) für R=G=B=0 dar, und Weiß (bzw. Druckerfarbe) für jede RGB-Kombination, bei der mindestens einer der drei Werte ungleich 0 ist.

  Für alle Darstellungselemente außer *Polymarke* werden im Fall, daß Punkte kollinear sind oder Punkte oder Linien zusammenfallen, die entsprechenden Linien bzw. die Punkte dargestellt. Für das Darstellungselement *Füllgebiet* mit einer anderen Ausfüllung als *Leer* wird im Fall, daß der Rand des Füllgebiets zu einer waagrechten Linie oder einem Punkt entartet, nichts dargestellt.

Segmente. Segmente sind in der Leistungsstufe *0b* nicht vorhanden.

Taste	Wirkung
Eingabe, linke Maustaste	Wert akzeptieren
ESC, rechte Maustaste	Eingabe abbrechen
←	1 Bildpunkt nach links
→	1 Bildpunkt nach rechts
↑	1 Bildpunkt nach oben
↓	1 Bildpunkt nach unten
Pos1	10 Bildpunkte nach links
Ende	10 Bildpunkte nach rechts
Bild↑	10 Bildpunkte nach oben
Bild↓	10 Bildpunkte nach unten
Strg-Pos1	zum linken Rand
Strg-Ende	zum rechten Rand
Strg-Bild↑	zum oberen Rand
Strg-Bild↓	zum unteren Rand
Strg-←	5 Bildpunkte nach links
Strg-→	5 Bildpunkte nach rechts

Steuerung des Lokalisierers und des Wertgebers mit Tastatur und Maus.

Echoart	erlaubte Tasten
GCHOICE_FUNK	Funktionstasten F1–F10, ESC bricht ab
GCHOICE_BUCH	Buchstaben a–z, A–Z, ESC bricht ab
GCHOICE_ALLE	alle Tasten, ESC bricht ab

Steuerung des Auswählers mit Tastatur.

Eingabefunktionen. In der Leistungsstufe *0b* werden alle logischen Eingabeklassen außer *Picker* in der Betriebsart *Anforderung* unterstützt. Eingabefunktionen werden in WESTgraf ausschließlich von Arbeitsplätzen der Kategorie *AusEin* realisiert. Das sind die Bildschirmarbeitsplatztypen (s. Abschnitt 6.2). Es gibt je 1 logisches Eingabegerät jeder Eingabeklasse. Weiterhin gilt für diese Arbeitsplätze das folgende gleichermaßen:

Taste	Wirkung
Eingabe	Text akzeptieren
ESC	Eingabe abbrechen
←	Schreibmarke 1 Zeichen nach links
→	Schreibmarke 1 Zeichen nach rechts
Entf	löscht Zeichen rechts von Schreibmarke
Rückschritt	löscht Zeichen links von Schreibmarke
Ende	Schreibmarke an Ende des Textes
Pos1	Schreibmarke an Anfang des Textes

Steuerung des Textgebers mit Tastatur.

- *Lokalisierer*: Echo wird auf dem Bildschirm mit dem höchsten am Gerät verfügbaren Farbindex dargestellt und nach Ende der Interaktion entfernt. Maßwert und Auslöser werden durch Maus (falls vorhanden) und alphanumerische Tastatur gesteuert (s. Tabelle auf Seite 46). Der Datensatz für wahlfreie Parameter wird nicht verwendet.

- *Liniengeber*: Echo wird auf dem Bildschirm mit dem höchsten am Gerät verfügbaren Farbindex dargestellt und nach Ende der Interaktion entfernt. Maßwert und Auslöser werden durch Maus (falls vorhanden) und alphanumerische Tastatur gesteuert (s. Tabelle auf Seite 48). Der Datensatz für wahlfreie Parameter wird nicht verwendet.

- *Wertgeber*: Echo wird auf dem Bildschirm mit dem höchsten am Gerät verfügbaren Farbindex dargestellt und nach Ende der Interaktion entfernt. Maßwert und Auslöser werden durch Maus (falls vorhanden) und alphanumerische Tastatur gesteuert (s. Tabelle auf Seite 46). Der Datensatz für wahlfreie Parameter wird nicht verwendet.

- *Textgeber*: Echo wird auf dem Bildschirm mit den aktuellen Aspekten für Schriftart und Textfarbindex dargestellt. Das Echogebiet wird mit Hintergrundfarbe (Farbindex 0) gefüllt, und sein Inhalt geht dabei verloren. Maßwert und Auslöser werden durch alphanumerische Tastatur gesteuert (s. Tabelle auf Seite 47). Der Datensatz für wahlfreie Parameter wird nicht verwendet.

- *Auswähler*: Es wird weder ein Echo noch eine Eingabeaufforderung dargestellt. Maßwert und Auslöser werden je nach Echoart durch alphanumerische Tastatur gesteuert (s. Tabelle auf Seite 46). Der Datensatz für wahlfreie Parameter wird nicht verwendet.

Erfragefunktionen. *Erfrage Textausdehnung* (ginq_text_ext()) liefert ein Textausdehnungsrechteck, das den spezifizierten Text vollständig umschließt. Klip-

Taste	Wirkung
Eingabe	akt. Punkt übernehmen, akzeptieren
ESC	Eingabe abbrechen
Ende, linke Maustaste	akt. Punkt übernehmen, 1 Punkt im Linienzug vorwärts
Pos1, rechte Maustaste	akt. Punkt übernehmen, 1 Punkt im Linienzug zurück
Strg-Ende	letzter Punkt des Linienzugs
Strg-Pos1	erster Punkt des Linienzugs
Einfg	neuen Punkt nach dem aktuellen einfügen
Entf	aktuellen Punkt des Linienzugs löschen
Rückschritt	den Punkt vor dem aktuellen Punkt löschen
←	1 Bildpunkt nach links
→	1 Bildpunkt nach rechts
↑	1 Bildpunkt nach oben
↓	1 Bildpunkt nach unten
Bild↑	10 Bildpunkte nach oben
Bild↓	10 Bildpunkte nach unten
Strg-←	10 Bildpunkte nach links
Strg-→	10 Bildpunkte nach rechts

Steuerung des Liniengebers mit Tastatur und Maus.

pen wird dabei nicht berücksichtigt.

Die Pixel-Erfragefunktionen sind für die Bildschirmarbeitsplatztypen implementiert, nicht jedoch für die Drucker-/Plotterarbeitsplatztypen.

Der *realisiert*-Anzeiger wird bei *Erfrage Farbbeschreibung* (`ginq_colr_rep()`) von allen Arbeitsplatztypen berücksichtigt. Nicht berücksichtigt wird dieser Anzeiger bei den Erfragefunktionen für *Lokalisierer-* und *Liniengeber-*Zustand.

Kapitel 7

Funktionsreferenz

Die WESTgraf-Bibliothek enthält etwa 150 Funktionen. Dieses Kapitel beschreibt jede einzelne dieser Funktionen mit Aufrufschnittstelle und Wirkung. Die Dokumentation ist ähnlich gestaltet wie bei gängigen Beschreibungen der C-Standardbibliothek. Vorab einige allgemeine Bemerkungen zu Aufbau und Verständnis der Dokumentation:

Deklarationsdateien. Jedes Programm, das WESTgraf-Funktionen verwendet, muß bei der Übersetzung die Datei gks.h einfügen. Das geschieht mit der Anweisung

```
#include <gks.h>
```

Diese Datei fügt ihrerseits alle notwendigen weiteren Deklarationsdateien ein.

Funktionsnamen. Wir geben für jede Funktion vier Namen an: den von einer Programmiersprache unabhängigen Namen der Funktion aus der GKS-Norm in deutsch und englisch sowie den langen und den kurzen Namen der Funktion für C. Im Rahmen der C-Sprachschale für GKS kann jede Funktion über zwei Namen angesprochen werden: einen langen, aussagekräftigeren Namen und einen kurzen Namen für Übersetzer und Binder, die keine langen externen Symbole unterstützen. Der kurze C-Name ist identisch mit dem FORTRAN-Namen der entsprechenden GKS-Funktion. Für WESTgraf kann sowohl der lange als auch der kurze C-Name der Funktion verwendet werden.

Die C-Namen leiten sich systematisch aus den englischen Namen der Funktionen in der GKS-Norm ab. Jeder Name beginnt mit einem g. Es folgt eine Abkürzung des GKS-Funktionsnamens. Dabei werden u.a. die Regeln aus der Tabelle auf Seite 50 verwendet (ohne Anspruch auf Vollständigkeit). Die einzelnen Teile des langen C-Namens werden durch Unterstriche (_) getrennt.

Die Funktion *Öffne Arbeitsplatz* heißt somit gopen_ws() (langer C-Name) bzw. gopwk() (FORTRAN-Name bzw. kurzer C-Name). Die Funktion *Initialisiere Lokalisierer* heißt ginit_loc() bzw. ginlc().

GKS-Begriff deutsch	GKS-Begriff englisch	C-Name lang	C-Name kurz
Setze	set	set	s
Erfrage	inquire	inq	q
Öffne	open	open	op
Schließe	close	close	cl
Fordere an	request	req	rq
Arbeitsplatz	workstation	ws	wk
Fenster	window	win	wn
Darstellungsfeld	viewport	vp	vp
Farbe	colour	colr	c
Index	index	ind	i
Linienzug	polyline	line	pl
Polymarke	polymarker	marker	pm
Füllgebiet	fill area	fill	fa
Text	text	text	tx
Lokalisierer	locator	loc	lc
Liniengeber	stroke	stroke	sk
Wertgeber	valuator	val	vl
Auswähler	choice	choice	ch
Textgeber	string	string	st

Tabelle einiger GKS-Begriffe und deren Abkürzungen in langen und kurzen C-Namen

Leistungsstufe. Der Vollständigkeit halber geben wir zu jeder Funktion die zugehörige minimale GKS-Leistungsstufe an, bei der sie vorhanden sein muß. WESTgraf unterstützt die GKS-Leistungsstufe *0b*, die Bibliothek enthält also alle Funktionen, die zu den Leistungsstufen *0a* und *0b* gehören.

GKS-Zustand. Auf die explizite Aufzählung der GKS-Betriebszustände, in denen eine Funktion aufgerufen werden darf, haben wir verzichtet, da diese Information leicht aus dem ersten Eintrag im Abschnitt *Mögliche Fehler* zu ersehen ist.

Parameter und Typen. Eingabeparameter sind in den Funktionsbeschreibungen mit dem Zeichen $\Rightarrow$ markiert, Ausgabeparameter mit $\Leftarrow$. Alle Funktionen haben den Ergebnistyp void, d.h. sie liefern kein Funktionsergebnis zurück. Wenn beim Ausführen einer Funktion ein Fehler auftritt, wird die GKS-interne Fehlerbehandlung aktiviert. Der Fehler wird zusammen mit der Funktion, die die Fehlerbedingung festgestellt hat, auf der GKS-Fehlerdatei protokolliert. Die GKS-Fehlerdatei wird beim Öffnen von GKS (gopen_gks()) angegeben.

Die Erfragefunktionen (*inquiries*) verhalten sich in Bezug auf die Fehlerbehandlung anders als die anderen GKS-Funktionen. Jede Erfragefunktion hat einen speziellen Ausgabeparameter, in dem evtl. von der Funktion entdeckte Fehler zurückgeliefert werden (0 bedeutet: kein Fehler). Fehler, die in Erfragefunktionen auftreten, werden auch nicht auf der Fehlerdatei protokolliert.

Nur wenn die Erfragefunktion als Fehlerkode 0 (kein Fehler) liefert, haben die anderen Ausgabeparameter der Funktion definierte Werte.

Welche Fehler bei einer bestimmten Funktion möglich sind, steht im Abschnitt *Mögliche Fehler*.

Die C-Sprachschale definiert verschiedene Typen zur Parameterübergabe. In der Beschreibung jeder Funktion sind auch die Definitionen aller Typen enthalten, die für den Aufruf der Funktion relevant sind. Vorzeichenbehaftete ganze Zahlen haben den Typ Gint, Gleitkommazahlen den Typ Gfloat.

Einige Funktionen haben implementierungsabhängige Datensätze als Parameter. WESTgraf verwendet manche dieser Datensätze bzw. Teile von ihnen nicht. Die nicht verwendeten Teile sind intern alle als Gvoid deklariert. Jedoch braucht und soll keine Anwendung den Typ Gvoid selbst benutzen!

Ausgabeparameter mit variabler Länge. Manche Erfragefunktionen liefern als Ergebnis Listen, deren Länge im Anwendungsprogramm im voraus nicht bekannt ist. Zu diesem Zweck bekommt die Funktion zwei ganzzahlige Eingabeparameter, start und anzahl, übergeben. Das Anwendungsprogramm muß zuvor Platz für anzahl Elemente der Liste reservieren. Die GKS-Funktion überträgt nun ab Index start der internen GKS-Liste höchstens anzahl Elemente in den Speicherbereich des Anwendungsprogramms. Außerdem wird die Länge der internen GKS-Liste in einem weiteren Ausgabeparameter maximum zurückgeliefert. Die internen GKS-Listen beginnen immer mit dem Index 0. Als Anzahl der Elemente darf auch 0 übergeben werden. In diesem Fall werden keine Listenelemente zurückgeliefert, sondern nur die Länge der GKS-Liste. Ein Programmstück zum Erfragen einer Liste, wobei das Anwendungsprogramm Speicherplatz für nur 1 Listenelement angelegt hat, könnte etwa so aussehen:

```
anzahl=1, start=0;
do
{ ginq_...(..., anzahl, start, ..., &maximum);
} while (++start < maximum);
```

Einige GKS-Funktionen liefern als Ergebnis Datensätze, deren Größe variieren kann. Die variabel großen Teile sind jedoch keine Listen. Der Speicher dafür wird von GKS intern angelegt und verwaltet. Die Anwendung muß GKS dabei in folgender Weise unterstützen: Vor Aufruf einer solchen Funktion muß die Anwendung mit der Funktion *Erzeuge Datenspeicher* (gcreate_store()) einen Speicherverwaltungsblock anfordern. Dieser Block kann nachfolgend verwendet werden. Auf die Daten, die eine solche GKS-Funktion in den zugehörigen Speicherbereich überträgt, kann die Anwendung über einen besonderen Parameter der jeweiligen Funktion zugreifen. Der Zugriff über den Speicherverwaltungsblock selbst ist verboten. Werden die Daten nicht mehr gebraucht, so kann der Speicherverwaltungsblock mit der Funktion *Lösche Datenspeicher* (gdel_store()) freigegeben werden. Derselbe Speicherverwaltungsblock kann auch mehrfach hintereinander verwendet werden. Er speichert jedoch immer nur die Daten des jeweils letzten

Aufrufs.

Beschreibung. In diesem Abschnitt ist die Bedeutung der Funktion erläutert. Auch die Zusammenhänge mit anderen Funktionen werden hier beschrieben.

Mögliche Fehler. Hier sind Fehler beschrieben, die von der Funktion entdeckt werden können. Mit Ausnahme der Erfragefunktionen werden alle entdeckten Fehler auf der GKS-Fehlerdatei protokolliert, die beim Öffnen von GKS spezifiziert wird. Die Erfragefunktionen haben jeweils einen speziellen Ausgabeparameter, der die Fehlernummer enthält (0 bedeutet: kein Fehler). Außer den in diesem Abschnitt aufgeführten Fehlern können bei jeder Funktion auch einige allgemeine Fehler auftreten, z.B. kein Hauptspeicher mehr verfügbar; Gerätefehler bei der grafischen Ausgabe; Arithmetikfehler; E/A-Fehler. Fehler, die in der GKS-Norm bzw. in der Sprachbindung aufgeführt sind, haben positive Fehlernummern; implementierungsabhängige Fehler haben negative Nummern.

Siehe auch. Enthält Verweise auf bedeutungsverwandte Funktionen.

Bemerkungen. Dieser Abschnitt enthält wissenswerte Randbedingungen und erläutert implementierungsabhängige Besonderheiten von WESTgraf.

Die Funktionsbeschreibungen sind in diesem Kapitel alphabetisch nach den langen C-Namen geordnet. Das entspricht den Gepflogenheiten anderer Handbücher, an die Programmierer seit langem gewöhnt sind. Um aber auch anderen Suchkriterien beim Nachschlagen nichts in den Weg zu legen, geben wir in der folgenden Tabelle die Liste der Bibliotheksfunktionen nach inhaltlichen Gesichtspunkten gegliedert an. Diese Gliederung orientiert sich an der GKS-Norm.

Steuerungsfunktionen

gopks	0a	gopen_gks	Öffne GKS
gclks	0a	gclose_gks	Schließe GKS
gopwk	0a	gopen_ws	Öffne Arbeitsplatz
gclwk	0a	gclose_ws	Schließe Arbeitsplatz
gacwk	0a	gactivate_ws	Aktiviere Arbeitsplatz
gdawk	0a	gdeactivate_ws	Deaktiviere Arbeitsplatz
gclrwk	0a	gclear_ws	Lösche Arbeitsplatz
guwk	0a	gupd_ws	Aktualisiere Arbeitsplatz
gesc	0a	gescape	Fluchtfunktion

Ausgabefunktionen

gpl	0a	gpolyline	Linienzug
gpm	0a	gpolymarker	Polymarke
gtx	0a	gtext	Text
gfa	0a	gfill_area	Füllgebiet
gca	0a	gcell_array	Zellmatrix
ggdp	0a	ggdp	Verallgemeinertes Darstellungselement (VDEL)

Arbeitsplatzunabhängige Darstellungsattribute

gspli	0a	gset_line_ind	Setze Linienzugindex
gsln	0a	gset_linetype	Setze Linientyp

gslwsc	0a	gset_linewidth	Setze Linienbreitefaktor
gsplci	0a	gset_line_colr_ind	Setze Linienzugfarbindex
gspmi	0a	gset_marker_ind	Setze Polymarkenindex
gsmk	0a	gset_marker_type	Setze Markentyp
gsmksc	0a	gset_marker_size	Setze Markenvergrößerungsfaktor
gspmci	0a	gset_marker_colr_ind	Setze Polymarkenfarbindex
gstxi	0a	gset_text_ind	Setze Textindex
gstxfp	0a	gset_text_font_prec	Setze Schriftart und -qualität
gschxp	0a	gset_char_expan	Setze Zeichenbreitefaktor
gschsp	0a	gset_char_space	Setze Zeichenabstand
gstxci	0a	gset_text_colr_ind	Setze Textfarbindex
gschh	0a	gset_char_ht	Setze Zeichenhöhe
gschup	0a	gset_char_up_vec	Setze Zeichenaufwärtsvektor
gstxp	0a	gset_text_path	Setze Schreibrichtung
gstxal	0a	gset_text_align	Setze Textausrichtung
gsfai	0a	gset_fill_ind	Setze Füllgebietsindex
gsfais	0a	gset_fill_int_style	Setze Füllgebietsausfüllung
gsfasi	0a	gset_fill_style_ind	Setze Füllgebietsausfüllungsindex
gsfaci	0a	gset_fill_colr_ind	Setze Füllgebietsfarbindex
gspa	0a	gset_pat_size	Setze Mustergröße
gsparf	0a	gset_pat_ref_point	Setze Musterreferenzpunkt
gsasf	0a	gset_asfs	Setze Aspektanzeiger

Arbeitsplatzattribute

gscr	0a	gset_colr_rep	Setze Farbbeschreibung

Normierungstransformationen

gswn	0a	gset_win	Setze Fenster
gsvp	0a	gset_vp	Setze Darstellungsfeld
gsvpip	0b	gset_vp_pri	Setze Darstellungsfeld-Eingabepriorität
gselnt	0a	gsel_norm_tran	Wähle Normierungstransformation
gsclip	0a	gset_clip_ind	Setze Klippanzeiger
gswkwn	0a	gset_ws_win	Setze Gerätefenster
gswkvp	0a	gset_ws_vp	Setze Gerätedarstellungsfeld

Eingabefunktionen

ginlc	0b	ginit_loc	Initialisiere Lokalisierer
ginsk	0b	ginit_stroke	Initialisiere Liniengeber
ginvl	0b	ginit_val	Initialisiere Wertgeber
ginch	0b	ginit_choice	Initialisiere Auswähler
ginst	0b	ginit_string	Initialisiere Textgeber
gslcm	0b	gset_loc_mode	Setze Lokalisierermodus
gsskm	0b	gset_stroke_mode	Setze Liniengebermodus
gsvlm	0b	gset_val_mode	Setze Wertgebermodus
gschm	0b	gset_choice_mode	Setze Auswählermodus
gsstm	0b	gset_string_mode	Setze Textgebermodus
grqlc	0b	greq_loc	Fordere Lokalisierer an
grqsk	0b	greq_stroke	Fordere Liniengeber an
grqvl	0b	greq_val	Fordere Wertgeber an
grqch	0b	greq_choice	Fordere Auswähler an

| grqst | Ob | greq_string | Fordere Textgeber an |

Bilddateifunktionen

gwitm	0a	gwrite_item	Schreibe Satz in die Bilddatei
ggtitm	0a	gget_item_type	Hole Satzart von der Bilddatei
grditm	0a	gread_item	Lies Satz von der Bilddatei
giitm	0a	ginterpret_item	Interpretiere Satz

Erfragefunktionen für den Betriebszustand

| gqops | 0a | ginq_op_st | Erfrage Wert des Betriebszustands |

Erfragefunktionen für die GKS-Beschreibungstabelle

gqlvks	0a	ginq_level_gks	Erfrage GKS-Leistungsstufe
gqewkt	0a	ginq_avail_ws_types	Erfrage Liste der verfügbaren Arbeitsplatztypen
gqwkm	0a	ginq_ws_max_nums	Erfrage maximale Arbeitsplatzgrößen
gqmntn	0a	ginq_max_norm_tran_num	Erfrage maximale Nummer einer NT

Erfragefunktionen für die GKS-Zustandsliste

gqopwk	0a	ginq_set_open_wss	Erfrage Menge der offenen Arbeitsplätze
gqpra	0a	ginq_cur_prim_attrs	Erfrage aktuelle Werte der Darstellungsattribute
gqpli	0a	ginq_line_ind	Erfrage Linienzugindex
gqpmi	0a	ginq_marker_ind	Erfrage Polymarkenindex
gqtxi	0a	ginq_text_ind	Erfrage Textindex
gqchh	0a	ginq_char_ht	Erfrage Zeichenhöhe
gqchup	0a	ginq_char_up_vec	Erfrage Zeichenaufwärtsvektor
gqchw	0a	ginq_char_width	Erfrage Zeichenbreite
gqchb	0a	ginq_char_base_vec	Erfrage Zeichenbasisvektor
gqtxp	0a	ginq_text_path	Erfrage Schreibrichtung
gqtxal	0a	ginq_text_align	Erfrage Textausrichtung
gqfai	0a	ginq_fill_ind	Erfrage Füllgebietsindex
gqpawv	0a	ginq_pat_width_vec	Erfrage Musterbreitenvektor
gqpahv	0a	ginq_pat_ht_vec	Erfrage Musterhöhenvektor
gqparf	0a	ginq_pat_ref_point	Erfrage Musterreferenzpunkt
gqina	0a	ginq_cur_indiv_attrs	Erfrage aktuelle individuelle Attributwerte
gqln	0a	ginq_linetype	Erfrage Linientyp
gqlwsc	0a	ginq_linewidth	Erfrage Linienbreitefaktor
gqplci	0a	ginq_line_colr_ind	Erfrage Linienzugfarbindex
gqmk	0a	ginq_marker_type	Erfrage Markentyp
gqmksc	0a	ginq_marker_size	Erfrage Markenvergrößerungsfaktor
gqpmci	0a	ginq_marker_colr_ind	Erfrage Polymarkenfarbindex
gqtxfp	0a	ginq_text_font_prec	Erfrage Schriftart und -qualität
gqchxp	0a	ginq_char_expan	Erfrage Zeichenbreitefaktor
gqchsp	0a	ginq_char_space	Erfrage Zeichenabstand
gqtxci	0a	ginq_text_colr_ind	Erfrage Textfarbindex
gqfais	0a	ginq_fill_int_style	Erfrage Füllgebietsausfüllung
gqfasi	0a	ginq_fill_style_ind	Erfrage Füllgebietsausfüllungsindex
gqfaci	0a	ginq_fill_colr_ind	Erfrage Füllgebietsfarbindex
gqasf	0a	ginq_asfs	Erfrage Liste der Aspektanzeiger
gqcntn	0a	ginq_cur_norm_tran_num	Erfrage Nummer der aktuellen NT
gqentn	0a	ginq_list_norm_tran_nums	Erfrage Liste der Nummern der NT
gqnt	0a	ginq_norm_tran	Erfrage Normierungstransformation
gqclip	0a	ginq_clip	Erfrage Klippen

Erfragefunktionen für die Arbeitsplatz-Zustandsliste

gqwkc	0a	ginq_ws_conn_type	Erfrage Arbeitsplatzverbindung und -typ
gqwks	0a	ginq_ws_st	Erfrage Arbeitsplatzzustand
gqwkdu	0a	ginq_ws_defer_upd_sts	Erfrage Arbeitsplatzaktualisierungszustand
gqtxx	0a	ginq_text_extent	Erfrage Textausdehnung
gqeci	0a	ginq_colr_inds	Erfrage Liste der Farbindizes
gqcr	0a	ginq_colr_rep	Erfrage Farbbeschreibung
gqwkt	0a	ginq_ws_tran	Erfrage Gerätetransformation
gqlcs	0b	ginq_loc_st	Erfrage Lokalisiererzustand
gqsks	0b	ginq_stroke_st	Erfrage Liniengeberzustand
gqvls	0b	ginq_val_st	Erfrage Wertgeberzustand
gqchs	0b	ginq_choice_st	Erfrage Auswählerzustand
gqsts	0b	ginq_string_st	Erfrage Textgeberzustand

Erfragefunktionen für die Arbeitsplatz-Beschreibungstabelle

gqwkca	0a	ginq_ws_cat	Erfrage Arbeitsplatzkategorie
gqwkcl	0a	ginq_ws_class	Erfrage Arbeitsplatzklassifizierung
gqdsp	0a	ginq_disp_space_size	Erfrage Größe der Darstellungsfläche
gqplf	0a	ginq_line_facs	Erfrage Linienzugfähigkeiten
gqpplr	0a	ginq_pred_line_rep	Erfrage vordefinierte Linienzugbeschreibung
gqpmf	0a	ginq_marker_facs	Erfrage Polymarkenfähigkeiten
gqppmr	0a	ginq_pred_marker_rep	Erfrage vordefinierte Polymarkenbeschreibung
gqtxf	0a	ginq_text_facs	Erfrage Textfähigkeiten
gqptxr	0a	ginq_pred_text_rep	Erfrage vordefinierte Textbeschreibung
gqfaf	0a	ginq_fill_facs	Erfrage Füllgebietsfähigkeiten
gqpfar	0a	ginq_pred_fill_rep	Erfrage vordefinierte Füllgebietsbeschreibung
gqpaf	0a	ginq_pat_facs	Erfrage Musterfähigkeiten
gqppar	0a	ginq_pred_pat_rep	Erfrage vordefinierte Musterbeschreibungen
gqcf	0a	ginq_colr_facs	Erfrage Farbfähigkeiten
gqpcr	0a	ginq_pred_colr_rep	Erfrage vordefinierte Farbbeschreibung
gqegdp	0a	ginq_list_avail_gdps	Erfrage Liste der verfügbaren VDELe
gqgdp	0a	ginq_gdp	Erfrage verallgemeinertes Darstellungselement
gqlwk	0a	ginq_max_ws_st_tables	Erfrage max. Längen der Arbeitsplatztabellen
gqli	0b	ginq_num_avail_in	Erfrage Anzahl der verfügbaren log. Eingabegeräte
gqdlc	0b	ginq_def_loc_data	Erfrage vorgegebene Werte des Lokalisierers
gqdsk	0b	ginq_def_stroke_data	Erfrage vorgegebene Werte des Liniengebers
gqdvl	0b	ginq_def_val_data	Erfrage vorgegebene Werte des Wertgebers
gqdch	0b	ginq_def_choice_data	Erfrage vorgegebene Werte des Auswählers
gqdst	0b	ginq_def_string_data	Erfrage vorgegebene Werte des Textgebers

Erfragefunktionen für Pixel

gqpxad	0a	ginq_pixel_array_dims	Erfrage Dimensionierung der Pixelmatrix
gqpxa	0a	ginq_pixel_array	Erfrage Pixelmatrix
gqpx	0a	ginq_pixel	Erfrage Pixel

Hilfsfunktionen

gcrst	0a	gcreate_store	Erzeuge Datenspeicher
gdst	0a	gdel_store	Lösche Datenspeicher

Fehlerbehandlung

geclks	0a	gemergency_close_gks	Notabschluß GKS
gerhnd	0a	gerr_hand	Fehlerbehandlung

| gerlog | 0a | gerr_log | Fehlerprotokoll |
| gsehnd | 0a | gset_err_hand | Setze Fehlerbehandlung |

Prg. 7-1 zeigt eine minimale GKS-Anwendung. Sie sehen dort das einfachste GKS-Programm, das etwas Sichtbares (hier ein Dreieck) zeichnet. Dieses Programm verdeutlicht die Sequenzen von jeweils 3 Funktionen, die jedes GKS-Programm am Beginn zur Initialisierung und am Ende zum Beenden der Grafik braucht. Die Funktion gopen_ws() braucht als dritten Parameter den *Typ* des zu öffnenden Arbeitsplatzes. Diese Typen sind implementierungsabhängig (s. Abschnitt 6.2). Das Beispielprogramm ruft die Funktion gkarte() auf, um den Arbeitsplatztyp zu ermitteln. gkarte() ist keine GKS-Funktion, sondern eine Zusatzfunktion von WESTgraf. Diese Funktion versucht die Grafikkarte des Rechners zu bestimmen und liefert als Funktionsergebnis den zugehörigen WESTgraf-Arbeitsplatztyp (also z. B. GTYP_VGA, GTYP_EGA oder GTYP_HER). Sie liefert den Wert −1, wenn sie den Typ der Grafikkarte nicht bestimmen kann.

```c
#include <gks.h> /* Definitionen für GKS */
static Gpoint Dreieck[ ] = {{0,0},{1,0},{0.5,1},{0,0}};
main ()
{ Gpoint_list pl;

   /* Initialisieren, Vorbereiten der grafischen Ausgabe */
   gopen_gks("gks.err", GDEF_MEM_SIZE);
   gopen_ws(1, "prn", gkarte());
   gactivate_ws(1);

   /* Jetzt kann man Bilder malen */
   pl.num_points = 4; pl.points = Dreieck;
   gpolyline(&pl);
   getch();

   /* Grafik schließen */
   gdeactivate_ws(1);
   gclose_ws(1);
   gclose_gks();
} /* main */
```

Prg. 7-1 Minimales GKS-Programm, zeichnet ein Dreieck

ACHTUNG: Die Super-VGA-Arbeitsplatztypen werden von dieser Funktion nicht erkannt. Falls Sie die Fluchtfunktionen zum Umschalten der Bildspeicherseiten verwenden wollen, müssen Sie eine VGA-Karte normalerweise im EGA-Modus betreiben, d.h. Sie müssen als Arbeitsplatztyp GTYP_EGA angeben. Für einen bestimmten Grafikmodus muß sowohl die Grafikkarte als auch der angeschlossene Monitor geeignet sein (das kann gkarte() nicht feststellen). Andernfalls können sowohl die Grafikkarte als auch der Monitor beschädigt werden.

Wenn Sie Prg. 7-1 ausführen, werden Sie feststellen, daß der Bildschirm nur zu 75% genutzt wird. Das liegt daran, daß in diesem einfachen Beispiel die voreingestellte Gerätetransformation benutzt wird, die das $[0, 1] \times [0, 1]$-Quadrat *verzerrungsfrei* auf die Gerätedarstellungsfläche abbildet, also auf das größte Quadrat, das auf dem

```
#include <gks.h> /* Definitionen für GKS */
static Glimit welt = {0,24,0,18};
static Glimit norm = {0,1,0,0.75};
static Gpoint Dreieck[ ] = {{0,0},{24,0},{12,18}, {0,0}};
static Gpoint pos = {12,9};
static Gtext_align ta = {GHOR_CTR, GVERT_HALF};

main ()
{ Gpoint_list pl;

    /* Initialisieren, Vorbereiten der grafischen Ausgabe */
    gopen_gks("gks.err", GDEF_MEM_SIZE);
    gopen_ws(1, "prn", gkarte());
    gactivate_ws(1);

    /* NT und Gerätetransformation so setzen, daß Darstellungsfläche */
    /* voll genutzt wird, Normierungstransformation 1 verwenden */
    gset_ws_win(1, &norm);
    gset_win(1, &welt); gset_vp(1, &norm); gsel_norm_tran(1);

    /* Jetzt kann man Bilder malen */
    pl.num_points = 4; pl.points = Dreieck;
    gpolyline(&pl);
    gset_char_ht(0.7); gset_text_align(&ta); gset_text_colr_ind(GFARB_HELLROT);
    gtext(&pos, "Dreieck");
    getch();

    /* Grafik schließen */
    gdeactivate_ws(1);
    gclose_ws(1);
    gclose_gks();
} /* main */
```

Prg. 7-2 Dreieck, nutzt die ganze Darstellungsfläche

Bildschirm Platz hat (s. Abschnitt 3.2). Da PC-Bildschirme üblicherweise jedoch nicht quadratisch sind, sondern ein Längenverhältnis $x{:}y$ von etwa 4:3 haben (wie übrigens alle WESTgraf-Arbeitsplätze), müssen explizit Transformationen gesetzt werden, wenn die gesamte Darstellungsfläche des Gerätes ausgenutzt werden soll. Das ist in Prg. 7-2 zu sehen. In diesem Beispiel wird das Fenster der Gerätetransformation (in NK) so gesetzt, daß es ebenfalls das Längenverhältnis 4:3 hat. Das Weltkoordinatensystem wird auf den Bereich $[0, 24] \times [0, 18]$ gesetzt. Diese Zahlen entsprechen etwa den Abmessungen eines 14-Zoll-Bildschirms in Zentimetern. Das Darstellungsfeld der Normierungstransformation wird auf denselben Bereich wie das Fenster der Gerätetransformation gesetzt, so daß der WK-Bereich jetzt auf die gesamte Darstellungsfläche des Geräts abgebildet wird.

7.1   gactivate_ws   [0a]   gacwk

Aktiviert einen Arbeitsplatz, so daß anschließend Ausgaben an ihn übertragen wer-
den.

Aktiviere Arbeitsplatz
Activate workstation

gactivate_ws   (arbeitsplatz)

⇒   Gint **arbeitsplatz**
     Kennzeichnung des Arbeitsplatzes im Anwendungsprogramm. Der Arbeits-
     platz muß zuvor mit dieser Kennzeichnung geöffnet worden sein.

Beschreibung

Grafische Darstellungselemente werden nur an aktive Arbeitsplätze übertragen
und dort dargestellt. Der angegebene Arbeitsplatz muß zuvor mit gopen_ws() geöffnet worden sein. Der Arbeitsplatz bleibt aktiv bis er mit gdeactivate_ws() deaktiviert
wird. GKS hat nach erfolgreichem Aufruf von gactivate_ws() den Betriebszustand
APAK (mindestens ein Arbeitsplatz ist aktiv).

Mögliche Fehler

   6 GKS befindet sich nicht im richtigen Zustand: GKS muß sich entweder im Zustand *APOF*
       oder im Zustand *APAK* befinden.
  20 Spezifizierte Arbeitsplatzkennzeichnung ist ungültig.
  25 Spezifizierter Arbeitsplatz ist nicht offen.
  29 Spezifizierter Arbeitsplatz ist aktiv.
  33 Spezifizierter Arbeitsplatz ist von der Kategorie *BE*.
  35 Spezifizierter Arbeitsplatz ist von der Kategorie *Eingabe*.
  43 Maximale Anzahl gleichzeitig aktiver Arbeitsplätze würde überschritten.

Siehe auch

gopen_ws, gdeactivate_ws.

Bemerkungen

WESTgraf kann zu einer Zeit höchstens einen Arbeitsplatz aktiv halten.

7.2 gcell_array [0a] gca

Gibt ein Rasterbild aus.

Zellmatrix
Cell array

gcell_array (rechteck, farbindexmatrix)

$\Rightarrow$ const Grect ***rechteck**
typedef struct { Gpoint p,q; } Grect;
typedef struct { Gfloat x,y; } Gpoint;
Rechteck in Weltkoordinaten, in dem das Pixelbild dargestellt werden soll.

$\Rightarrow$ const Gpat_rep ***farbindexmatrix**
typedef struct { Gint_size dims; Gint *colr_array; } Gpat_rep;
typedef struct { Gint size_x, size_y; } Gint_size;
Matrix der Farbindizes für das Pixelbild und Dimensionen der Farbindexmatrix, die dargestellt werden soll. Die Farbindizes sind zeilenweise gespeichert, zuerst die oberste Zeile. Die Farbzelle (x, y) hat also den Index:
$x + y*$farbindexmatrix$->$dims.size_x.

Beschreibung
Das durch den ersten Parameter spezifizierte Rechteck wird in ein Gitter von sovielen Zellen, wie es der zweite Parameter angibt, unterteilt. Jede Zelle wird dann mit der Farbe gefüllt, die das entsprechende Element der Farbindexmatrix festlegt.
Das Rechteck und damit auch die Zellen sind dem Klippen und allen GKS-Koordinatentransformationen unterworfen, wie z. B. der Normierungstransformation und der Gerätetransformation. Durch geeignete Wahl dieser Transformationen kann also erreicht werden, daß eine Zelle genau einem Bildpunkt auf der Darstellungsfläche eines Rastergerätes entspricht.
Die GKS-Norm erlaubt, daß Arbeitsplätze die Zellmatrix durch Zeichnen des Randes simulieren dürfen. Dies ist vor allem für Vektorgeräte (Stiftplotter u.ä.) wichtig.
Die Zellmatrix wird auf allen aktiven Arbeitsplätzen dargestellt.

Mögliche Fehler
5 GKS befindet sich nicht im richtigen Zustand: GKS muß sich entweder im Zustand *APAK* oder im Zustand *SGOF* befinden.
91 Dimensionen der Farbindexmatrix sind ungültig.

Siehe auch
gfill_area, ginq_pixel_array, gactivate_ws.

Bemerkungen
Alle WESTgraf-Arbeitsplätze unterstützen derzeit Zellmatrix ohne Simulation. Positive, auf dem Arbeitsplatz nicht vorhandene Farbindizes werden auf den Farbindex 1 abgebildet. Negative Farbindizes lassen die entsprechenden Pixel unverändert.

7.3   gclear_ws   [0a]   gclrwk

Löscht die Darstellungsfläche und den arbeitsplatzabhängigen Segmentspeicher.

Lösche Arbeitsplatz
Clear workstation

gclear_ws   (arbeitsplatz, steuerungsanzeiger)

⇒   Gint   **arbeitsplatz**
      Kennzeichnung des Arbeitsplatzes im Anwendungsprogramm.

⇒   Gctlr_flag   **steuerungsanzeiger**
      typedef enum { GFLAG_COND, GFLAG_ALWAYS } Gctlr_flag;
      Legt fest, ob die Darstellungsfläche *immer* (GFLAG_ALWAYS) oder nur *bedingt*,
      falls sie nicht leer ist (GFLAG_COND), gelöscht werden soll.

Beschreibung
Die Darstellungsfläche des angegebenen Arbeitsplatzes wird gelöscht. Ebenso werden alle Segmente am Arbeitsplatz gelöscht.
Aufgeschobene Änderungen (z. B. der Gerätetransformation) werden danach durchgeführt, da die Darstellungsfläche dann leer ist.

Mögliche Fehler
   3 GKS befindet sich nicht im richtigen Zustand: GKS muß sich im Zustand *APAK* befinden.
   20 Spezifizierte Arbeitsplatzkennzeichnung ist ungültig.
   30 Spezifizierter Arbeitsplatz ist nicht aktiv.
   33 Spezifizierter Arbeitsplatz ist von der Kategorie *BE*.
   35 Spezifizierter Arbeitsplatz ist von der Kategorie *Eingabe*.

Siehe auch
gset_ws_win, gset_ws_vp, gset_colr_rep, gupd_ws.

Bemerkungen
WESTgraf unterstützt z.Z. keine Segmente. Bildschirme werden mit Hintergrundfarbe (Farbindex 0) beschrieben. Drucker und Plotter geben das vorhergehende Bild aus und machen dann einen Papiervorschub. Leere Blätter werden auch bei GFLAG_ALWAYS nicht ausgeworfen. WESTgraf läßt sich jedoch überlisten, wenn man etwas in Hintergrundfarbe zeichnet.

7.4   gclose_gks   [0a]   gclks

GKS wird beendet.

Schließe GKS
Close GKS

gclose_gks ()

Keine Parameter.

Beschreibung

GKS wird in den Zustand geschlossen (*GKGS*) gesetzt. Dynamisch von GKS
angeforderter und verwalteter Speicher wird freigegeben (Tabellen, Schriften, ...),
von GKS geöffnete Dateien werden geschlossen.

GKS kann nur geschlossen werden, wenn zuvor alle geöffneten Arbeitsplätze mittels gclose_ws() geschlossen wurden.

Mögliche Fehler

   2 GKS befindet sich nicht im richtigen Zustand: GKS muß sich im Zustand *GKOF* befinden.

Siehe auch

gopen_gks, gclose_ws, gemergency_close_gks.

Bemerkungen

7.5 gclose_ws [0a] gclwk

Der Arbeitsplatz wird von GKS geschlossen.

Schließe Arbeitsplatz
Close Workstation

gclose_ws (arbeitsplatz)

$\Rightarrow$ Gint **arbeitsplatz**
  Kennzeichnung des Arbeitsplatzes im Anwendungsprogramm.

Beschreibung

Der grafische Arbeitsplatz wird geschlossen. Die Verbindung von GKS zum Arbeitsplatz wird aufgehoben. Von GKS für den Arbeitsplatz dynamisch angeforderter Speicher wird freigegeben.

Ein aktiver Arbeitsplatz kann nicht geschlossen werden; er muß erst mit gdeactivate_ws() deaktiviert werden.

Mögliche Fehler

   7 GKS befindet sich nicht im richtigen Zustand: GKS muß sich in einem der Zustände *APOF, APAK* oder *SGOF* befinden.
  20 Spezifizierte Arbeitsplatzkennzeichnung ist ungültig.
  25 Spezifizierter Arbeitsplatz ist nicht offen.
  29 Spezifizierter Arbeitsplatz ist aktiv.
147 Überlauf der Eingabewarteschlange.

Siehe auch

gdeactivate_ws, gopen_ws.

Bemerkungen

Drucker oder Plotter geben das bis dahin gezeichnete Bild erst aus, wenn sie mit gclose_ws() geschlossen werden oder wenn mit gclear_ws() ihre Darstellungsfläche gelöscht wird.

7.6   gcreate_store   [0a]   gcrst

Erzeugt und initialisiert einen Datenspeicher.

Erzeuge Datenspeicher
Create store

gcreate_store   (fehleranzeiger, speicher)

⇐   Gint   ***fehleranzeiger**
Die Nummer eines Fehlers, den die Funktion erkennt, wird über diesen Zeiger
zurückgegeben. Nur wenn hier der Wert 0 zurückgegeben wird, wurde der
Datenspeicher angelegt.

⇐   Gstore   ***speicher**
typedef void *Gstore;
Datenspeicher, der initialisiert wird.

Beschreibung
Der angegebene Datenspeicher wird initialisiert, so daß er in nachfolgenden GKS-
Aufrufen verwendet werden kann. Der Datenspeicher kann mit gdel_store() wieder
freigegeben werden.

Mögliche Fehler
8 GKS befindet sich nicht im richtigen Zustand: GKS muß sich in einem der Zustände
GKOF, APOF, APAK oder *SGOF* befinden.
2203 Fehler beim Einrichten eines Datenspeichers.

Siehe auch
gdel_store.

Bemerkungen
Diese Funktion ist nicht in der GKS-Norm definiert. Es handelt sich um eine
Zusatzfunktion der C-Sprachschale für GKS.
Datenspeicher werden beim Schließen von GKS nicht automatisch freigegeben,
sondern nur mit gdel_store().
Die Betriebssyteme PC-DOS, MS-DOS und DR-DOS für IBM-PC und kompatible
Rechner können Speicherzugriffsverletzungen nicht erkennen.

7.7   gdeactivate_ws [0a] gdawk

Deaktiviert einen Arbeitsplatz, so daß anschließend Ausgaben nicht mehr an ihn übertragen werden.

Deaktiviere Arbeitsplatz
Deactivate workstation

gdeactivate_ws (arbeitsplatz)

⇒ Gint **arbeitsplatz**
     Kennzeichnung des Arbeitsplatzes im Anwendungsprogramm.

Beschreibung

Nachfolgende Ausgaben werden nicht mehr an den Arbeitsplatz übertragen. Grafische Darstellungselemente werden nur an aktive Arbeitsplätze übertragen und dort dargestellt. Der angegebene Arbeitsplatz muß zuvor mit gopen_ws() geöffnet und mit gactivate_ws() aktiviert worden sein. GKS hat nach erfolgreichem Aufruf von gdeactivate_ws() den Betriebszustand *APAK*, falls noch mindestens ein weiterer Arbeitsplatz aktiv ist, oder *APOF*, falls kein weiterer Arbeitsplatz mehr aktiv ist.

Der Arbeitsplatz kann nun mit gclose_ws() geschlossen oder mit gactivate_ws() erneut aktiviert werden.

Mögliche Fehler

  3   GKS befindet sich nicht im richtigen Zustand: GKS muß sich im Zustand *APAK* befinden.
20   Spezifizierte Arbeitsplatzkennzeichnung ist ungültig.
30   Spezifizierter Arbeitsplatz ist nicht aktiv.
33   Spezifizierter Arbeitsplatz ist von der Kategorie *BE*.
35   Spezifizierter Arbeitsplatz ist von der Kategorie *Eingabe*.

Siehe auch

gopen_ws, gactivate_ws, gclose_ws.

Bemerkungen

WESTgraf kann zu einer Zeit höchstens einen Arbeitsplatz aktiv halten. Als Seiteneffekt gibt WESTgraf beim Deaktivieren eines Arbeitsplatzes nicht unbedingt benötigten Speicher frei (z.B. für bis dahin geladene Schriften).

7.8   gdel_store   [0a]   gdst

Gibt den vom Datenspeicher belegten Speicherplatz frei.

Lösche Datenspeicher
Delete store

gdel_store   (fehleranzeiger, speicher)

⇐   Gint   ***fehleranzeiger**
Die Nummer eines Fehlers, den die Funktion erkennt, wird über diesen Zeiger zurückgegeben. Nur wenn hier der Wert 0 zurückgegeben wird, wurde der Speicherplatz freigegeben.

⇔   Gstore   ***speicher**
typedef void *Gstore;
Datenspeicher, der freigegeben wird. Der Datenspeicher muß zuvor mit der Funktion gcreate_store() angelegt worden sein.

Beschreibung
Gibt den belegten Speicherplatz des angegebenen Datenspeichers frei. Auf Objekte, die im Datenspeicher waren, darf nach dem Ausführen dieser Funktion nicht mehr zugegriffen werden.

Mögliche Fehler
8 GKS befindet sich nicht im richtigen Zustand: GKS muß sich in einem der Zustände *GKOF, APOF, APAK* oder *SGOF* befinden.

Siehe auch
gcreate_store.

Bemerkungen
Diese Funktion ist nicht in der GKS-Norm definiert. Es handelt sich um eine Zusatzfunktion der C-Sprachschale für GKS.
Datenspeicher werden beim Schließen von GKS nicht automatisch freigegeben, sondern nur mit gdel_store().
Die Betriebssyteme PC-DOS, MS-DOS und DR-DOS für IBM-PC und kompatible Rechner können Speicherzugriffsverletzungen nicht erkennen.

7.9   gemergency_close_gks   [0a]   geclks

Führt einen Notabschluß des GKS durch.

Notabschluß GKS
Emergency close GKS

gemergency_close_gks   ()
Keine Parameter.

Beschreibung
Diese Funktion ist für den Fall vorgesehen, daß andere GKS-Funktionen oder das Anwendungsprogramm Fehlersituationen erkennen, bei denen ein Weiterarbeiten zu undefinierten Ergebnissen führen könnte (z. B. Betriebssystemfehler). GKS versucht, sich so geordnet wie möglich zu beenden.
Für den Notabschluß werden folgende Funktionen ausgeführt:

- Alle offenen Segmente schließen.
- Alle offenen grafischen Arbeitsplätze aktualisieren.
- Alle aktiven grafischen Arbeitsplätze deaktivieren.
- Alle offenen grafischen Arbeitsplätze schließen.
- GKS schließen.

Mögliche Fehler
Keine.

Siehe auch
gclose_gks, gset_err_hand.

Bemerkungen
Diese Funktion darf auch in einer eigenen Fehlerbehandlungsroutine verwendet werden.

7.10   gerr_hand [0a]   gerhnd

Diese Funktion wird von GKS in allen Fehlersituationen aufgerufen.

Fehlerbehandlung
Error handling

gerr_hand   (fehlernummer, funktionsnummer, protokolldatei)

⇒   Gint   **fehlernummer**
Nummer des aufgetretenen Fehlers.

⇒   Gint   **funktionsnummer**
Nummer der GKS-Funktion, die den Fehler festgestellt hat.

⇒   const char   ***protokolldatei**
Dateiname für das Fehlerprotokoll.

Beschreibung
Diese Funktion soll nicht aus dem Anwendungsprogramm aufgerufen werden. Sie wird vielmehr GKS-intern aufgerufen, wenn eine GKS-Funktion einen Fehler erkannt hat.
Die GKS-Standardfunktion zur Fehlerbehandlung ruft lediglich die Funktion für das Fehlerprotokoll gerr_log() auf. Wenn das Anwendungsprogramm eine andere Fehlerbehandlung installieren möchte, kann es mit gset_err_hand() eine eigene Funktion als neue Fehlerbehandlungsroutine einrichten.

Mögliche Fehler
Keine.

Siehe auch
gset_err_hand, gerr_log, gemergency_close_gks, gopen_gks.

Bemerkungen
Wird nur GKS-intern beim Erkennen eines Fehlers aufgerufen. Eine eigene Fehlerbehandlungsfunktion kann auch die Funktion gerr_log() zur Fehlerprotokollierung aufrufen. Die Datei, auf die die Fehlermeldungen geschrieben werden, wird beim Öffnen von GKS mit gopen_gks() angegeben. In der Fehlerbehandlungsfunktion dürfen alle Erfragefunktionen verwendet werden. Es ist auch erlaubt, einen Notabschluß des GKS durchzuführen. Andere GKS-Funktionen sind nicht erlaubt (sonst könnten weitere Fehler auftreten und die Fehlerbehandlung würde endlos rekursiv aufgerufen).

7.11   gerr_log [0a] gerlog

Protokolliert eine Fehlermeldung.

Fehlerprotokoll
Error logging

gerr_log (fehlernummer, funktionsnummer, protokolldatei)

⇒   Gint   **fehlernummer**
Nummer des aufgetretenen Fehlers.

⇒   Gint   **funktionsnummer**
Nummer der GKS-Funktion, die den Fehler erkannt hat.

⇒   const char   **∗protokolldatei**
Dateiname für das Fehlerprotokoll.

Beschreibung
Diese Funktion soll nicht aus dem Anwendungsprogramm aufgerufen werden. Sie wird vielmehr von der GKS-internen Fehlerbehandlung `gerr_hand()` aufgerufen, um den aufgetretenen Fehler und den Namen der GKS-Funktion auf der Fehlerdatei zu protokollieren.
Wenn das Anwendungsprogramm mit `gset_err_hand()` eine eigene Fehlerbehandlungsfunktion installiert, kann diese ebenfalls `gerr_log()` aufrufen.

Mögliche Fehler
Keine.

Siehe auch
gset_err_hand, gerr_hand, gopen_gks.

Bemerkungen
Wird nur von der Fehlerbehandlung (`gerr_hand()`) aufgerufen. Die Datei, auf die die Fehlermeldungen geschrieben werden, wird beim Öffnen von GKS mit `gopen_gks()` angegeben.

7.12　gescape [0a]　gesc

Zugriff auf nichtgrafische Funktionen außerhalb des GKS.

Fluchtfunktion
Escape

gescape (funktion, eingabedaten, speicher, ausgabedaten)

⇒　Gint　**funktion**
　　Nummer der aufzurufenden Fluchtfunktion. Positive Nummern sind genormt,
　　negative Nummern sind implementierungsabhängig.

⇒　const Gescape_in_data　***eingabedaten**
```
typedef union
{ struct Gescape_in_u1 { Gint seite; } escape_u1;
  struct Gescape_in_u2 { Gint seite; } escape_u2;
} Gescape_in_data;
```
　　Eingabedatensatz für die Fluchtfunktion.

⇒　Gstore　**speicher**
```
typedef void *Gstore;
```
　　Datenspeicher für Ausgabedatensatz. Der Datenspeicher muß zuvor mit der
　　Funktion gcreate_store() initialisiert worden sein.

⇐　Gescape_out_data　****ausgabedaten**
```
typedef Gvoid Gescape_out_data;
```
　　Ausgabedatensatz der Fluchtfunktion.

Beschreibung
Die Fluchtfunktion erlaubt den genormten Zugriff auf nicht genormte Fähigkeiten von GKS oder von bestimmten Arbeitsplätzen. Beispiel: Umschalten der
Bildspeicherseite auf einem Rastergerät, das mehr als eine Bildspeicherseite unterstützt.

Die angegebene Fluchtfunktion wird gestartet und erhält den Datensatz als Eingabeparameter. Fluchtfunktionen können mehr als einen Arbeitsplatz betreffen,
z. B. alle offenen oder alle aktiven grafischen Arbeitsplätze. Der Eingabedatensatz
kann, falls erforderlich, eine Arbeitsplatzkennzeichnung enthalten. Als Ausgabeparameter wird ein Ergebnisdatensatz geliefert.

Die Fluchtfunktion darf keine grafischen Darstellungselemente zeichnen und den
GKS-Betriebszustand nicht verändern. Um nicht genormte geometrische Fähigkeiten eines Arbeitsplatzes zu nutzen (z. B. Zeichnen von Kreis- und Ellipsenbögen,
Bézierkurven o.ä.), ist das *verallgemeinerte Darstellungselement* (ggdp()) vorgesehen.

Mögliche Fehler
　　8 GKS befindet sich nicht im richtigen Zustand: GKS muß sich in einem der Zustände
　　GKOF, APOF, APAK oder *SGOF* befinden.
　180 Spezifizierte Fluchtfunktion wird nicht unterstützt.
　181 Die spezifizierte Fluchtfunktionskennzeichnung ist ungültig.

182 Inhalt des Datensatzes der Fluchtfunktion ist ungültig.

Siehe auch

gopen_ws, ggdp.

Bemerkungen

Nicht jeder Arbeitsplatz unterstützt jede Fluchtfunktion.

Der Datenspeicher für den Ausgabedatensatz und der Ausgabedatensatz werden z. Z. nicht verwendet.

WESTgraf unterstützt derzeit folgende Fluchtfunktionen für Arbeitsplatztypen, die 2 Bildspeicherseiten zur Verfügung stellen (s. gopen_ws()):

- GESC_SCHREIBE_SEITE (−1). Der Eingabedatensatz enthält die Nummer der zu beschreibenden Bildspeicherseite im Feld escape_u1.seite (0 oder 1).

- GESC_ZEIGE_SEITE (−2). Der Eingabedatensatz enthält die Nummer der anzuzeigenden Bildspeicherseite im Feld escape_u2.seite (0 oder 1).

Mit Hilfe dieser Fluchtfunktionen können auf Bildschirmen die sichtbare und die zu beschreibende Bildspeicherseite wechselweise umgeschaltet werden, um so flackerfreie Animationen (Trickfilme) zu erlauben. Bei gopen_ws() ist beschrieben, welche Bildschirmarbeitsplätze unter welchen Voraussetzungen 2 Bildspeicherseiten zur Verfügung stellen. Sicher, weil standardisiert, funktioniert das eigentlich nur für EGA- und Hercules-Grafik. Eine VGA-Grafikkarte kann zu diesem Zweck im EGA-Modus betrieben werden (GTYP_EGA).

WESTgraf unterstützt derzeit nicht mehrere offene Arbeitsplätze gleichzeitig. Die Fluchtfunktionen dürfen nur verwendet werden, falls ein Arbeitsplatz, der 2 Bildspeicherseiten unterstützt, offen ist und wirken auf diesen einen offenen Arbeitsplatz.

7.13   gfill_area [0a] gfa

Zeichnet das Darstellungselement Füllgebiet.

Füllgebiet
Fill area

gfill_area   (punktliste)

⇒   const Gpoint_list   **∗punktliste**
    typedef struct { Gint num_points; Gpoint ∗points; } Gpoint_list;
    typedef struct { Gfloat x,y; } Gpoint;
    Anzahl der übergebenen Eckpunkte ($\geq$ 3) und Feld der Eckpunkte in Welt-
    koordinaten.

Beschreibung

Das Polygon aus den übergebenen Eckpunkten wird gemäß den aktuellen Füll-
gebietsattributen gezeichnet. Diese werden, abhängig von den aktuellen Aspektanzeigern, entweder durch das Füllgebietsbündel oder durch die individuellen Attribute bestimmt. Das Füllgebiet wird auf allen aktiven Arbeitsplätzen gezeichnet.
Das angegebene Polygon muß nicht geschlossen sein. Falls nötig, wird es von GKS
selbsttätig geschlossen.

Mögliche Fehler

   5 GKS befindet sich nicht im richtigen Zustand: GKS muß sich entweder im Zustand *APAK*
      oder im Zustand *SGOF* befinden.
 100 Anzahl der Punkte ungültig.

Siehe auch

gset_fill_int_style, gset_fill_style_ind, gset_fill_colr_ind, gset_fill_ind, gset_pat_size,
gset_pat_ref_point, gset_asfs, gset_colr_rep, gactivate_ws.

Bemerkungen

Für andere Ausfüllungen als *Leer* (s. **gset_fill_int_style()**) fordert der WESTgraf-
Füllalgorithmus temporär dynamischen Hauptspeicher an (Anzahl Punkte mal
16 Byte). Aufgrund der Intel 8086 Speichersegmentierung ist die Zahl der Rand-
punkte somit auf etwa 4 000 beschränkt. Falls nicht genügend Hauptspeicher zur
Verfügung steht, wird stets die Ausfüllung *Leer* verwendet.

7.14   ggdp   [0a]   ggdp

Ein nicht genormtes grafisches Darstellungselement wird erzeugt.

Verallgemeinertes Darstellungselement (VDEL)
Generalized drawing primitiv (GDP)

ggdp   (punktliste, funktion, datensatz)

⇒   const Gpoint_list   ***punktliste**
      typedef struct { Gint num_points; Gpoint *points; } Gpoint_list;
      typedef struct { Gfloat x,y; } Gpoint;
      Anzahl der übergebenen Punkte und Feld der Punkte in Weltkoordinaten.

⇒   Gint   **funktion**
      Funktionsnummer für ein verallgemeinertes Darstellungselement.

⇒   Ggdp_data   ***datensatz**
      typedef Gvoid Ggdp_data;
      Eingabedatensatz für das VDEL. Wird z. Z. nicht verwendet.

Beschreibung

Das VDEL erlaubt den genormten Zugriff auf bestimmte geometrische Fähigkeiten mancher Arbeitsplätze. Beispiele für VDELe sind etwa Kreise, Ellipsen, Bézier-Kurven, Splines.

Die Punkte werden gemäß den aktuellen Transformationen auf die Darstellungsfläche abgebildet, und ein der Funktion entsprechendes Darstellungselement wird erzeugt. Das VDEL wird genauso geklippt wie alle anderen Darstellungselemente.

Das VDEL hat keine eigenen Attribute. Es kann aber die Attribute eines anderen Darstellungselementes (z. B. Linienzug) verwenden. Der Eingabedatensatz kann die Darstellungselemente spezifizieren, deren Attribute für das VDEL verwendet werden sollen.

Das VDEL wird auf allen aktiven Arbeitsplätzen gezeichnet.

Um spezielle nichtgeometrische Fähigkeiten eines Arbeitsplatzes zu nutzen, ist die *Fluchtfunktion* (gescape()) vorgesehen.

Mögliche Fehler

    5   GKS befindet sich nicht im richtigen Zustand: GKS muß sich entweder im Zustand *APAK* oder im Zustand *SGOF* befinden.
  100   Anzahl der Punkte ungültig.
  102   Kennzeichen des verallgemeinerten Darstellungselements ungültig.
  103   Inhalt des Datensatzes des verallgemeinerten Darstellungselements ist ungültig.
  104   Mindestens ein aktiver Arbeitsplatz kann das spezifizierte verallgemeinerte Darstellungselement nicht erzeugen.
  105   Mindestens ein aktiver Arbeitsplatz kann das spezifizierte VDEL mit den aktuellen Werten der Transformationen und des Klipprechtecks nicht erzeugen.

Siehe auch

gescape, gactivate_ws.

Bemerkungen

Die WESTgraf-Arbeitsplätze unterstützen z. Z. kein VDEL.

7.15 gget_item_type [0a] ggtitm

Gibt Satzart und -länge des aktuellen Datensatzes der Bilddatei zurück.

Hole Satzart von der Bilddatei
Get item type from GKSM

gget_item_type (arbeitsplatz, satzart, satzlaenge)

⇒ Gint **arbeitsplatz**
Frei wählbare Kennzeichnung des Arbeitsplatzes im Anwendungsprogramm.

⇐ Gint ***satzart**
Satzart des aktuellen Datensatzes einer Bilddatei.

⇐ Gint ***satzlaenge**
Satzlänge des aktuellen Datensatzes einer Bilddatei.

Beschreibung
Diese Funktion liefert die Satzart und die Satzlänge des aktuellen Datensatzes einer Bilddatei zurück.

Mögliche Fehler
   7 GKS befindet sich nicht im richtigen Zustand: GKS muß sich in einem der Zustände *APOF, APAK* oder *SGOF* befinden.
  20 Spezifizierte Arbeitsplatzkennzeichnung ist ungültig.
  25 Spezifizierter Arbeitsplatz ist nicht offen.
  34 Spezifizierter Arbeitsplatz ist nicht von der Kategorie *BE*.
 162 In der Bilddateieingabe sind keine Daten mehr vorhanden.
 163 Bilddateisatz ist ungültig.

Siehe auch
gread_item, ginterpret_item, gwrite_item.

Bemerkungen
Bilddateien werden von WESTgraf derzeit nicht unterstützt.

7.16   ginit_choice   [0b]   ginch

Setzt Anfangswerte und Echoart für den Auswähler.

Initialisiere Auswähler
Initialize choice

ginit_choice   (arbeitsplatz, nr, anfangsstatus, anfangswert, echoart, echofeld,
        datensatz)

⇒   Gint   **arbeitsplatz**
Frei wählbare Kennzeichnung des Arbeitsplatzes im Anwendungsprogramm.

⇒   Gint   **nr**
Nummer des Auswählers (≥ 1).

⇒   Gin_status   **anfangsstatus**
typedef enum
{ GIN_STATUS_NONE, GIN_STATUS_OK, GIN_STATUS_NO_IN } Gin_status;
Anfangsstatus des Auswählers.

⇒   Gint   **anfangswert**
Anfangswert des Auswählers.

⇒   Gint   **echoart**
Aufforderungs- und Echoart. Genormt sind: implementierungsabhängig (1),
Funktionstasten mit Lampen (2), Textmenü (3), Auswahltext muß eingetippt
werden (4), Elemente eines Segments (5). Negative Echoarten sind implementierungsabhängig.

⇒   const Glimit   ***echofeld**
typedef struct { Gfloat x_min,x_max, y_min,y_max; } Glimit;
Grenzen des Echofelds in Gerätekoordinaten.

⇒   const Gchoice_data   ***datensatz**
typedef Gvoid Gchoice_data;
Zeiger auf den Datensatz mit weiteren Anfangswerten für spezielle Aufforde-
rungs- und Echoarten.

Beschreibung

Ein logisches Eingabegerät der Klasse *Auswähler* liefert eine nichtnegative ganze
Zahl zurück, die als Auswahl aus einer vorgegebenen Anzahl von Alternativen
betrachtet wird.

Anfangsstatus, Anfangswert, Echoart, Echofeld sowie Werte aus dem Datensatz
werden in die Arbeitsplatz-Zustandsliste eingetragen. Der durch Arbeitsplatz- und
Auswählernummer spezifizierte Auswähler wird initialisiert. Mit dieser Funktion
wird die *Aufforderungs-* und *Echoart* des Auswählers festgelegt. Die Aufforderung
(*prompt*) bestimmt, wie das Gerät seine Bereitschaft anzeigt, Eingaben entgegenzunehmen. Das Echo liefert dem Bediener eine Rückmeldung, welchen Wert der
Auswähler im Moment hat. Aufforderungs- und Echoart werden zusammen spezifiziert. Man kann das Echo jedoch abschalten (gset_choice_mode()). Aufforderungs-

und Echoart legen fest, wie der Bediener Eingabewerte spezifizieren kann und wie
die anderen Parameter dieser Funktion interpretiert werden.
Der Anfangswert kann verwendet werden, um einen Auswählerwert vorzubele-
gen.
Der Anfangsstatus zeigt an, ob der Anfangswert gültig ist oder nicht.
Das Echofeld ist ein Rechteck in Gerätekoordinaten. In diesem Rechteck finden die
Aktionen Aufforderung, Echo und Eingabe statt. Es muß vollständig innerhalb
des aktuellen Gerätedarstellungsfeldes (gset_ws_vp()) liegen.
Der Inhalt des Auswählerdatensatzes hängt von der gewählten Aufforderungs- und
Echoart ab.
Genormte Aufforderungs- und Echoarten sind:

- (< 0). Aufforderung und Echo hängt vom Auswähler ab. WESTgraf unterstützt derzeit die Echoarten -1, -2 und -3 (s. unten).

- GCHOICE_DEF (1). Der augenblickliche Auswählerwert wird in einer implementierungsabhängigen Technik angezeigt.

- GCHOICE_PR_ECHO (2). Erlaubt eingebaute Fähigkeiten der physischen Eingabegeräte zum Auffordern zu benutzen, z.B. Lämpchen in den Tasten einer
  Funktionstastatur. Ist der Wert des i-ten Elementes im Aufforderungsbereich
  im Datensatz *aus*, wird das Auffordern für die i-te Auswahl des Auswählers
  ausgeschaltet. Der Wert *an* im Aufforderungsbereich zeigt an, daß das Auffordern für diese Auswahl angeschaltet ist. Der erste Eintrag im Auswählerdatensatz ist die Anzahl der Auswähleralternativen. Der zweite Eintrag im
  Auswählerdatensatz ist das Aufforderungsfeld.

- GCHOICE_STRING_PR (3). Der Bediener trifft eine Auswahl aus einer Menge
  von Zeichenfolgen mit einer geeigneten Technik (z.B. Maus). Die Auswählerzeichenfolgen sind im Datensatz enthalten und werden innerhalb des Echofeldes dargestellt. Der logische Eingabewert ist die Nummer der ausgewählten
  Zeichenfolge. Der erste Eintrag im Datensatz ist die Anzahl der Zeichenfolgen. Der zweite Eintrag im Datensatz ist das Feld für die Auswählerzeichenfolgen.

- GCHOICE_STRING_IN (4). Der Bediener trifft eine Auswahl aus einer Menge
  von Zeichenfolgen mittels einer Tastatur, indem er die ausgewählte Zeichenfolge eingibt. Die Auswählerzeichenfolgen sind im Datensatz enthalten und
  können innerhalb des Echofeldes als Aufforderung ausgegeben werden. Die
  vom Bediener eingegebene Zeichenfolge wird im Echofeld dargestellt. Der logische Eingabewert ist die Nummer der Zeichenfolge, die der Bediener einge-
  geben hat. Der erste Eintrag im Datensatz ist die Anzahl der Zeichenfolgen.
  Der zweite Eintrag im Datensatz ist das Feld für die Auswählerzeichenfolgen.

- GCHOICE_SEG (5). Der Segmentname im Datensatz wird während der Aus-
  führung dieser Funktion zum späteren Gebrauch als Aufforderung des spezifizierten Auswählers interpretiert. Er wird innerhalb des Echofeldes dargestellt, wobei das Einheitsquadrat $[0,1] \times [0,1]$ des NK-Bereichs auf das
  Echofeld transformiert wird. Die Pickerkennzeichnungen im Segment werden

auf Auswählerwerte in einer implementierungsabhängigen Weise abgebildet. Durch Picken der Darstellungselemente wird der entsprechende Auswählerwert bestimmt. Nach der Interpretation besteht keinerlei logische Verbindung zwischen dem spezifizierten Segment und dem spezifizierten Auswähler. Der erste Eintrag in dem Datensatz ist der Segmentname.

Diese Möglichkeit gibt es jedoch erst ab GKS-Leistungsstufe *1b*, da vorher Segmente nicht erlaubt sind.

Mögliche Fehler

  7 GKS befindet sich nicht im richtigen Zustand: GKS muß sich in einem der Zustände *APOF*, *APAK* oder *SGOF* befinden.

20 Spezifizierte Arbeitsplatzkennzeichnung ist ungültig.

25 Spezifizierter Arbeitsplatz ist nicht offen.

38 Spezifizierter Arbeitsplatz ist weder von der Kategorie *Eingabe* noch von der Kategorie *AusEin*.

51 Definition des Rechtecks ist ungültig.

140 Spezifiziertes Eingabegerät ist am Arbeitsplatz nicht vorhanden.

141 Eingabegerät ist nicht im *Anforderungs*-Modus.

144 Spezifizierte Aufforderungs- und Echoart wird an diesem Arbeitsplatz nicht unterstützt.

145 Echofeld liegt außerhalb des Darstellungsbereichs.

146 Inhalt des Eingabedatensatzes ist ungültig.

152 Anfangswert ist ungültig.

2202 Wert für Aufzählungstyp nicht im Bereich.

Siehe auch

gset_choice_mode, greq_choice.

Bemerkungen

Die Nummer des Auswählers ist für WESTgraf derzeit stets 1. WESTgraf unterstützt z.Z. nur die implementierungsabhängigen Echoarten 1, -1, -2, -3, wobei 1 identisch mit -1 ist. Der Datensatz wird nicht verwendet. Es bedeuten:

- GCHOICE_FUNK (-1). Der Bediener kann eine der Funktionstasten F1–F10 der PC-Tastatur drücken. Als Auswählerwert zurückgeliefert wird die Nummer der Funktionstaste (1–10). Die Eingabe kann mit der Escape-Taste (ESC) abgebrochen werden. Es wird weder eine Eingabeaufforderung noch ein Echo angezeigt.

- GCHOICE_BUCH (-2). Der Bediener kann eine der Buchstabentasten (a–z, A–Z) der PC-Tastatur drücken. Als Auswählerwert zurückgeliefert wird eine Zahl, die der Stellung des Buchstabens im Alphabet entspricht (1 für a oder A, ..., 26 für z oder Z). Groß- und Kleinbuchstaben werden nicht unterschieden. Die Eingabe kann mit der Escape-Taste (ESC) abgebrochen werden. Es wird weder eine Eingabeaufforderung noch ein Echo angezeigt.

- GCHOICE_ALLE (-3). Der Bediener kann eine beliebige Taste der Tastatur drücken. Als Auswählerwert zurückgeliefert wird der Tastaturkode für „normale" Tasten bzw. 1000+erweiterter Kode für spezielle Tasten (Funktionstasten, Pfeiltasten usw.). Die Eingabe kann mit der Escape-Taste (ESC) abgebrochen werden. Es wird weder eine Eingabeaufforderung noch ein Echo angezeigt.

7.17 ginit_loc [0b] ginlc

Setzt Anfangswerte und Echoart für den Lokalisierer.

Initialisiere Lokalisierer
Initialize locator

ginit_loc (arbeitsplatz, nr, normtran, anfangspunkt, echoart, echofeld,
          datensatz)

⇒ Gint **arbeitsplatz**
   Frei wählbare Kennzeichnung des Arbeitsplatzes im Anwendungsprogramm.

⇒ Gint **nr**
   Lokalisierernummer (≥ 1).

⇒ Gint **normtran**
   Nummer der Anfangsnormierungstransformation.

⇒ const Gpoint ***anfangspunkt**
   typedef struct { Gfloat x,y; } Gpoint;
   Zeiger auf die Anfangsposition des Lokalisierers in Weltkoordinaten.

⇒ Gint **echoart**
   Aufforderungs- und Echoart. Genormt sind: implementierungsabhängig (1),
   Fadenkreuz (2), Nachführkreuz (3), Gummiband (4), Rechteck (5), digitale
   Darstellung (6). Negative Echoarten sind implementierungsabhängig.

⇒ const Glimit ***echofeld**
   typedef struct { Gfloat x_min,x_max, y_min,y_max; } Glimit;
   Grenzen des Echofelds in Gerätekoordinaten.

⇒ const Gloc_data ***datensatz**
   typedef Gvoid Gloc_data;
   Zeiger auf den Datensatz mit weiteren Anfangswerten für spezielle Aufforde-
   rungs- und Echoarten.

Beschreibung
Ein logisches Eingabegerät der Klasse *Lokalisierer* liefert einen Punkt in Weltkoordinaten zurück.
Die Anfangsposition, die Nummer der Anfangsnormierungstransformation, die
Echoart, das Echofeld sowie Werte aus dem Datensatz werden in die Arbeitsplatz-
Zustandsliste eingetragen. Der durch Arbeitsplatz- und Lokalisierernummer spezifizierte Lokalisierer wird initialisiert. Mit dieser Funktion wird die *Aufforderungs-*
und *Echoart* des Lokalisierers festgelegt. Die Aufforderung (*prompt*) bestimmt,
wie das Gerät seine Bereitschaft anzeigt, Eingaben entgegenzunehmen. Das Echo
liefert dem Bediener eine Rückmeldung, welchen Wert der Lokalisierer im Moment
hat. Aufforderungs- und Echoart werden zusammen spezifiziert. Man kann das
Echo jedoch abschalten (gset_loc_mode()). Aufforderungs- und Echoart legen fest,
wie der Bediener Eingabewerte spezifizieren kann und wie die anderen Parameter
dieser Funktion interpretiert werden.

Die Anfangsnormierungstransformation wird verwendet, um die Anfangsposition des Lokalisierers von Weltkoordinaten in normierte Koordinaten zu transformieren.

Die Anfangsposition kann verwendet werden, um einen anfänglichen Lokalisiererwert vorzugeben. Sie muß im Fenster der Anfangsnormierungstransformation liegen.

Das Echofeld ist ein Rechteck in Gerätekoordinaten. In diesem Rechteck finden die Aktionen Aufforderung, Echo und Eingabe statt. Es muß vollständig innerhalb des aktuellen Gerätedarstellungsfeldes (gset_ws_vp()) liegen.

Der Inhalt des Lokalisiererdatensatzes hängt von der gewählten Aufforderungs- und Echoart ab.

Genormte Aufforderungs- und Echoarten sind:

- (< 0). Aufforderung und Echo hängt vom Lokalisierer ab.

- GLOC_DEF (1). Die augenblickliche Position des Lokalisierers wird in einer implementierungsabhängigen Technik angezeigt.

- GLOC_CROSS_HAIR (2). *Fadenkreuz*: Die aktuelle Position des Lokalisierers wird durch eine vertikale und eine horizontale Linie angezeigt, die sich über die ganze Darstellungsfläche oder das Gerätedarstellungsfeld erstrecken und sich an der aktuellen Position des Lokalisierers schneiden.

- GLOC_TRACK_CROSS (3). *Nachführkreuz*: Die aktuelle Position des Lokalisierers wird durch ein Nachführkreuz angezeigt.

- GLOC_RUB_BAND (4). *Gummiband*: Die aktuelle Position des Lokalisierers wird durch eine Gummibandlinie angezeigt, die die Anfangsposition des Lokalisierers mit der aktuellen Position verbindet.

- GLOC_RECT (5). *Gummirechteck*: Die aktuelle Position des Lokalisierers wird durch ein Gummirechteck angezeigt. Die Anfangsposition und die aktuelle Position des Lokalisierers bilden die Diagonale des Rechtecks.

- GLOC_DIGIT (6). *Digitale Darstellung:* Die aktuelle Position des Lokalisierers wird in digitaler Darstellung in geräteabhängigen Koordinaten innerhalb des Echofeldes angezeigt.

Mögliche Fehler

7 GKS befindet sich nicht im richtigen Zustand: GKS muß sich in einem der Zustände *APOF, APAK* oder *SGOF* befinden.

20 Spezifizierte Arbeitsplatzkennzeichnung ist ungültig.

25 Spezifizierter Arbeitsplatz ist nicht offen.

38 Spezifizierter Arbeitsplatz ist weder von der Kategorie *Eingabe* noch von der Kategorie *AusEin*.

50 Transformationsnummer ist ungültig.

51 Definition des Rechtecks ist ungültig.

140 Spezifiziertes Eingabegerät ist am Arbeitsplatz nicht vorhanden.

141 Eingabegerät ist nicht im *Anforderungs*-Modus.

144 Spezifizierte Aufforderungs- und Echoart wird an diesem Arbeitsplatz nicht unterstützt.

145 Echofeld liegt außerhalb des Darstellungsbereichs.

146 Inhalt des Eingabedatensatzes ist ungültig.

152 Anfangswert ist ungültig.

Siehe auch
gset_loc_mode, greq_loc.

Bemerkungen
Die Nummer des Lokalisierers ist für WESTgraf derzeit stets 1. WESTgraf unterstützt z.Z. die Echoarten 1–5, wobei 1 identisch mit 3 ist. Der Datensatz wird nicht verwendet.
Der Lokalisierer kann sowohl mit der Maus (falls vorhanden) als auch mit der alphanumerischen Tastatur gesteuert werden (s. Tabelle auf Seite 46). Durch Drücken der linken Maustaste wird die aktuelle Lokalisiererposition akzeptiert und übernommen, die rechte Maustaste bricht die Interaktion ab. Dieselben Effekte haben die Tasten Eingabe bzw. ESC der alphanumerischen Tastatur.

7.18   ginit_string   [0b]   ginst

Setzt Anfangszeichenfolge und Echoart für den Textgeber.

Initialisiere Textgeber
Initialize string

ginit_string   (arbeitsplatz, nr, anfangswert, echoart, echofeld, datensatz)

⇒   Gint   **arbeitsplatz**
Frei wählbare Kennzeichnung des Arbeitsplatzes im Anwendungsprogramm.

⇒   Gint   **nr**
Textgebernummer (≥ 1).

⇒   const char   ***anfangswert**
Anfangszeichenfolge des Textgebers. Sie darf nicht länger sein, als die Puffergröße im Datensatz angibt.

⇒   Gint   **echoart**
Aufforderungs- und Echoart. Genormt sind: Zeichenfolge wird im Echofeld dargestellt (1). Negative Echoarten sind implementierungsabhängig.

⇒   const Glimit   ***echofeld**
typedef struct { Gfloat x_min,x_max, y_min,y_max; } Glimit;
Grenzen des Echofelds in Gerätekoordinaten.

⇒   const Gstring_data   ***datensatz**
typedef struct { Gint in_buf_size, init_pos; Gvoid pets; } Gstring_data;
Zeiger auf den Datensatz mit weiteren Anfangswerten für spezielle Aufforderungs- und Echoarten. Der Datensatz enthält insbesondere die Puffergröße (> 0) und die initiale Position der Schreibmarke (1, ..., Länge der Anfangszeichenfolge+1).

Beschreibung

Ein logisches Eingabegerät der Klasse *Textgeber* liefert eine Zeichenfolge zurück.
Die Anfangszeichenfolge, die Echoart, das Echofeld sowie Werte aus dem Datensatz werden in die Arbeitsplatz-Zustandsliste eingetragen. Der durch Arbeitsplatz- und Textgebernummer spezifizierte Textgeber wird initialisiert. Mit dieser Funktion wird die *Aufforderungs-* und *Echoart* des Textgebers festgelegt. Die Aufforderung (*prompt*) bestimmt, wie das Gerät seine Bereitschaft anzeigt, Eingaben entgegenzunehmen. Das Echo liefert dem Bediener eine Rückmeldung, welchen Wert der Textgeber im Moment hat. Aufforderungs- und Echoart werden zusammen spezifiziert. Man kann das Echo jedoch abschalten (gset_string_mode()). Aufforderungs- und Echoart legen fest, wie der Bediener Eingabewerte spezifizieren kann und wie die anderen Parameter dieser Funktion interpretiert werden.
Die Anfangszeichenfolge kann als Eingabevorschlag verwendet werden.
Das Echofeld ist ein Rechteck in Gerätekoordinaten. In diesem Rechteck finden die Aktionen Aufforderung, Echo und Eingabe statt. Es muß vollständig innerhalb des aktuellen Gerätedarstellungsfeldes (gset_ws_vp()) liegen.
Der Inhalt des Textgeberdatensatzes hängt von der gewählten Aufforderungs- und

Echoart ab. Die Puffergröße gibt an, wie lang die einzugebende Zeichenkette höchstens sein darf. Die initiale Position der Schreibmarke gibt an, an welcher Stelle der Anfangszeichenkette die Schreibmarke zu Beginn steht.
Genormte Aufforderungs- und Echoarten sind:

- (< 0). Aufforderung und Echo hängt vom Textgeber ab.

- GSTRING_DEF (1). Aktuelle Zeichenfolge wird innerhalb des Echofeldes dargestellt.

Mögliche Fehler
7 GKS befindet sich nicht im richtigen Zustand: GKS muß sich in einem der Zustände *APOF, APAK* oder *SGOF* befinden.
20 Spezifizierte Arbeitsplatzkennzeichnung ist ungültig.
25 Spezifizierter Arbeitsplatz ist nicht offen.
38 Spezifizierter Arbeitsplatz ist weder von der Kategorie *Eingabe* noch von der Kategorie *AusEin*.
51 Definition des Rechtecks ist ungültig.
140 Spezifiziertes Eingabegerät ist am Arbeitsplatz nicht vorhanden.
141 Eingabegerät ist nicht im *Anforderungs*-Modus.
144 Spezifizierte Aufforderungs- und Echoart wird an diesem Arbeitsplatz nicht unterstützt.
145 Echofeld liegt außerhalb des Darstellungsbereichs.
146 Inhalt des Eingabedatensatzes ist ungültig.
152 Anfangswert ist ungültig.
154 Die Länge der Anfangszeichenfolge ist größer als die Puffergröße.

Siehe auch
gset_string_mode, greq_string.

Bemerkungen
Die Nummer des Textgebers ist für WESTgraf derzeit stets 1. WESTgraf unterstützt z.Z. die Echoart 1. Das Echofeld wird mit Hintergrundfarbe (Farbindex 0) gefüllt und der eingegebene Text wird mit den aktuellen Aspekten für Schriftart und -qualität und Textfarbindex dargestellt. Der Text bleibt nach Ende der Interaktion stehen.
Der Textgeber wird mit der alphanumerischen Tastatur bedient. Durch Drücken der Taste Eingabe wird die aktuelle Zeichenkette akzeptiert und übernommen, die Taste ESC bricht die Interaktion ab (s. Tabelle auf Seite 47).

7.19   ginit_stroke   [0b]   ginsk

Setzt Anfangswerte und Echoart für den Liniengeber.

Initialisiere Liniengeber
Initialize stroke

ginit_stroke   (arbeitsplatz, nr, normtran, anfangspunkte, echoart, echofeld,
          datensatz)

⇒   Gint   **arbeitsplatz**
    Frei wählbare Kennzeichnung des Arbeitsplatzes im Anwendungsprogramm.

⇒   Gint   **nr**
    Liniengebernummer (≥ 1).

⇒   Gint   **normtran**
    Nummer der Anfangsnormierungstransformation.

⇒   const Gpoint_list   *anfangspunkte
    typedef struct { Gint num_points; Gpoint *points; } Gpoint_list;
    typedef struct { Gfloat x,y; } Gpoint;
    Zeiger auf Struktur mit der Anzahl der Punkte des Anfangslinienzugs und den
    Punkten des Anfangslinienzugs in Weltkoordinaten.   Der Anfangslinienzug
    darf nicht mehr Punkte enthalten, als es die Puffergröße im Datensatz angibt.

⇒   Gint   **echoart**
    Aufforderungs- und Echoart. Genormt sind: implementierungsabhängig (1),
    digitale Darstellung (2), Polymarke (3), Linienzug (4). Negative Echoarten
    sind implementierungsabhängig.

⇒   const Glimit   *echofeld
    typedef struct { Gfloat x_min,x_max, y_min,y_max; } Glimit;
    Grenzen des Echofelds in Gerätekoordinaten.

⇒   const Gstroke_data   *datensatz
    typedef struct
    { Gint in_buf_size, init_pos; Gfloat x_interval, y_interval, time_interval; Gvoid pets;
    } Gstroke_data;
    Zeiger auf den Datensatz mit weiteren Anfangswerten für spezielle Aufforde-
    rungs- und Echoarten.   Insbesondere enthält der Datensatz stets die Puf-
    fergröße (> 0), die Anfangsposition ($1, \ldots$, Länge des Anfangslinienzugs+1)
    sowie Werte für den Minimalabstand zweier Punkte in x, y und Zeit.

Beschreibung
Ein logisches Eingabegerät der Klasse *Liniengeber* liefert eine Folge von Punkten
in Weltkoordinaten zurück.
Die Anfangspunkte, die Nummer der Anfangsnormierungstransformation, Echoart,
Echofeld sowie Werte aus dem Datensatz werden in die Arbeitsplatz-Zustandsliste
eingetragen. Der durch Arbeitsplatz- und Liniengebernummer spezifizierte Liniengeber wird initialisiert. Mit dieser Funktion wird die *Aufforderungs-* und *Echoart*

des Liniengebers festgelegt. Die Aufforderung (*prompt*) bestimmt, wie das Gerät seine Bereitschaft anzeigt, Eingaben entgegenzunehmen. Das Echo liefert dem Bediener eine Rückmeldung, welchen Wert der Liniengeber im Moment hat. Aufforderungs- und Echoart werden zusammen spezifiziert. Man kann das Echo jedoch abschalten (**gset_stroke_mode()**). Aufforderungs- und Echoart legen fest, wie der Bediener Eingabewerte spezifizieren kann und wie die anderen Parameter dieser Funktion interpretiert werden.

Die Anfangsnormierungstransformation wird verwendet, um die Anfangspunkte des Liniengebers von Weltkoordinaten in normierte Koordinaten zu transformieren.

Die Anfangspunkte können als Eingabevorschlag verwendet werden. Sie müssen im Fenster der Anfangsnormierungstransformation liegen.

Das Echofeld ist ein Rechteck in Gerätekoordinaten. In diesem Rechteck finden die Aktionen Aufforderung, Echo und Eingabe statt. Es muß vollständig innerhalb des aktuellen Gerätedarstellungsfeldes (**gset_ws_vp()**) liegen.

Der Inhalt des Liniengeberdatensatzes hängt von der gewählten Aufforderungs- und Echoart ab. Die Puffergröße gibt an, wieviele Punkte der einzugebende Linienzug maximal enthalten kann. Die Anfangsposition gibt an, an welchem Punkt innerhalb des Anfangslinienzugs mit dem Editieren begonnen werden soll. Die Einträge für x-, y- und Zeitintervall geben an, welchen Minimalabstand zwei Punkte des Linienzugs voneinander haben sollen.

Genormte Aufforderungs- und Echoarten sind:

- (< 0). Aufforderung und Echo hängt vom Liniengeber ab.

- GSTROKE_DEF (1). Der augenblickliche Wert des Liniengebers wird in einer implementierungsabhängigen Technik angezeigt.

- GSTROKE_DIGIT (2). *Digitale Darstellung*: Die aktuelle Position des Liniengebers wird digital innerhalb des Echofeldes dargestellt.

- GSTROKE_MARKER (3). *Polymarke*: Eine Marke wird an jedem Punkt der aktuellen Linieneingabe dargestellt.

- GSTROKE_LINE (4). *Linienzug*: Je zwei aufeinanderfolgende Punkte der aktuellen Linieneingabe werden durch eine gerade Linie verbunden.

Mögliche Fehler

   7 GKS befindet sich nicht im richtigen Zustand: GKS muß sich in einem der Zustände *APOF*, *APAK* oder *SGOF* befinden.

  20 Spezifizierte Arbeitsplatzkennzeichnung ist ungültig.

  25 Spezifizierter Arbeitsplatz ist nicht offen.

  38 Spezifizierter Arbeitsplatz ist weder von der Kategorie *Eingabe* noch von der Kategorie *AusEin*.

  50 Transformationsnummer ist ungültig.

  51 Definition des Rechtecks ist ungültig.

 140 Spezifiziertes Eingabegerät ist am Arbeitsplatz nicht vorhanden.

 141 Eingabegerät ist nicht im *Anforderungs*-Modus.

 144 Spezifizierte Aufforderungs- und Echoart wird an diesem Arbeitsplatz nicht unterstützt.

 145 Echofeld liegt außerhalb des Darstellungsbereichs.

 146 Inhalt des Eingabedatensatzes ist ungültig.

152   Anfangswert ist ungültig.
153   Die Anzahl der Punkte der Anfangslinie ist größer als die Puffergröße.

Siehe auch

gset_stroke_mode, greq_stroke.

Bemerkungen

Die Nummer des Liniengebers ist für WESTgraf derzeit stets 1. WESTgraf unterstützt z.Z. die Echoarten 1 und 4, wobei 1 und 4 identisch sind.

Der Liniengeber kann sowohl mit der Maus (falls vorhanden) als auch mit der alphanumerischen Tastatur gesteuert werden. Der Linienzug kann editiert werden. Auch bereits eingegebene Punkte können nachträglich verschoben werden. Die linke Maustaste wechselt zum nächsten, die rechte zum vorhergehenden Punkt im Linienzug. Dieselben Effekte haben die Tasten Ende bzw. Pos1 der alphanumerischen Tastatur. Mit Entf kann der aktuelle Punkt gelöscht werden. Eingabe übernimmt den aktuellen Linienzug und beendet die Eingabe. ESC bricht die Interaktion ab (s. Tabelle auf Seite 46).

Die Intervall-Werte im Datensatz haben folgende Bedeutung: Negative Werte sind unzulässig. Falls 0 angegeben wird, werden die Werte ignoriert. Der Wert für das Zeitintervall wird derzeit nicht ausgewertet. Falls x- bzw. y-Intervall positiv sind, wird automatisch ein neuer Punkt in den Linienzug eingefügt, sobald sich die Position des Liniengebers um mindestens diesen Betrag in der entsprechenden Koordinatenrichtung verändert. Damit sind Freihandzeichnungen möglich. Die x- und y-Intervalle werden in Gerätekoordinaten angegeben.

7.20   ginit_val   [0b]   ginvl

Setzt Anfangswert und Echoart für den Wertgeber.

Initialisiere Wertgeber
Initialize valuator

ginit_val (arbeitsplatz, nr, anfangswert, echoart, echofeld, datensatz)

⇒   Gint   **arbeitsplatz**
Frei wählbare Kennzeichnung des Arbeitsplatzes im Anwendungsprogramm.

⇒   Gint   **nr**
Wertgebernummer (≥ 1).

⇒   Gfloat   **anfangswert**
Anfangswert des Wertgebers. Er muß zwischen dem unteren und dem oberen
Grenzwert aus dem Datensatz liegen.

⇒   Gint   **echoart**
Aufforderungs- und Echoart. Genormt sind: implementierungsabhängig (1),
grafische Darstellung Skala/Zeiger (2), digitale Darstellung (3). Negative
Echoarten sind implementierungsabhängig.

⇒   const Glimit   ***echofeld**
typedef struct { Gfloat x_min,x_max, y_min,y_max; } Glimit;
Grenzen des Echofelds in Gerätekoordinaten.

⇒   const Gval_data   ***datensatz**
typedef struct { Gfloat low_value, high_value; Gvoid pets; } Gval_data;
Zeiger auf den Datensatz mit weiteren Anfangswerten für spezielle Auffor-
derungs- und Echoarten. Insbesondere enthält der Wertgeberdatensatz den
unteren und den oberen Grenzwert des Wertebereichs.

Beschreibung
Ein logisches Eingabegerät der Klasse *Wertgeber* liefert eine reelle Zahl zurück.
Der Anfangswert, die Echoart, das Echofeld sowie Werte aus dem Datensatz werden in die Arbeitsplatz-Zustandsliste eingetragen. Der durch Arbeitsplatz- und
Wertgebernummer spezifizierte Wertgeber wird initialisiert. Mit dieser Funktion
wird die *Aufforderungs-* und *Echoart* des Wertgebers festgelegt. Die Aufforderung
(*prompt*) bestimmt, wie das Gerät seine Bereitschaft anzeigt, Eingaben entgegenzunehmen. Das Echo liefert dem Bediener eine Rückmeldung, welchen Wert der
Wertgeber im Moment hat. Aufforderungs- und Echoart werden zusammen spezifiziert. Man kann das Echo jedoch abschalten (gset_val_mode()). Aufforderungs-
und Echoart legen fest, wie der Bediener Eingabewerte spezifizieren kann und wie
die anderen Parameter dieser Funktion interpretiert werden.
Der Anfangswert kann verwendet werden, um einen anfänglichen Wertgeberwert
vorzugeben. Er muß im Intervall zwischen unterem und oberem Grenzwert aus
dem Datensatz liegen.
Das Echofeld ist ein Rechteck in Gerätekoordinaten. In diesem Rechteck finden die
Aktionen Aufforderung, Echo und Eingabe statt. Es muß vollständig innerhalb

des aktuellen Gerätedarstellungsfeldes (gset_ws_vp()) liegen.

Der Inhalt des Wertgeberdatensatzes hängt von der gewählten Aufforderungs- und Echoart ab. Der untere und der obere Grenzwert geben an, in welchem Bereich der einzugebende Wert liegt.

Genormte Aufforderungs- und Echoarten sind:

- (< 0). Aufforderung und Echo hängt vom Wertgeber ab.

- GVAL_DEF (1). Der augenblickliche Wert des Wertgebers wird in einer implementierungsabhängigen Technik angezeigt.

- GVAL_GRAPH (2). *Grafische Darstellung*: Der aktuelle Wertgeberwert wird durch eine grafische Darstellung innerhalb des Echofeldes angezeigt (Skala oder Zeiger, simulierter Schieberegler, usw.).

- GVAL_DIGIT (3). *Digitale Darstellung*: Der aktuelle Wertgeberwert wird innerhalb des Echofeldes digital angezeigt.

Mögliche Fehler

7 GKS befindet sich nicht im richtigen Zustand: GKS muß sich in einem der Zustände *APOF*, *APAK* oder *SGOF* befinden.

20 Spezifizierte Arbeitsplatzkennzeichnung ist ungültig.

25 Spezifizierter Arbeitsplatz ist nicht offen.

38 Spezifizierter Arbeitsplatz ist weder von der Kategorie *Eingabe* noch von der Kategorie *AusEin*.

51 Definition des Rechtecks ist ungültig.

140 Spezifiziertes Eingabegerät ist am Arbeitsplatz nicht vorhanden.

141 Eingabegerät ist nicht im *Anforderungs*-Modus.

144 Spezifizierte Aufforderungs- und Echoart wird an diesem Arbeitsplatz nicht unterstützt.

145 Echofeld liegt außerhalb des Darstellungsbereichs.

146 Inhalt des Eingabedatensatzes ist ungültig.

152 Anfangswert ist ungültig.

Siehe auch

gset_val_mode, greq_val.

Bemerkungen

Die Nummer des Wertgebers ist für WESTgraf derzeit stets 1. WESTgraf unterstützt z. Z. die Echoarten 1 und 2, wobei 1 und 2 identisch sind. Als Echo wird ein simulierter Schieberegler im Echofeld angezeigt. Der Schieberegler bewegt sich parallel zur längeren Seite des Echorechtecks.

Der Wertgeber kann sowohl mit der Maus (falls vorhanden) als auch mit der alphanumerischen Tastatur gesteuert werden. Durch Drücken der linken Maustaste wird der aktuelle Wertgeberwert akzeptiert und übernommen, die rechte Maustaste bricht die Interaktion ab. Dieselben Effekte haben die Tasten Eingabe bzw. ESC der alphanumerischen Tastatur (s. Tabelle auf Seite 46).

7.21   ginq_asfs   [0a]   gqasf

Liefert die aktuellen Werte der Aspektanzeiger.

Erfrage Liste der Aspektanzeiger
Inquire list of aspect source flags

ginq_asfs   (fehleranzeiger, aspekte)

⇐   Gint   ***fehleranzeiger**
Die Nummer eines Fehlers, den die Erfragefunktion erkennt, wird über diesen
Zeiger zurückgegeben. Nur wenn hier der Wert 0 zurückgegeben wird, sind
die zurückgelieferten Werte definiert.

⇐   Gasfs   ***aspekte**
```
typedef struct
{ Gasf linetype, linewidth, line_colr_ind,
        marker_type, marker_size, marker_colr_ind,
        text_font_prec, char_expan, char_space, text_colr_ind,
        fill_int_style, fill_style_ind, fill_colr_ind;
} Gasfs;
typedef enum { GASF_BUNDLED, GASF_INDIV } Gasf;
```
Zeiger auf eine Struktur mit den aktuellen Einstellungen aller Aspektan-
zeiger. Es sind Anzeiger für die folgenden Aspekte vorhanden: Linientyp,
Linienbreitefaktor, Linienzugfarbindex, Markentyp, Markenvergrößerungsfaktor, Polymarkenfarbindex, Schriftart und -qualität, Zeichenbreitefaktor, Zeichenabstand, Textfarbindex, Füllgebietsausfüllung, Füllgebietsausfüllungsindex, Füllgebietsfarbindex. Jeder Aspektanzeiger hat einen der beiden Werte
gebündelt (GASF_BUNDLED) oder *individuell* (GASF_INDIV).

Beschreibung
Es werden die aktuellen Einstellungen der Aspektanzeiger zurückgegeben. Ein
Aspektanzeiger legt fest, ob der entsprechende Aspekt eines Ausgabeelements ein
individuelles (GKS-globales) Attribut oder ein Attribut aus einer (arbeitsplatz-
abhängigen) Bündeltabelle ist.
Die Aspektanzeiger können mit gset_asfs() gesetzt werden.

Mögliche Fehler
    8 GKS befindet sich nicht im richtigen Zustand: GKS muß sich in einem der Zustände
    GKOF, APOF, APAK oder *SGOF* befinden.

Siehe auch
gset_asfs, gset_fill_ind, gset_line_ind, gset_marker_ind, gset_text_ind,
ginq_cur_indiv_attrs.

Bemerkungen
Bündeltabelleneinträge dürfen erst ab der GKS-Leistungsstufe *1* vom Programm
aus gesetzt werden.

7.22   ginq_avail_ws_types   [0a]   gqewkt

Liefert die Liste aller möglichen Arbeitsplatztypen.

Erfrage Liste der verfügbaren Arbeitsplatztypen
Inquire list of available workstation types

ginq_avail_ws_types   (anzahl, start, fehleranzeiger, typen, maximum)

⇒   Gint   **anzahl**
Anzahl der Arbeitsplatztypen, für die das Anwendungsprogramm Speicher
zugeordnet hat (≥ 0).

⇒   Gint   **start**
Index in die GKS-Tabelle der verfügbaren Arbeitsplatztypen (≥ 0). Ab diesem Index werden höchstens anzahl Typen im Parameter typen zurückgegeben.

⇐   Gint   ***fehleranzeiger**
Die Nummer eines Fehlers, den die Erfragefunktion erkennt, wird über diesen
Zeiger zurückgegeben. Nur wenn hier der Wert 0 zurückgegeben wird, sind
die zurückgelieferten Werte definiert.

⇐   Gint_list   ***typen**
typedef struct { Gint num_ints; Gint *ints; } Gint_list;
Zeiger auf Struktur mit Anzahl der zurückgegebenen Typen und einem Feld
mit den Nummern verfügbarer Arbeitsplatztypen. Der Speicherplatz für das
Feld der Typen muß vorher vom Anwendungsprogramm angelegt worden sein.
Es müssen mindestens anzahl Typen darin Platz haben.

⇐   Gint   ***maximum**
Anzahl aller verfügbarer Arbeitsplatztypen der GKS-Installation.

Beschreibung
Es wird eine Liste möglicher Arbeitsplatztypen des GKS zurückgegeben. Die Arbeitsplatztypen sind implementierungsabhängig.

Mögliche Fehler
8 GKS befindet sich nicht im richtigen Zustand: GKS muß sich in einem der Zustände
GKOF, APOF, APAK oder *SGOF* befinden.
2200 Anfangsindex nicht im Bereich.
2201 Länge der Anwendungsliste ist negativ.

Siehe auch
gopen_ws.

Bemerkungen
Die WESTgraf-Arbeitsplatztypen sind bei gopen_ws() erläutert.

7.23 ginq_char_base_vec [0a] gqchb

Liefert den aktuellen Zeichenbasisvektor.

Erfrage Zeichenbasisvektor
Inquire character base vektor

ginq_char_base_vec (fehleranzeiger, basisvektor)

$\Leftarrow$ Gint ***fehleranzeiger**
Die Nummer eines Fehlers, den die Erfragefunktion erkennt, wird über diesen
Zeiger zurückgegeben. Nur wenn hier der Wert 0 zurückgegeben wird, sind
die zurückgelieferten Werte definiert.

$\Leftarrow$ Gvec ***basisvektor**
typedef struct { Gfloat delta_x, delta_y; } Gvec;
Der aktuelle Zeichenbasisvektor in Weltkoordinaten. Nur die Richtung dieses
Vektors hat Bedeutung, nicht seine Länge.

Beschreibung
Es wird der aktuelle Zeichenbasisvektor in Weltkoordinaten zurückgegeben. Dieser
Wert wird beim Zeichnen von Texten verwendet.

Mögliche Fehler
8 GKS befindet sich nicht im richtigen Zustand: GKS muß sich in einem der Zustände
GKOF, APOF, APAK oder *SGOF* befinden.

Siehe auch
gtext, gset_char_up_vec, ginq_cur_prim_attrs.

Bemerkungen
Der Zeichenbasisvektor kann nicht direkt gesetzt werden, sondern ergibt sich aus
dem Zeichenaufwärtsvektor. Die beiden Vektoren stehen senkrecht aufeinander
(solange keine Segmenttransformationen im Spiel sind). Der Zeichenaufwärtsvektor (und damit auch der Zeichenbasisvektor) ist nur als globales GKS-Darstellungsattribut vorhanden, also kein Bestandteil der arbeitsplatzabhängigen Textbündel.
Segmente und Segmenttransformationen werden von WESTgraf z.Z. nicht unterstützt.

7.24   ginq_char_expan   [0a]   gqchxp

Liefert den aktuellen Zeichenbreitefaktor.

Erfrage Zeichenbreitefaktor
Inquire character expansion factor

ginq_char_expan   (fehleranzeiger, breitefaktor)

⇐   Gint   **∗fehleranzeiger**
Die Nummer eines Fehlers, den die Erfragefunktion erkennt, wird über diesen
Zeiger zurückgegeben. Nur wenn hier der Wert 0 zurückgegeben wird, sind
die zurückgelieferten Werte definiert.

⇐   Gfloat   **∗breitefaktor**
Der aktuelle Zeichenbreitefaktor.

Beschreibung
Der aktuelle Zeichenbreitefaktor (globales GKS-Darstellungsattribut) wird zurückgegeben. Dieser Wert wird beim Zeichnen von Texten verwendet, falls der zugehörige Aspektanzeiger den Wert *individuell* (GASF_INDIV) hat.
Der Zeichenbreitefaktor kann mit der Funktion gset_char_expan() gesetzt werden.

Mögliche Fehler
 8 GKS befindet sich nicht im richtigen Zustand: GKS muß sich in einem der Zustände
 GKOF, APOF, APAK oder *SGOF* befinden.

Siehe auch
gtext, gset_char_expan, gset_asfs, ginq_cur_indiv_attrs.

Bemerkungen

7.25   ginq_char_ht [0a] gqchh

Liefert die aktuelle Zeichenhöhe.

Erfrage Zeichenhöhe
Inquire character height

ginq_char_ht (fehleranzeiger, hoehe)

⇐   Gint   ***fehleranzeiger**
Die Nummer eines Fehlers, den die Erfragefunktion erkennt, wird über diesen
Zeiger zurückgegeben. Nur wenn hier der Wert 0 zurückgegeben wird, sind
die zurückgelieferten Werte definiert.

⇐   Gfloat   ***hoehe**
Die aktuelle Zeichenhöhe in Weltkoordinaten.

Beschreibung
Es wird die aktuelle Zeichenhöhe zurückgegeben. Dieser Wert wird beim Zeichnen
von Texten verwendet.
Die Zeichenhöhe kann mit der Funktion gset_char_ht() gesetzt werden.

Mögliche Fehler
   8 GKS befindet sich nicht im richtigen Zustand: GKS muß sich in einem der Zustände
     GKOF, APOF, APAK oder *SGOF* befinden.

Siehe auch
gtext, gset_char_ht, ginq_cur_prim_attrs.

Bemerkungen
Die Zeichenhöhe ist nur als globales GKS-Darstellungsattribut vorhanden, also
kein Bestandteil der arbeitsplatzabhängigen Textbündel.

7.26   ginq_char_space   [0a]   gqchsp

Liefert den aktuellen Zeichenabstand.

Erfrage Zeichenabstand
Inquire character spacing

ginq_char_space   (fehleranzeiger, abstand)

⇐   Gint   **∗fehleranzeiger**
Die Nummer eines Fehlers, den die Erfragefunktion erkennt, wird über diesen
Zeiger zurückgegeben. Nur wenn hier der Wert 0 zurückgegeben wird, sind
die zurückgelieferten Werte definiert.

⇐   Gfloat   **∗abstand**
Der aktuelle Zeichenabstand als Bruchteil der Zeichenhöhe.

Beschreibung

Es wird der aktuelle Zeichenabstand (globales GKS-Darstellungsattribut) zurückgegeben. Dieser Wert wird beim Zeichnen von Texten verwendet, falls der zugehörige Aspektanzeiger den Wert *individuell* (GASF_INDIV) hat.
Der Zeichenabstand kann mit der Funktion gset_char_space() gesetzt werden.

Mögliche Fehler

   8 GKS befindet sich nicht im richtigen Zustand: GKS muß sich in einem der Zustände
     GKOF, APOF, APAK oder *SGOF* befinden.

Siehe auch

gtext, gset_char_space, gset_asfs, ginq_cur_indiv_attrs.

Bemerkungen

7.27   ginq_char_up_vec   [0a]   gqchup

Liefert den aktuellen Zeichenaufwärtsvektor zurück.

Erfrage Zeichenaufwärtsvektor
Inquire character up vector

ginq_char_up_vec   (fehleranzeiger, aufwaertsvektor)

⇐   Gint   ***fehleranzeiger**
Die Nummer eines Fehlers, den die Erfragefunktion erkennt, wird über diesen
Zeiger zurückgegeben. Nur wenn hier der Wert 0 zurückgegeben wird, sind
die zurückgelieferten Werte definiert.

⇐   Gvec   ***aufwaertsvektor**
`typedef struct { Gfloat delta_x, delta_y; } Gvec;`
Der aktuelle Zeichenaufwärtsvektor. Das ist z. B. die Richtung eines großen **I**.
Der Zeichenaufwärtsvektor wird als Koordinatenpaar in Weltkoordinaten an-
gegeben. Nur die Richtung dieses Vektors hat Bedeutung, nicht seine Länge.

Beschreibung
Es wird der aktuelle Zeichenaufwärtsvektor in Weltkoordinaten zurückgegeben.
Dieser Wert wird beim Zeichnen von Texten verwendet.
Der Zeichenaufwärtsvektor kann mit der Funktion `gset_char_up_vec()` gesetzt wer-
den.

Mögliche Fehler
8 GKS befindet sich nicht im richtigen Zustand: GKS muß sich in einem der Zustände
GKOF, APOF, APAK oder *SGOF* befinden.

Siehe auch
gtext, gset_char_up_vec, ginq_char_base_vec, ginq_cur_prim_attrs.

Bemerkungen
Der Zeichenaufwärtsvektor bestimmt zugleich den Zeichenbasisvektor, der nicht
direkt gesetzt werden kann. Die beiden Vektoren stehen senkrecht aufeinander (solange keine Segmenttransformationen im Spiel sind). Der Zeichenaufwärtsvektor
(und damit auch der Zeichenbasisvektor) ist nur als globales GKS-Darstellungsattribut vorhanden, also kein Bestandteil der arbeitsplatzabhängigen Textbündel.
Segmente und Segmenttransformationen werden von WESTgraf z. Z. nicht unterstützt.

7.28 ginq_char_width [0a] gqchw

Liefert die aktuelle Zeichenbreite.

Erfrage Zeichenbreite
Inquire character width

ginq_char_width (fehleranzeiger, breite)

⇐ Gint **∗fehleranzeiger**
   Die Nummer eines Fehlers, den die Erfragefunktion erkennt, wird über diesen
   Zeiger zurückgegeben. Nur wenn hier der Wert 0 zurückgegeben wird, sind
   die zurückgelieferten Werte definiert.

⇐ Gfloat **∗breite**
   Die aktuelle Zeichenbreite in Weltkoordinaten.

Beschreibung

Es wird die aktuelle Zeichenbreite in Weltkoordinaten zurückgegeben. Dieser Wert
wird beim Zeichnen von Texten verwendet.

Mögliche Fehler

   8 GKS befindet sich nicht im richtigen Zustand: GKS muß sich in einem der Zustände
   GKOF, APOF, APAK oder *SGOF* befinden.

Siehe auch

gtext, gset_char_expan, ginq_cur_prim_attrs.

Bemerkungen

Die Zeichenbreite kann nicht direkt gesetzt werden, sondern ergibt sich aus der
Zeichenhöhe.

7.29   ginq_choice_st [0b] gqchs

Liefert die Betriebsart, die Echoeinstellungen und den Anfangswert eines Auswählers.

Erfrage Auswählerzustand
Inquire choice device state

ginq_choice_st (arbeitsplatz, nr, speicher, fehleranzeiger, betriebsart,
echoschalter, anfangsstatus, anfangswert, echoart, echofeld, datensatz)

⇒ Gint **arbeitsplatz**
Frei wählbare Kennzeichnung des Arbeitsplatzes im Anwendungsprogramm,
für den die Information erfragt werden soll.

⇒ Gint **nr**
Nummer des Auswählers (≥ 1), für den die Information erfragt werden soll.

⇒ Gstore **speicher**
typedef void *Gstore;
Datenspeicher für Auswählerdatensatz. Der Datenspeicher muß zuvor mit der
Funktion gcreate_store() initialisiert worden sein.

⇐ Gint ***fehleranzeiger**
Die Nummer eines Fehlers, den die Erfragefunktion erkennt, wird über diesen
Zeiger zurückgegeben. Nur wenn hier der Wert 0 zurückgegeben wird, sind
die zurückgelieferten Werte definiert.

⇐ Gop_mode ***betriebsart**
typedef enum { GOP_REQ, GOP_SAMPLE, GOP_EVENT } Gop_mode;
Betriebsart des Auswählers. Mögliche Werte für die Betriebsart sind: *Anforderung* (GOP_REQ), *Abfrage* (GOP_SAMPLE), *Ereignis* (GOP_EVENT).

⇐ Gecho_switch ***echoschalter**
typedef enum { GSWITCH_NO_ECHO, GSWITCH_ECHO } Gecho_switch;
Anzeiger, ob ein Echo angezeigt wird oder nicht. Mögliche Werte für den
Echoschalter sind: *Echo* (GSWITCH_ECHO), *kein Echo* (GSWITCH_NO_ECHO).

⇐ Gin_status ***anfangsstatus**
typedef enum
{ GIN_STATUS_NONE, GIN_STATUS_OK, GIN_STATUS_NO_IN } Gin_status;
Anfangsstatus des Auswählers. Mögliche Werte für den Anfangsstatus sind:
OK (GIN_STATUS_OK), *keine Auswahl* (GIN_STATUS_NO_IN).

⇐ Gint ***anfangswert**
Anfangswert des Auswählers.

⇐ Gint ***echoart**
Aufforderungs- und Echoart. Genormt sind: implementierungsabhängig (1),
Funktionstasten mit Lampen (2), Textmenü (3), Auswahltext muß eingetippt
werden (4), Elemente eines Segments (5). Negative Echoarten sind implementierungsabhängig.

⇐ Glimit ***echofeld**
typedef struct { Gfloat x_min,x_max, y_min,y_max; } Glimit;
Grenzen des Echofelds in Gerätekoordinaten.

⇐ Gchoice_data ****datensatz**
typedef Gvoid Gchoice_data;
Adresse eines Zeigers auf den Datensatz mit weiteren Anfangswerten für spezielle Aufforderungs- und Echoarten. Der Speicherplatz für den Datensatz wird von GKS über den Parameter speicher dynamisch angefordert und verwaltet.

Beschreibung
Der Auswählerzustand wird aus der Arbeitsplatz-Zustandsliste entnommen.

Mögliche Fehler
  7 GKS befindet sich nicht im richtigen Zustand: GKS muß sich in einem der Zustände *APOF*, *APAK* oder *SGOF* befinden.
 20 Spezifizierte Arbeitsplatzkennzeichnung ist ungültig.
 25 Spezifizierter Arbeitsplatz ist nicht offen.
 38 Spezifizierter Arbeitsplatz ist weder von der Kategorie *Eingabe* noch von der Kategorie *AusEin*.
140 Spezifiziertes Eingabegerät ist am Arbeitsplatz nicht vorhanden.
2204 Fehler beim Erweitern eines Datenspeichers.

Siehe auch
ginit_choice, gset_choice_mode, ginq_def_choice_data.

Bemerkungen
Die Nummer des Auswählers ist für WESTgraf derzeit stets 1.
Die möglichen Aufforderungs- und Echoarten mit den zugehörigen Datensätzen sind bei ginit_choice() ausführlich beschrieben.
Die Betriebsarten *Abfrage* und *Ereignis* werden von WESTgraf z. Z. nicht unterstützt.

7.30   ginq_clip   [0a]   gqclip

Liefert den aktuellen Klippanzeiger und das aktuelle Klipprechteck.

Erfrage Klippen
Inquire clipping

ginq_clip   (fehleranzeiger, klippen)

$\Leftarrow$ Gint   ***fehleranzeiger**
Die Nummer eines Fehlers, den die Erfragefunktion erkennt, wird über diesen
Zeiger zurückgegeben. Nur wenn hier der Wert 0 zurückgegeben wird, sind
die zurückgelieferten Werte definiert.

$\Leftarrow$ Gclip   ***klippen**
typedef struct { Gclip_ind clip_ind; Glimit clip_rect; } Gclip;
typedef enum { GIND_NO_CLIP, GIND_CLIP } Gclip_ind;
typedef struct { Gfloat x_min,x_max, y_min,y_max; } Glimit;
Eine Struktur, die den aktuellen Klippanzeiger und das aktuelle Klipprechteck
enthält.
Mögliche Werte für den Klippanzeiger sind: *kein Klippen* (GIND_NO_CLIP),
Klippen (GIND_CLIP). Das Klipprechteck ist in normierten Koordinaten.

Beschreibung
Es werden der aktuelle Klippanzeiger und das aktuelle Klipprechteck zurückgege-
ben.
Der Klippanzeiger legt fest, ob an den Grenzen des Darstellungsfelds (*viewport*)
der aktuellen Normierungstransformation geklippt wird oder nicht. Falls geklippt
wird, entspricht das aktuelle Klipprechteck dem Darstellungsfeld der aktuellen
Normierungstransformation.
Der Klippanzeiger kann mit der Funktion gset_clip_ind() gesetzt werden.

Mögliche Fehler
8 GKS befindet sich nicht im richtigen Zustand: GKS muß sich in einem der Zustände
GKOF, APOF, APAK oder *SGOF* befinden.

Siehe auch
gset_clip_ind, gset_vp, gset_ws_win, gsel_norm_tran.

Bemerkungen
Es wird immer an den Grenzen des Fensters der Gerätetransformation geklippt.
Dieses Klippen am Gerät kann nicht ausgeschaltet werden. WESTgraf verwendet
intern effiziente Klipp- und Transformationsalgorithmen, so daß das zusätzliche
Klippen am Darstellungsfeld der Normierungstransformation keinen höheren Re-
chenaufwand verursacht.

7.31   ginq_colr_facs   [0a]   gqcf

Liefert Informationen über die Farbfähigkeiten eines Arbeitsplatztyps.

Erfrage Farbfähigkeiten
Inquire colour facilities

ginq_colr_facs   (typ, fehleranzeiger, farben)

⇒   Gint   **typ**
Typbezeichnung eines GKS-Arbeitsplatzes.

⇐   Gint   ***fehleranzeiger**
Die Nummer eines Fehlers, den die Erfragefunktion erkennt, wird über diesen
Zeiger zurückgegeben. Nur wenn hier der Wert 0 zurückgegeben wird, sind
die zurückgelieferten Werte definiert.

⇐   Gcolr_facs   ***farben**
typedef struct { Gint num_colrs; Gcolr_avail colr_avail; Gint num_pred_inds; } Gcolr_facs;
typedef enum { GAVAIL_MONOCHR, GAVAIL_COLR } Gcolr_avail;
Zeiger auf eine Struktur mit den Komponenten: Anzahl der verfügbaren Farben oder Intensitäten, Anzeiger *Farbe verfügbar*, Anzahl der vordefinierten
Farbindizes.
Mögliche Werte für den Anzeiger *Farbe verfügbar* sind: *Farbe* (GAVAIL_COLR)
oder *keine Farbe* (GAVAIL_MONOCHR).

Beschreibung
Die Farbfähigkeiten werden aus der Arbeitsplatz-Beschreibungstabelle entnommen.
Falls 0 als Zahl verfügbarer Farben oder Intensitäten gemeldet wird, so unterstützt
der grafische Arbeitsplatz einen kontinuierlichen Bereich von Farben oder Intensitäten.

Mögliche Fehler
   8 GKS befindet sich nicht im richtigen Zustand: GKS muß sich in einem der Zustände
        GKOF, APOF, APAK oder *SGOF* befinden.
  22 Spezifizierter Arbeitsplatztyp ist ungültig.
  23 Spezifizierter Arbeitsplatztyp existiert nicht.
  39 Spezifizierter Arbeitsplatz ist weder von der Kategorie *Ausgabe* noch von der Kategorie
        AusEin.

Siehe auch
ginq_colr_rep, gset_colr_rep.

Bemerkungen
Arbeitsplatztypen sind implementierungsabhängig. Die WESTgraf-Arbeitsplatztypen sind bei gopen_ws() erläutert.

7.32   **ginq_colr_inds**   [0a]   **gqeci**

Liefert die z. Z. am Arbeitsplatz definierten Farbtabellenindizes.

Erfrage Liste der Farbindizes
Inquire list of colour indices

ginq_colr_inds (arbeitsplatz, anzahl, start, fehleranzeiger, farben, maximum)

⇒   Gint   **arbeitsplatz**
Frei wählbare Kennzeichnung des Arbeitsplatzes im Anwendungsprogramm,
für den die Information erfragt werden soll.

⇒   Gint   **anzahl**
Anzahl der Farbindizes, für die das Anwendungsprogramm Speicher zugeordnet hat (≥ 0).

⇒   Gint   **start**
Index in die Arbeitsplatztabelle der verfügbaren Farbindizes (≥ 0). Ab diesem
Index werden höchstens anzahl Farbindizes im Parameter farben zurückgege-
ben.

⇐   Gint   **∗fehleranzeiger**
Die Nummer eines Fehlers, den die Erfragefunktion erkennt, wird über diesen
Zeiger zurückgegeben. Nur wenn hier der Wert 0 zurückgegeben wird, sind
die zurückgelieferten Werte definiert.

⇐   Gint_list   **∗farben**
typedef struct { Gint num_ints; Gint ∗ints; } Gint_list;
Struktur mit den Komponenten: Anzahl und Liste verfügbarer Farbindizes
(ab Listenelement start der Arbeitsplatztabelle, höchstens anzahl Elemente).
Das Anwendungsprogramm muß zuvor den Speicher für mindestens anzahl
Farbindizes bereitgestellt haben.

⇐   Gint   **∗maximum**
Anzahl der an diesem Arbeitsplatztyp definierten Farbindizes.

Beschreibung
Es wird die Länge der arbeitsplatzabhängigen Farbtabelle und eine Liste defi-
nierter Farbindizes zurückgegeben (ab Index start der Farbtabelle, maximal anzahl
Indizes).
Ein Farbtabelleneintrag kann mit ginq_colr_rep() erfragt und mit gset_colr_rep() ge-
setzt werden.

Mögliche Fehler
  7 GKS befindet sich nicht im richtigen Zustand: GKS muß sich in einem der Zustände
     APOF, *APAK* oder *SGOF* befinden.
 20 Spezifizierte Arbeitsplatzkennzeichnung ist ungültig.
 25 Spezifizierter Arbeitsplatz ist nicht offen.
 33 Spezifizierter Arbeitsplatz ist von der Kategorie *BE*.
 35 Spezifizierter Arbeitsplatz ist von der Kategorie *Eingabe*.
 36 Spezifizierter Arbeitsplatz ist der arbeitsplatzunabhängige Segmentspeicher.
2200 Anfangsindex nicht im Bereich.

2201 Länge der Anwendungsliste ist negativ.

Siehe auch

ginq_colr_facs, ginq_colr_rep, gset_colr_rep.

Bemerkungen

Die Länge der Farbtabelle ist eine Gerätekonstante und von Arbeitsplatztyp zu Arbeitsplatztyp unterschiedlich.

Die Farbtabellenindizes 0 und 1 sind immer definiert.

7.33   ginq_colr_rep [0a] gqcr

Liefert die aktuelle Farbbeschreibung für einen Farbtabelleneintrag an einem Arbeitsplatz.

Erfrage Farbbeschreibung
Inquire colour representation

ginq_colr_rep (arbeitsplatz, index, art, fehleranzeiger, farbe)

⇒   Gint   **arbeitsplatz**
Frei wählbare Kennzeichnung des Arbeitsplatzes im Anwendungsprogramm, für den die Information erfragt werden soll.

⇒   Gint   **index**
Index (≥ 0) in die Farbtabelle, für den die Information erfragt werden soll.

⇒   Ginq_type   **art**
typedef enum { GINQ_SET, GINQ_REALIZED } Ginq_type;
Art der Information, die erfragt werden soll. Mögliche Werte sind: *gesetzt* (GINQ_SET), *realisiert* (GINQ_REALIZED). Für die Art *gesetzt* erhält man die vom Anwendungsprogramm eingestellten/angeforderten Werte. Für die Art *realisiert* erhält man die Werte, die der Arbeitsplatz wirklich einstellen kann und realisiert hat.

⇐   Gint   **∗fehleranzeiger**
Die Nummer eines Fehlers, den die Erfragefunktion erkennt, wird über diesen Zeiger zurückgegeben. Nur wenn hier der Wert 0 zurückgegeben wird, sind die zurückgelieferten Werte definiert.

⇐   Gcolr_rep   **∗farbe**
typedef union { Grgb rgb; } Gcolr_rep;
typedef struct { Gfloat red, green, blue; } Grgb;
Enthält eine Farbbeschreibung als Rot-, Grün-, Blauwerte. Der Wertebereich für die Intensitäten der drei Grundfarben liegt zwischen 0 und 1.

Beschreibung
Es wird die Farbbeschreibung eines Farbtabelleneintrags für einen Arbeitsplatz zurückgegeben.
Die Farben, mit denen Darstellungselemente (Linienzug, Füllgebiet, Polymarke, Text, VDEL und Zellmatrix) gezeichnet werden, werden in GKS immer als Index in eine arbeitsplatzabhängige Farbtabelle angegeben. GKS zeichnet also eine Linie in der Farbe „5", und erst am Arbeitsplatz entscheidet sich, was „5" eigentlich bedeutet.
Mit der Funktion gset_colr_rep() können an einem Arbeitsplatz für einen Farbtabelleneintrag bestimmte RGB-Werte gefordert werden. Die geforderten und die realisierten Werte können je nach den Fähigkeiten des Arbeitsplatzes mehr oder weniger deutlich voneinander abweichen. Bei einem Drucker, der nur die Farben Weiß (bzw. Papierfarbe) und Schwarz (bzw. Druckfarbe) kennt, sind die Abweichungen natürlich besonders kraß.

Mögliche Fehler

   7 GKS befindet sich nicht im richtigen Zustand: GKS muß sich in einem der Zustände *APOF, APAK* oder *SGOF* befinden.

  20 Spezifizierte Arbeitsplatzkennzeichnung ist ungültig.

  25 Spezifizierter Arbeitsplatz ist nicht offen.

  33 Spezifizierter Arbeitsplatz ist von der Kategorie *BE*.

  35 Spezifizierter Arbeitsplatz ist von der Kategorie *Eingabe*.

  36 Spezifizierter Arbeitsplatz ist der arbeitsplatzunabhängige Segmentspeicher.

  93 Farbindex ist ungültig.

  94 Für spezifizierten Farbindex wurde an diesem Arbeitsplatz keine Beschreibung definiert.

2202 Wert für Aufzählungstyp nicht im Bereich.

Siehe auch

ginq_colr_facs, ginq_pred_colr_rep, gset_colr_rep.

Bemerkungen

7.34   ginq_cur_indiv_attrs [0a] gqina

Liefert die aktuellen Werte der individuellen Attribute.

Erfrage aktuelle individuelle Attributwerte
Inquire current individual attribute values

ginq_cur_indiv_attrs (fehleranzeiger, attribute)

⇐   Gint   *∗**fehleranzeiger**
Die Nummer eines Fehlers, den die Erfragefunktion erkennt, wird über diesen
Zeiger zurückgegeben. Nur wenn hier der Wert 0 zurückgegeben wird, sind
die zurückgelieferten Werte definiert.

⇐   Gindiv_attrs   *∗**attribute**
```
typedef struct
  { Gint linetype; Gfloat linewidth; Gint line_colr_ind;
    Gint marker_type; Gfloat marker_size; Gint marker_colr_ind;
    Gtext_font_prec text_font_prec; Gfloat char_expan, char_space; Gint text_colr_ind;
    Gfill_int_style fill_int_style; Gint fill_style_ind, fill_colr_ind;
    Gasfs asfs;
  } Gindiv_attrs;
typedef struct { Gint font; Gtext_prec prec; } Gtext_font_prec;
typedef enum { GPREC_STRING, GPREC_CHAR, GPREC_STROKE } Gtext_prec;
typedef enum
  { GSTYLE_HOLLOW, GSTYLE_SOLID, GSTYLE_PAT, GSTYLE_HATCH
  } Gfill_int_style;
typedef struct
  { Gasf linetype, linewidth, line_colr_ind,
        marker_type, marker_size, marker_colr_ind,
        text_font_prec, char_expan, char_space, text_colr_ind,
        fill_int_style, fill_style_ind, fill_colr_ind;
  } Gasfs;
typedef enum { GASF_BUNDLED, GASF_INDIV } Gasf;
```

Die aktuellen individuellen Attribute.   Diese Werte werden von GKS zum
Zeichnen von Darstellungselementen verwendet, falls die zugehörigen Aspektanzeiger auf *individuell* stehen.

Beschreibung
Es werden die aktuellen individuellen Attribute zurückgegeben.
Die Darstellungsattribute können auch einzeln erfragt werden. Sie können jedoch
nicht gemeinsam gesetzt werden.
Die Werte der individuellen Attribute werden verwendet, falls die zugehörigen
Aspektanzeiger auf *individuell* stehen. Andernfalls werden für die entsprechenden
Aspekte der Darstellungselemente die Einstellungen aus den arbeitsplatzabhängi-
gen Bündeltabellen verwendet.

Mögliche Fehler
   8 GKS befindet sich nicht im richtigen Zustand: GKS muß sich in einem der Zustände

GKOF, APOF, APAK oder *SGOF* befinden.

Siehe auch

ginq_linetype, ginq_linewidth, ginq_line_colr_ind,
ginq_marker_type, ginq_marker_size, ginq_marker_colr_ind,
ginq_text_font_prec, ginq_char_expan, ginq_char_space, ginq_text_colr_ind,
ginq_fill_int_style, ginq_fill_style_ind, ginq_fill_colr_ind, ginq_asfs.

Bemerkungen

7.35 ginq_cur_norm_tran_num [0a] gqcntn

Liefert die Nummer der aktuellen Normierungstransformation.

Erfrage Nummer der aktuellen Normierungstransformation
Inquire current normalization transformation number

ginq_cur_norm_tran_num (fehleranzeiger, normtran)

⇐ Gint ***fehleranzeiger**
Die Nummer eines Fehlers, den die Erfragefunktion erkennt, wird über diesen
Zeiger zurückgegeben. Nur wenn hier der Wert 0 zurückgegeben wird, sind
die zurückgelieferten Werte definiert.

⇐ Gint ***normtran**
Die Nummer der aktuellen Normierungstransformation.

Beschreibung

Es wird die Nummer der aktuellen Normierungstransformation zurückgegeben.
Normierungstransformationen dienen der Umrechnung von Koordinaten des be-
nutzerspezifischen Weltkoordinatensystems (WK) in das geräteunabhängige normierte Koordinatensystem (NK, Einheitsquadrat).
Fenster und Darstellungsfeld einer Normierungstransformation können mit der
Funktion ginq_norm_tran() erfragt werden.
Die aktuelle Normierungstransformation kann mit der Funktion gsel_norm_tran()
ausgewählt werden. Eine Normierungstransformation kann mit den Funktionen
gset_win() und gset_vp() definiert werden.
Die NT 0 hat für GKS eine besondere Bedeutung. Sie bildet stets das Einheitsquadrat $[0,1] \times [0,1]$ auf sich selbst ab und kann nicht geändert werden.

Mögliche Fehler
8 GKS befindet sich nicht im richtigen Zustand: GKS muß sich in einem der Zustände
GKOF, APOF, APAK oder *SGOF* befinden.

Siehe auch
ginq_norm_tran, gsel_norm_tran, gset_win, gset_vp.

Bemerkungen
Die maximale Nummer einer Normierungstransformation ist implementierungsabhängig. In WESTgraf ist sie 20, d.h. es können die NT mit den Nummern 0–20
(also 21 NT) verwendet werden.

7.36 ginq_cur_prim_attrs [0a] gqpra

Liefert die aktuellen Werte der Darstellungsattribute.

Erfrage aktuelle Werte der Darstellungsattribute
Inquire current primitive attribute values

ginq_cur_prim_attrs (fehleranzeiger, attribute)

⇐ Gint ***fehleranzeiger**
Die Nummer eines Fehlers, den die Erfragefunktion erkennt, wird über diesen
Zeiger zurückgegeben. Nur wenn hier der Wert 0 zurückgegeben wird, sind
die zurückgelieferten Werte definiert.

⇐ Gprim_attrs ***attribute**
typedef struct
{ Gint line_ind, marker_ind, text_ind;
  Gfloat char_ht; Gvec char_up_vec; Gfloat char_width; Gvec char_base_vec;
  Gtext_path text_path; Gtext_align text_align;
  Gint fill_ind; Gvec pat_width_vec, pat_ht_vec; Gpoint pat_ref_point;
} Gprim_attrs;
typedef struct { Gfloat delta_x, delta_y; } Gvec;
typedef enum
{ GPATH_RIGHT, GPATH_LEFT, GPATH_UP, GPATH_DOWN } Gtext_path;
typedef struct { Ghor_text_align hor; Gvert_text_align vert; } Gtext_align;
typedef enum
{ GHOR_NORM, GHOR_LEFT, GHOR_CTR, GHOR_RIGHT } Ghor_text_align;
typedef enum
{ GVERT_NORM, GVERT_TOP, GVERT_CAP, GVERT_HALF, GVERT_BASE,
  GVERT_BOTTOM
} Gvert_text_align;
typedef struct { Gfloat x,y; } Gpoint;

Die aktuellen Darstellungsattribute. Diese Werte werden von GKS zum Zeichnen von Darstellungselementen verwendet.

Beschreibung
Es werden die aktuellen Darstellungsattribute zurückgegeben.
Die Darstellungsattribute können auch einzeln erfragt werden. Sie können jedoch
nicht gemeinsam gesetzt werden.
Für die hier zurückgelieferten Darstellungsattribute gibt es keine Aspektanzeiger
und keine arbeitsplatzspezifischen Bündel. Sie sind nur einmal global in GKS vorhanden und werden immer zum Zeichnen der entsprechenden Darstellungselemente
verwendet.

Mögliche Fehler
    8 GKS befindet sich nicht im richtigen Zustand: GKS muß sich in einem der Zustände
       GKOF, APOF, APAK oder *SGOF* befinden.

Siehe auch
ginq_line_ind, ginq_marker_ind, ginq_text_ind, ginq_text_path, ginq_text_align,

ginq_char_ht, ginq_char_up_vec, ginq_char_width, ginq_char_base_vec, ginq_fill_ind, ginq_pat_width_vec, ginq_pat_ht_vec, ginq_pat_ref_point.

Bemerkungen

7.37   ginq_def_choice_data   [0b]   gqdch

Liefert die vorgegebenen Werte eines Auswählers für einen Arbeitsplatztyp.

Erfrage vorgegebene Werte des Auswählers
Inquire default choice device data

ginq_def_choice_data   (typ, nr, speicher, fehleranzeiger, maximum, echos,
echofeld, datensatz)

⇒   Gint   **typ**
Typbezeichnung eines GKS-Arbeitsplatzes.

⇒   Gint   **nr**
Auswählernummer ($\geq$ 1).

⇒   Gstore   **speicher**
typedef void *Gstore;
Datenspeicher für Auswählerdatensatz und die Liste der Aufforderungs- und
Echoarten. Der Datenspeicher muß zuvor mit gcreate_store() initialisiert worden sein.

⇐   Gint   ∗**fehleranzeiger**
Die Nummer eines Fehlers, den die Erfragefunktion erkennt, wird über diesen
Zeiger zurückgegeben. Nur wenn hier der Wert 0 zurückgegeben wird, sind
die zurückgelieferten Werte definiert.

⇐   Gint   ∗**maximum**
Maximalzahl der Auswahlen, die dieser Auswähler handhaben kann.

⇐   Gint_list   ∗∗**echos**
typedef struct { Gint num_ints; Gint *ints; } Gint_list;
Adresse eines Zeigers auf Struktur mit Anzahl und Liste aller verfügbaren
Aufforderungs- und Echoarten. Der Speicherplatz für diesen Parameter wird
von GKS über den Parameter speicher dynamisch angefordert und verwaltet.

⇐   Glimit   ∗**echofeld**
typedef struct { Gfloat x_min,x_max, y_min,y_max; } Glimit;
Grenzen des Echofelds in Gerätekoordinaten.

⇐   Gchoice_data   ∗∗**datensatz**
typedef Gvoid Gchoice_data;
Adresse eines Zeigers auf den Datensatz mit weiteren Anfangswerten für spezielle Aufforderungs- und Echoarten. Der Speicherplatz für den Datensatz wird
von GKS über den Parameter speicher dynamisch angefordert und verwaltet.

Beschreibung

Die vorgegebenen Werte für einen Auswähler an einem Arbeitsplatztyp werden
aus der Arbeitsplatz-Beschreibungstabelle entnommen.
Diese Werte können zur Initialisierung des Auswählers mit ginit_choice() verwendet
werden; es darf dann beim Initialisieren keinen Fehler geben. Dies gilt in besonderem Maße für den Auswählerdatensatz, da er implementierungsabhängig ist und

somit die Gefahr nicht portabler Programme besteht.

Mögliche Fehler

   8 GKS befindet sich nicht im richtigen Zustand: GKS muß sich in einem der Zustände *GKOF, APOF, APAK* oder *SGOF* befinden.

  22 Spezifizierter Arbeitsplatztyp ist ungültig.

  23 Spezifizierter Arbeitsplatztyp existiert nicht.

  38 Spezifizierter Arbeitsplatz ist weder von der Kategorie *Eingabe* noch von der Kategorie *AusEin*.

140 Spezifiziertes Eingabegerät ist am Arbeitsplatz nicht vorhanden.

Siehe auch

ginit_choice, gset_choice_mode, ginq_choice_st.

Bemerkungen

Die Nummer des Auswählers ist für WESTgraf derzeit stets 1.

Die möglichen Aufforderungs- und Echoarten mit den zugehörigen Datensätzen sind bei ginit_choice() ausführlich beschrieben.

Arbeitsplatztypen sind implementierungsabhängig. Die WESTgraf-Arbeitsplatztypen sind bei gopen_ws() erläutert.

7.38   ginq_def_loc_data   [0b]   gqdlc

Liefert die vorgegebenen Werte eines Lokalisierers für einen Arbeitsplatztyp.

Erfrage vorgegebene Werte des Lokalisierers
Inquire default locator device data

ginq_def_loc_data   (typ, nr, speicher, fehleranzeiger, anfangsposition, echos,
        echofeld, datensatz)

$\Rightarrow$ Gint   **typ**
Typbezeichnung eines GKS-Arbeitsplatzes.

$\Rightarrow$ Gint   **nr**
Lokalisierernummer (≥ 1).

$\Rightarrow$ Gstore   **speicher**
typedef void *Gstore;
Datenspeicher für Lokalisiererdatensatz und die Liste der Aufforderungs- und
Echoarten. Der Datenspeicher muß zuvor mit gcreate_store() initialisiert worden sein.

$\Leftarrow$ Gint   *****fehleranzeiger**
Die Nummer eines Fehlers, den die Erfragefunktion erkennt, wird über diesen
Zeiger zurückgegeben. Nur wenn hier der Wert 0 zurückgegeben wird, sind
die zurückgelieferten Werte definiert.

$\Leftarrow$ Gpoint   *****anfangsposition**
typedef struct { Gfloat x,y; } Gpoint;
Vorgegebene Anfangsposition des Lokalisierers in WK bezüglich der aktuellen
NT.

$\Leftarrow$ Gint_list   ******echos**
typedef struct { Gint num_ints; Gint *ints; } Gint_list;
Adresse eines Zeigers auf Struktur mit Anzahl und Liste aller verfügbaren
Aufforderungs- und Echoarten. Der Speicherplatz für diesen Parameter wird
von GKS über den Parameter speicher dynamisch angefordert und verwaltet.

$\Leftarrow$ Glimit   *****echofeld**
typedef struct { Gfloat x_min,x_max, y_min,y_max; } Glimit;
Grenzen des Echofelds in Gerätekoordinaten.

$\Leftarrow$ Gloc_data   ******datensatz**
typedef Gvoid Gloc_data;
Adresse eines Zeigers auf den Datensatz mit weiteren Anfangswerten für spezielle Aufforderungs- und Echoarten. Der Speicherplatz für den Datensatz wird
von GKS über den Parameter speicher dynamisch angefordert und verwaltet.

Beschreibung
Die vorgegebenen Werte für einen Lokalisierer an einem Arbeitsplatztyp werden
aus der Arbeitsplatz-Beschreibungstabelle entnommen.

Diese Werte können zur Initialisierung des Lokalisierers mit ginit_loc() verwendet werden; es darf dann beim Initialisieren keinen Fehler geben. Dies gilt in besonderem Maße für den Lokalisiererdatensatz, da er implementierungsabhängig ist und somit die Gefahr nicht portabler Programme besteht.

Mögliche Fehler

  8 GKS befindet sich nicht im richtigen Zustand: GKS muß sich in einem der Zustände *GKOF, APOF, APAK* oder *SGOF* befinden.

  22 Spezifizierter Arbeitsplatztyp ist ungültig.

  23 Spezifizierter Arbeitsplatztyp existiert nicht.

  38 Spezifizierter Arbeitsplatz ist weder von der Kategorie *Eingabe* noch von der Kategorie *AusEin*.

140 Spezifiziertes Eingabegerät ist am Arbeitsplatz nicht vorhanden.

Siehe auch

ginit_loc, gset_loc_mode, ginq_loc_st.

Bemerkungen

Die Nummer des Lokalisierers ist für WESTgraf derzeit stets 1.

Die möglichen Aufforderungs- und Echoarten mit den zugehörigen Datensätzen sind bei ginit_loc() ausführlich beschrieben.

Arbeitsplatztypen sind implementierungsabhängig. Die WESTgraf-Arbeitsplatztypen sind bei gopen_ws() erläutert.

7.39   ginq_def_string_data   [0b]   gqdst

Liefert die vorgegebenen Werte eines Textgebers für einen Arbeitsplatztyp.

Erfrage vorgegebene Werte des Textgebers
Inquire default string device data

ginq_def_string_data   (typ, nr, speicher, fehleranzeiger, maxpuffer, echos,
        echofeld, datensatz)

$\Rightarrow$ Gint   **typ**
Typbezeichnung eines GKS-Arbeitsplatzes.

$\Rightarrow$ Gint   **nr**
Textgebernummer (≥ 1).

$\Rightarrow$ Gstore   **speicher**
typedef void *Gstore;
Datenspeicher für Textgeberdatensatz und die Liste der Aufforderungs- und
Echoarten. Der Datenspeicher muß zuvor mit gcreate_store() initialisiert worden sein.

$\Leftarrow$ Gint   *fehleranzeiger**
Die Nummer eines Fehlers, den die Erfragefunktion erkennt, wird über diesen
Zeiger zurückgegeben. Nur wenn hier der Wert 0 zurückgegeben wird, sind
die zurückgelieferten Werte definiert.

$\Leftarrow$ Gint   *maxpuffer**
Maximale Zahl der Zeichen, die der Textgeber liefert, einschließlich des ab-
schließenden '\0'-Zeichens.

$\Leftarrow$ Gint_list   **echos**
typedef struct { Gint num_ints; Gint *ints; } Gint_list;
Adresse eines Zeigers auf Struktur mit Anzahl und Liste aller verfügbaren
Aufforderungs- und Echoarten. Der Speicherplatz für diesen Parameter wird
von GKS über den Parameter speicher dynamisch angefordert und verwaltet.

$\Leftarrow$ Glimit   **echofeld**
typedef struct { Gfloat x_min,x_max, y_min,y_max; } Glimit;
Grenzen des Echofelds in Gerätekoordinaten.

$\Leftarrow$ Gstring_data   **datensatz**
typedef struct { Gint in_buf_size, init_pos; Gvoid pets; } Gstring_data;
Adresse eines Zeigers auf den Datensatz mit weiteren Anfangswerten für spezielle Aufforderungs- und Echoarten. Der Datensatz enthält insbesondere die
Puffergröße und die initiale Position der Schreibmarke. Der Speicherplatz für
den Datensatz wird von GKS über den Parameter speicher dynamisch angefordert und verwaltet.

Beschreibung
Die vorgegebenen Werte für einen Textgeber an einem Arbeitsplatztyp werden aus
der Arbeitsplatz-Beschreibungstabelle entnommen.

Diese Werte können zur Initialisierung des Textgebers mit ginit_string() verwendet werden; es darf dann beim Initialisieren keinen Fehler geben. Dies gilt in besonderem Maße für den Textgeberdatensatz, da er implementierungsabhängig ist und somit die Gefahr nicht portabler Programme besteht.

Mögliche Fehler

8 GKS befindet sich nicht im richtigen Zustand: GKS muß sich in einem der Zustände *GKOF, APOF, APAK* oder *SGOF* befinden.

22 Spezifizierter Arbeitsplatztyp ist ungültig.

23 Spezifizierter Arbeitsplatztyp existiert nicht.

38 Spezifizierter Arbeitsplatz ist weder von der Kategorie *Eingabe* noch von der Kategorie *AusEin*.

140 Spezifiziertes Eingabegerät ist am Arbeitsplatz nicht vorhanden.

Siehe auch

ginit_string, gset_string_mode, ginq_string_st.

Bemerkungen

Die Nummer des Textgebers ist für WESTgraf derzeit stets 1.

Die möglichen Aufforderungs- und Echoarten mit den zugehörigen Datensätzen sind bei ginit_string() ausführlich beschrieben.

Arbeitsplatztypen sind implementierungsabhängig. Die WESTgraf-Arbeitsplatztypen sind bei gopen_ws() erläutert.

7.40   **ginq_def_stroke_data**   [0b]   **gqdsk**

Liefert die vorgegebenen Werte eines Liniengebers für einen Arbeitsplatztyp.

Erfrage vorgegebene Werte des Liniengebers
Inquire default stroke device data

ginq_def_stroke_data   (typ, nr, speicher, fehleranzeiger, maxpuffer, echos,
        echofeld, datensatz)

⇒   Gint   **typ**
Typbezeichnung eines GKS-Arbeitsplatzes.

⇒   Gint   **nr**
Liniengebernummer (≥ 1).

⇒   Gstore   **speicher**
typedef void *Gstore;
Datenspeicher für Liniengeberdatensatz und die Liste der Aufforderungs- und
Echoarten. Der Datenspeicher muß zuvor mit gcreate_store() initialisiert worden sein.

⇐   Gint   ***fehleranzeiger**
Die Nummer eines Fehlers, den die Erfragefunktion erkennt, wird über diesen
Zeiger zurückgegeben. Nur wenn hier der Wert 0 zurückgegeben wird, sind
die zurückgelieferten Werte definiert.

⇐   Gint   ***maxpuffer**
Maximale Zahl der Punkte, die der Liniengeber liefert.

⇐   Gint_list   ****echos**
typedef struct { Gint num_ints; Gint *ints; } Gint_list;
Adresse eines Zeigers auf Struktur mit Anzahl und Liste aller verfügbaren
Aufforderungs- und Echoarten. Der Speicherplatz für diesen Parameter wird
von GKS über den Parameter speicher dynamisch angefordert und verwaltet.

⇐   Glimit   ***echofeld**
typedef struct { Gfloat x_min,x_max, y_min,y_max; } Glimit;
Grenzen des Echofelds in Gerätekoordinaten.

⇐   Gstroke_data   ****datensatz**
typedef struct
{ Gint in_buf_size, init_pos; Gfloat x_interval, y_interval, time_interval; Gvoid pets;
} Gstroke_data;
Adresse eines Zeigers auf Struktur mit weiteren Anfangswerten für spezielle
Aufforderungs- und Echoarten. Der Datensatz enthält insbesondere die Puf-
fergröße, die Anfangsposition und Werte für den Minimalabstand für x, y und
Zeit. Der Speicherplatz für den Datensatz wird von GKS über den Parameter
speicher dynamisch angefordert und verwaltet.

Beschreibung

Die vorgegebenen Werte für einen Liniengeber an einem Arbeitsplatztyp werden

aus der Arbeitsplatz-Beschreibungstabelle entnommen.

Diese Werte können zur Initialisierung des Liniengebers mit ginit_stroke() verwendet werden; es darf dann beim Initialisieren keinen Fehler geben. Dies gilt in besonderem Maße für den Liniengeberdatensatz, da er implementierungsabhängig ist und somit die Gefahr nicht portabler Programme besteht.

Der in der Arbeitsplatz-Beschreibungstabelle vorgegebene Anfangslinienzug ist stets 0 Punkte lang.

Mögliche Fehler

8 GKS befindet sich nicht im richtigen Zustand: GKS muß sich in einem der Zustände *GKOF, APOF, APAK* oder *SGOF* befinden.

22 Spezifizierter Arbeitsplatztyp ist ungültig.

23 Spezifizierter Arbeitsplatztyp existiert nicht.

38 Spezifizierter Arbeitsplatz ist weder von der Kategorie *Eingabe* noch von der Kategorie *AusEin*.

140 Spezifiziertes Eingabegerät ist am Arbeitsplatz nicht vorhanden.

Siehe auch

ginit_stroke, gset_stroke_mode, ginq_stroke_st.

Bemerkungen

Die Nummer des Liniengebers ist für WESTgraf derzeit stets 1.

Die möglichen Aufforderungs- und Echoarten mit den zugehörigen Datensätzen sind bei ginit_stroke() ausführlich beschrieben.

Arbeitsplatztypen sind implementierungsabhängig. Die WESTgraf-Arbeitsplatztypen sind bei gopen_ws() erläutert.

7.41   ginq_def_val_data   [0b]   gqdvl

Liefert die vorgegebenen Werte eines Wertgebers für einen Arbeitsplatztyp.

Erfrage vorgegebene Werte des Wertgebers
Inquire default valuator device data

ginq_def_val_data   (typ, nr, speicher, fehleranzeiger, anfangswert, echos,
        echofeld, datensatz)

⇒   Gint   **typ**
Typbezeichnung eines GKS-Arbeitsplatzes.

⇒   Gint   **nr**
Wertgebernummer (≥ 1).

⇒   Gstore   **speicher**
typedef void *Gstore;
Datenspeicher für Wertgeberdatensatz und die Liste der Aufforderungs- und
Echoarten. Der Datenspeicher muß zuvor mit gcreate_store() initialisiert worden sein.

⇐   Gint   *****fehleranzeiger**
Die Nummer eines Fehlers, den die Erfragefunktion erkennt, wird über diesen
Zeiger zurückgegeben. Nur wenn hier der Wert 0 zurückgegeben wird, sind
die zurückgelieferten Werte definiert.

⇐   Gfloat   *****anfangswert**
Anfangswert des Wertgebers.

⇐   Gint_list   ******echos**
typedef struct { Gint num_ints; Gint *ints; } Gint_list;
Adresse eines Zeigers auf Struktur mit Anzahl und Liste aller verfügbaren
Aufforderungs- und Echoarten. Der Speicherplatz für diesen Parameter wird
von GKS über den Parameter speicher dynamisch angefordert und verwaltet.

⇐   Glimit   *****echofeld**
typedef struct { Gfloat x_min,x_max, y_min,y_max; } Glimit;
Grenzen des Echofelds in Gerätekoordinaten.

⇐   Gval_data   ******datensatz**
typedef struct { Gfloat low_value, high_value; Gvoid pets; } Gval_data;
Adresse eines Zeigers auf den Datensatz mit weiteren Anfangswerten für spezielle Anforderungs- und Echoarten. Insbesondere enthält der Wertgeberdatensatz den unteren und den oberen Grenzwert des Wertebereichs. Der
Speicherplatz für den Datensatz wird von GKS über den Parameter speicher
dynamisch angefordert und verwaltet.

Beschreibung
Die vorgegebenen Werte für einen Wertgeber an einem Arbeitsplatztyp werden
aus der Arbeitsplatz-Beschreibungstabelle entnommen.

Diese Werte können zur Initialisierung des Wertgebers mit ginit_val() verwendet werden; es darf dann beim Initialisieren keinen Fehler geben. Dies gilt in besonderem Maße für den Wertgeberdatensatz, da er implementierungsabhängig ist und somit die Gefahr nicht portabler Programme besteht.

Mögliche Fehler

   8 GKS befindet sich nicht im richtigen Zustand: GKS muß sich in einem der Zustände *GKOF*, *APOF*, *APAK* oder *SGOF* befinden.

 22 Spezifizierter Arbeitsplatztyp ist ungültig.

 23 Spezifizierter Arbeitsplatztyp existiert nicht.

 38 Spezifizierter Arbeitsplatz ist weder von der Kategorie *Eingabe* noch von der Kategorie *AusEin*.

140 Spezifiziertes Eingabegerät ist am Arbeitsplatz nicht vorhanden.

Siehe auch

ginit_val, gset_val_mode, ginq_val_st.

Bemerkungen

Die Nummer des Wertgebers ist für WESTgraf derzeit stets 1.

Die möglichen Aufforderungs- und Echoarten mit den zugehörigen Datensätzen sind bei ginit_val() ausführlich beschrieben.

Arbeitsplatztypen sind implementierungsabhängig. Die WESTgraf-Arbeitsplatztypen sind bei gopen_ws() erläutert.

7.42   ginq_disp_space_size   [0a]   gqdsp

Liefert die Abmessungen der Darstellungsfäche sowie die Zahl der Rastereinheiten eines Arbeitsplatztyps.

Erfrage Größe der Darstellungsfläche
Inquire display space size

ginq_disp_space_size   (typ, fehleranzeiger, abmessungen)

$\Rightarrow$ Gint   **typ**
Typbezeichnung eines GKS-Arbeitsplatzes.

$\Leftarrow$ Gint   ***fehleranzeiger**
Die Nummer eines Fehlers, den die Erfragefunktion erkennt, wird über diesen Zeiger zurückgegeben. Nur wenn hier der Wert 0 zurückgegeben wird, sind die zurückgelieferten Werte definiert.

$\Leftarrow$ Gdisp_space_size   ***abmessungen**
typedef struct
{ Gdc_units dc_units; Gfloat_size size_dc; Gint_size size_raster; } Gdisp_space_size;
typedef enum { GDC_METRES, GDC_OTHER } Gdc_units;
typedef struct { Gfloat size_x, size_y; } Gfloat_size;
typedef struct { Gint size_x, size_y; } Gint_size;
Struktur mit den Komponenten: Einheit der Gerätekoordinaten, maximale Größe der Darstellungsfläche in Gerätekoordinaten, maximale Größe der Darstellungsfläche in Rastereinheiten.
Möglich für die Einheit der Gerätekoordinaten sind: *Meter* (GDC_METRES), *Andere* (GDC_OTHER).

Beschreibung
Die Größe der Darstellungsfläche (in Gerätekoordinaten und in Rastereinheiten) sowie die Einheit der Gerätekoordinaten werden aus der Arbeitsplatz-Beschreibungstabelle entnommen. Der Bereich der Gerätekoordinaten des Arbeitsplatztyps ist:
[0 , abmessungen−>size_dc.size_x] × [0 , abmessungen−>size_dc.size_y].
Der Bereich der Rasterpunkte des Arbeitsplatztyps ist:
[0 , abmessungen−>size_raster.size_x−1] × [0 , abmessungen−>size_raster.size_y−1].

Mögliche Fehler
8 GKS befindet sich nicht im richtigen Zustand: GKS muß sich in einem der Zustände *GKOF, APOF, APAK* oder *SGOF* befinden.
22 Spezifizierter Arbeitsplatztyp ist ungültig.
23 Spezifizierter Arbeitsplatztyp existiert nicht.
31 Spezifizierter Arbeitsplatz ist von der Kategorie *BA*.
33 Spezifizierter Arbeitsplatz ist von der Kategorie *BE*.
36 Spezifizierter Arbeitsplatz ist der arbeitsplatzunabhängige Segmentspeicher.

Siehe auch
gset_ws_vp.

Bemerkungen
Die WESTgraf-Arbeitsplatztypen sind bei **gopen_ws**() erläutert.

7.43 ginq_fill_colr_ind [0a] gqfaci

Liefert den aktuellen Füllgebietsfarbindex.

Erfrage Füllgebietsfarbindex
Inquire fill area colour index

ginq_fill_colr_ind (fehleranzeiger, farbe)

⇐ Gint ***fehleranzeiger**
Die Nummer eines Fehlers, den die Erfragefunktion erkennt, wird über diesen
Zeiger zurückgegeben. Nur wenn hier der Wert 0 zurückgegeben wird, sind
die zurückgelieferten Werte definiert.

⇐ Gint ***farbe**
Der aktuelle Füllgebietsfarbindex.

Beschreibung
Liefert den aktuellen Füllgebietsfarbindex (globales GKS-Darstellungsattribut).
Dieser Wert wird beim Zeichnen von Füllgebieten verwendet, falls der zugehörige
Aspektanzeiger den Wert *individuell* (GASF_INDIV) hat.
Der Füllgebietsfarbindex kann mit der Funktion gset_fill_colr_ind() gesetzt werden.

Mögliche Fehler
8 GKS befindet sich nicht im richtigen Zustand: GKS muß sich in einem der Zustände
GKOF, APOF, APAK oder *SGOF* befinden.

Siehe auch
gfill_area, gset_fill_colr_ind, gset_asfs, ginq_cur_indiv_attrs.

Bemerkungen

7.44   ginq_fill_facs   [0a]   gqfaf

Liefert Informationen über die Fähigkeiten eines Arbeitsplatztyps beim Füllen von Gebieten.

Erfrage Füllgebietsfähigkeiten
Inquire fill area facilities

ginq_fill_facs (typ, anzahl, start, fehleranzeiger, ausfuellungen, maximum)

⇒ Gint **typ**
Typbezeichnung eines GKS-Arbeitsplatzes.

⇒ Gint **anzahl**
Anzahl der Schraffuren, für die das Anwendungsprogramm Speicher zugeordnet hat (≥ 0).

⇒ Gint **start**
Index in die Arbeitsplatztabelle der verfügbaren Schraffuren (≥ 0). Ab diesem Index werden höchstens anzahl Schraffuren im Strukturelement hatch_styles des Parameters ausfuellungen zurückgegeben.

⇐ Gint ***fehleranzeiger**
Die Nummer eines Fehlers, den die Erfragefunktion erkennt, wird über diesen Zeiger zurückgegeben. Nur wenn hier der Wert 0 zurückgegeben wird, sind die zurückgelieferten Werte definiert.

⇐ Gfill_facs ***ausfuellungen**
typedef struct
{ Gint num_int_styles; Gfill_int_style int_styles[4];
  Gint_list hatch_styles; Gint num_pred_inds;
} Gfill_facs;
typedef enum
{ GSTYLE_HOLLOW, GSTYLE_SOLID, GSTYLE_PAT, GSTYLE_HATCH
} Gfill_int_style;
typedef struct { Gint num_ints; Gint *ints; } Gint_list;
Struktur mit den Komponenten: Anzahl der verfügbaren Füllgebietsausfüllungen, Liste (Feld) der verfügbaren Füllgebietsausfüllungen (von Index 0 bis num_int_styles−1), Anzahl und Liste verfügbarer Schraffuren (ab Listenelement start der Arbeitsplatztabelle, höchstens anzahl Elemente), Anzahl der vordefinierten Füllgebietsindizes.
Als Füllgebietsausfüllung sind möglich:
Leer (GSTYLE_HOLLOW), *Voll* (GSTYLE_SOLID), *Muster* (GSTYLE_PAT) und *Schraffur* (GSTYLE_HATCH).
Das Anwendungsprogramm muß zuvor den Speicher für mindestens anzahl Schraffuren im Strukturelement hatch_styles bereitgestellt haben.

⇐ Gint ***maximum**
Anzahl der an diesem Arbeitsplatztyp möglichen Schraffuren.

Beschreibung

Die Füllgebietsfähigkeiten werden aus der Arbeitsplatz-Beschreibungstabelle entnommen.

Mit der Funktion `ginq_pred_fill_rep()` können die vordefinierten Füllgebietsbündel erfragt werden.

Mögliche Fehler

8 GKS befindet sich nicht im richtigen Zustand: GKS muß sich in einem der Zustände *GKOF*, *APOF*, *APAK* oder *SGOF* befinden.

22 Spezifizierter Arbeitsplatztyp ist ungültig.

23 Spezifizierter Arbeitsplatztyp existiert nicht.

39 Spezifizierter Arbeitsplatz ist weder von der Kategorie *Ausgabe* noch von der Kategorie *AusEin*.

2200 Anfangsindex nicht im Bereich.

2201 Länge der Anwendungsliste ist negativ.

Siehe auch

gset_fill_ind, ginq_pred_fill_rep.

Bemerkungen

Die Einträge der Bündeltabellen können erst ab GKS-Leistungsstufe *1* geändert werden.

Arbeitsplatztypen sind implementierungsabhängig. Die WESTgraf-Arbeitsplatztypen sind bei `gopen_ws()` erläutert.

7.45   ginq_fill_ind   [0a]   gqfai

Liefert den aktuellen Füllgebietsbündelindex.

Erfrage Füllgebietsindex
Inquire fill area index

ginq_fill_ind   (fehleranzeiger, index)

⇐   Gint   ***fehleranzeiger**
Die Nummer eines Fehlers, den die Erfragefunktion erkennt, wird über diesen
Zeiger zurückgegeben. Nur wenn hier der Wert 0 zurückgegeben wird, sind
die zurückgelieferten Werte definiert.

⇐   Gint   ***index**
Der aktuelle Füllgebietsindex. Das ist ein Index in die Füllgebietsbündeltabelle. Werte aus diesem Bündel werden von GKS zum Zeichnen von Füllgebieten verwendet, falls die zugehörigen Aspektanzeiger auf *gebündelt* gesetzt
sind.

Beschreibung
Es wird der aktuelle Füllgebietsindex zurückgegeben.
Der Füllgebietsindex kann mit der Funktion gset_fill_ind() gesetzt werden.
Die vordefinierten Einträge der Bündeltabellen für Füllgebiete können mit der
Funktion ginq_pred_fill_rep() erfragt werden.

Mögliche Fehler
   8 GKS befindet sich nicht im richtigen Zustand: GKS muß sich in einem der Zustände
   GKOF, APOF, APAK oder *SGOF* befinden.

Siehe auch
gfill_area, gset_fill_ind, ginq_pred_fill_rep, ginq_fill_facs, gset_asfs,
ginq_cur_prim_attrs.

Bemerkungen
Bündeltabelleneinträge dürfen erst ab der GKS-Leistungsstufe *1* vom Programm
aus gesetzt werden.

7.46　ginq_fill_int_style　[0a]　gqfais

Liefert die aktuelle Füllgebietsausfüllung.

Erfrage Füllgebietsausfüllung
Inquire fill area interior style

ginq_fill_int_style (fehleranzeiger, ausfuellung)

⇐　Gint　***fehleranzeiger**
Die Nummer eines Fehlers, den die Erfragefunktion erkennt, wird über diesen
Zeiger zurückgegeben. Nur wenn hier der Wert 0 zurückgegeben wird, sind
die zurückgelieferten Werte definiert.

⇐　Gfill_int_style　***ausfuellung**
typedef enum
{ GSTYLE_HOLLOW, GSTYLE_SOLID, GSTYLE_PAT, GSTYLE_HATCH
} Gfill_int_style;
Die aktuelle Füllgebietsausfüllung. Möglich sind: *Leer* (GSTYLE_HOLLOW),
Voll (GSTYLE_SOLID), *Muster* (GSTYLE_PAT), *Schraffur* (GSTYLE_HATCH).

Beschreibung
Es wird die aktuelle Füllgebietsausfüllung (globales GKS-Darstellungsattribut)
zurückgegeben. Dieser Wert wird beim Zeichnen von Füllgebieten verwendet, falls
der zugehörige Aspektanzeiger den Wert *individuell* (GASF_INDIV) hat.
Die Füllgebietsausfüllung kann mit der Funktion gset_fill_int_style() gesetzt wer-
den.
Falls ein Füllgebiet mit *Schraffur* oder *Muster* gefüllt werden soll, entscheidet der
Füllgebietsausfüllungsindex über die Art der Schraffur bzw. des Musters. Bei der
Ausfüllung *Schraffur* ist das der Typ der Schraffur, bei *Muster* ist das ein Index
in die arbeitsplatzspezifische *Mustertabelle* (s. gset_fill_style_ind()).

Mögliche Fehler
8 GKS befindet sich nicht im richtigen Zustand: GKS muß sich in einem der Zustände
GKOF, APOF, APAK oder *SGOF* befinden.

Siehe auch
gfill_area, gset_fill_int_style, gset_fill_style_ind, gset_asfs, ginq_cur_indiv_attrs.

Bemerkungen
Nicht jeder Arbeitsplatz muß jede Ausfüllung unterstützen.
Die WESTgraf-Arbeitsplätze unterstützen derzeit die Ausfüllungen *Leer*, *Voll* und
Schraffur, nicht jedoch *Muster*.

7.47   ginq_fill_style_ind   [0a]   gqfasi

Liefert den aktuellen Füllgebietsausfüllungsindex.

Erfrage Füllgebietsausfüllungsindex
Inquire fill area style index

ginq_fill_style_ind   (fehleranzeiger, index)

⇐   Gint   **∗fehleranzeiger**
Die Nummer eines Fehlers, den die Erfragefunktion erkennt, wird über diesen
Zeiger zurückgegeben. Nur wenn hier der Wert 0 zurückgegeben wird, sind
die zurückgelieferten Werte definiert.

⇐   Gint   **∗index**
Der aktuelle Füllgebietsausfüllungsindex.   Der Füllgebietsausfüllungsindex
wird zum Zeichnen von Füllgebieten mit der Ausfüllung *Muster* (GSTYLE_PAT)
und *Schraffur* (GSTYLE_HATCH) verwendet.

Beschreibung

Es wird der aktuelle Füllgebietsausfüllungsindex (globales GKS-Darstellungsattribut) zurückgegeben. Dieser Wert wird beim Zeichnen von Füllgebieten verwendet,
falls der zugehörige Aspektanzeiger den Wert *individuell* (GASF_INDIV) hat.
Für die Ausfüllung *Muster* ist der Füllgebietsausfüllungsindex > 0 und ein Index
in die arbeitsplatzspezifische Mustertabelle. Für die Ausfüllung *Schraffur* ist der
Füllgebietsausfüllungsindex ≠ 0 und legt den Typ der Schraffur fest. Schraffuren
> 0 sind genormt, negative Schraffuren sind geräteabhängig.
Der Füllgebietsausfüllungsindex kann mit der Funktion gset_fill_style_ind() gesetzt
werden.

Mögliche Fehler

8 GKS befindet sich nicht im richtigen Zustand: GKS muß sich in einem der Zustände
GKOF, APOF, APAK oder *SGOF* befinden.

Siehe auch

gfill_area, gset_fill_style_ind, gset_fill_int_style, gset_asfs, ginq_cur_indiv_attrs.

Bemerkungen

Die WESTgraf-Arbeitsplätze unterstützen derzeit die Ausfüllung *Muster* nicht, jedoch 18 implementierungsspezifische Schraffuren (s. Bild 6-4 auf Seite 45).

7.48 ginq_gdp [0a] gqgdp

Anzahl und Art der verwendeten Attributsätze werden zurückgegeben.

Erfrage verallgemeinertes Darstellungselement
Inquire generalized drawing primitive

ginq_gdp (typ, funktion, fehleranzeiger, anzahl, attr)

⇒ Gint **typ**
Typbezeichnung eines GKS-Arbeitsplatzes.

⇒ Gint **funktion**
Nummer der VDEL-Funktion, die erfragt werden soll.

⇐ Gint ***fehleranzeiger**
Die Nummer eines Fehlers, den die Erfragefunktion erkennt, wird über diesen
Zeiger zurückgegeben. Nur wenn hier der Wert 0 zurückgegeben wird, sind
die zurückgelieferten Werte definiert.

⇐ Gint ***anzahl**
Anzahl der verwendeten Attributsmengen.

⇐ Gattrs **attr[4]**
typedef enum
{ GATTR_LINE, GATTR_MARKER, GATTR_TEXT, GATTR_FILL } Gattrs;
Feld der verwendeten Attributsmengen (ab Index 0 bis anzahl−1).
Mögliche Werte für eine Attributsmenge sind: *Linienzug* (GATTR_LINE), *Po-
lymarke* (GATTR_MARKER), *Text* (GATTR_TEXT), *Füllgebiet* (GATTR_FILL).

Beschreibung
Die Beschreibung einer VDEL-Funktion wird aus der Arbeitsplatz-Beschreibungstabelle entnommen. Die Funktion liefert die vom Arbeitsplatztyp für das spezifizierte VDEL verwendeten Attributsmengen.

Mögliche Fehler
 8 GKS befindet sich nicht im richtigen Zustand: GKS muß sich in einem der Zustände
   GKOF, APOF, APAK oder *SGOF* befinden.
22 Spezifizierter Arbeitsplatztyp ist ungültig.
23 Spezifizierter Arbeitsplatztyp existiert nicht.
39 Spezifizierter Arbeitsplatz ist weder von der Kategorie *Ausgabe* noch von der Kategorie
   AusEin.
41 Spezifizierter Arbeitsplatz kann das spezifizierte verallgemeinerte Darstellungselement
   nicht erzeugen.

Siehe auch
ggdp, gqinq_list_avail_gdps.

Bemerkungen
Arbeitsplatztypen sind implementierungsabhängig. Die WESTgraf-Arbeitsplatz-
typen sind bei gopen_ws() erläutert.
Die WESTgraf-Arbeitsplätze unterstützen derzeit keine VDELe.

7.49   ginq_level_gks   [0a]   gqlvks

Liefert die GKS-Leistungsstufe.

Erfrage GKS-Leistungsstufe
Inquire level of GKS

ginq_level_gks   (fehleranzeiger, stufe)

⇐   Gint   ***fehleranzeiger**
Die Nummer eines Fehlers, den die Erfragefunktion erkennt, wird über diesen
Zeiger zurückgegeben. Nur wenn hier der Wert 0 zurückgegeben wird, sind
die zurückgelieferten Werte definiert.

⇐   Glevel   ***stufe**
typedef enum
{ GLEVEL_0A, GLEVEL_0B, GLEVEL_0C, GLEVEL_1A, GLEVEL_1B, GLEVEL_1C,
  GLEVEL_2A, GLEVEL_2B, GLEVEL_2C
} Glevel;
Leistungsstufe des GKS. Mögliche Werte sind: GLEVEL_xy, wobei x die Werte
0, 1 oder 2 (Ausgabefähigkeiten) und y die Werte A, B oder C (Eingabefähig-
keiten) annehmen können.

Beschreibung
Gibt die Leistungsstufe von GKS zurück. Die Bedeutung der GKS-Leistungsstufen
ist in Abschnitt 1.3 erläutert.

Mögliche Fehler
8 GKS befindet sich nicht im richtigen Zustand: GKS muß sich in einem der Zustände
GKOF, APOF, APAK oder *SGOF* befinden.

Siehe auch
—

Bemerkungen
WESTgraf unterstützt derzeit die GKS-Leistungsstufe *0b.*

7.50   ginq_line_colr_ind   [0a]   gqplci

Liefert den aktuellen Linienzugfarbindex.

Erfrage Linienzugfarbindex
Inquire polyline colour index

ginq_line_colr_ind   (fehleranzeiger, farbe)

⇐   Gint   ***fehleranzeiger**
Die Nummer eines Fehlers, den die Erfragefunktion erkennt, wird über diesen
Zeiger zurückgegeben. Nur wenn hier der Wert 0 zurückgegeben wird, sind
die zurückgelieferten Werte definiert.

⇐   Gint   ***farbe**
Der aktuelle Linienzugfarbindex.

Beschreibung
Der aktuelle Linienzugfarbindex (globales GKS-Darstellungsattribut) wird zurückgegeben. Dieser Wert wird beim Zeichnen von Linienzügen verwendet, falls der
zugehörige Aspektanzeiger den Wert *individuell* (GASF_INDIV) hat.
Der Linienzugfarbindex kann mit der Funktion gset_line_colr_ind() gesetzt werden.

Mögliche Fehler
8 GKS befindet sich nicht im richtigen Zustand: GKS muß sich in einem der Zustände
GKOF, APOF, APAK oder *SGOF* befinden.

Siehe auch
gpolyline, gset_line_colr_ind, gset_asfs, ginq_cur_indiv_attrs.

Bemerkungen

7.51   ginq_line_facs   [0a]   gqplf

Liefert Informationen über die Fähigkeiten eines Arbeitsplatztyps beim Zeichnen von Linienzügen.

Erfrage Linienzugfähigkeiten
Inquire polyline facilities

ginq_line_facs   (typ, anzahl, start, fehleranzeiger, linien, maximum)

⇒   Gint   **typ**
Typbezeichnung eines GKS-Arbeitsplatzes.

⇒   Gint   **anzahl**
Anzahl der Linientypen, für die das Anwendungsprogramm Speicher zugeordnet hat (≥ 0).

⇒   Gint   **start**
Index in die Arbeitsplatztabelle der verfügbaren Linientypen (≥ 0). Ab diesem Index werden höchstens anzahl Linientypen im Strukturelement types des Parameters linien zurückgegeben.

⇐   Gint   ***fehleranzeiger**
Die Nummer eines Fehlers, den die Erfragefunktion erkennt, wird über diesen Zeiger zurückgegeben. Nur wenn hier der Wert 0 zurückgegeben wird, sind die zurückgelieferten Werte definiert.

⇐   Gline_facs   ***linien**
```
typedef struct
{ Gint_list types; Gint num_widths; Gfloat nom_width, min_width, max_width;
   Gint num_pred_inds;
 } Gline_facs;
typedef struct { Gint num_ints; Gint *ints; } Gint_list;
```
Struktur mit den Komponenten: Anzahl und Liste (Feld) verfügbarer Linientypen (ab Listenelement start der Arbeitsplatztabelle, höchstens anzahl Elemente), Anzahl der verfügbaren Linienbreiten, nominale Linienbreite in Gerätekoordinaten, Bereich der Linienbreite (Minimum und Maximum) in Gerätekoordinaten, Anzahl der vordefinierten Linienzugindizes.
Wenn 0 als Zahl verfügbarer Linienbreiten zurückgeliefert wird, unterstützt der grafische Arbeitsplatz einen kontinuierlichen Bereich von Linienbreiten.
Das Anwendungsprogramm muß zuvor den Speicher für mindestens anzahl Linientypen im Strukturelement types bereitgestellt haben.

⇐   Gint   ***maximum**
Anzahl der an diesem Arbeitsplatztyp möglichen Linientypen.

Beschreibung
Die Linienzugfähigkeiten werden aus der Arbeitsplatz-Beschreibungstabelle entnommen.
Mit der Funktion ginq_pred_line_rep() können die vordefinierten Linienzugbündel erfragt werden.

Mögliche Fehler

8 GKS befindet sich nicht im richtigen Zustand: GKS muß sich in einem der Zustände *GKOF, APOF, APAK* oder *SGOF* befinden.

22 Spezifizierter Arbeitsplatztyp ist ungültig.

23 Spezifizierter Arbeitsplatztyp existiert nicht.

39 Spezifizierter Arbeitsplatz ist weder von der Kategorie *Ausgabe* noch von der Kategorie *AusEin*.

2200 Anfangsindex nicht im Bereich.

2201 Länge der Anwendungsliste ist negativ.

Siehe auch

gset_line_ind, ginq_pred_line_rep.

Bemerkungen

Die Einträge der Bündeltabellen können erst ab GKS-Leistungsstufe *1* geändert werden.

Arbeitsplatztypen sind implementierungsabhängig. Die WESTgraf-Arbeitsplatztypen sind bei **gopen_ws**() erläutert.

7.52 ginq_line_ind [0a] gqpli

Liefert den aktuellen Linienzugbündelindex.

Erfrage Linienzugindex
Inquire polyline index

ginq_line_ind (fehleranzeiger, index)

⇐ Gint ***fehleranzeiger**
   Die Nummer eines Fehlers, den die Erfragefunktion erkennt, wird über diesen
   Zeiger zurückgegeben. Nur wenn hier der Wert 0 zurückgegeben wird, sind
   die zurückgelieferten Werte definiert.

⇐ Gint ***index**
   Der aktuelle Linienzugindex. Das ist ein Index in die Linienzugbündelta-
   belle. Werte aus diesem Tabelleneintrag werden von GKS zum Zeichnen von
   Linienzügen verwendet, falls die zugehörigen Aspektanzeiger auf *gebündelt*
   (GASF_BUNDLED) gesetzt sind.

Beschreibung
Es wird der aktuelle Linienzugindex zurückgegeben.
Der Linienzugindex kann mit der Funktion gset_line_ind() gesetzt werden.
Die vordefinierten Einträge der Bündeltabellen für Linienzüge können mit der
Funktion ginq_pred_line_rep() erfragt werden.

Mögliche Fehler
   8 GKS befindet sich nicht im richtigen Zustand: GKS muß sich in einem der Zustände
      GKOF, APOF, APAK oder *SGOF* befinden.

Siehe auch
gpolyline, gset_line_ind, ginq_pred_line_rep, ginq_line_facs, gset_asfs,
ginq_cur_prim_attrs.

Bemerkungen
Bündeltabelleneinträge dürfen erst ab der GKS-Leistungsstufe *1* vom Programm
aus gesetzt werden.

7.53   ginq_linetype   [0a]   gqln

Liefert den aktuellen Linientyp.

Erfrage Linientyp
Inquire linetype

ginq_linetype (fehleranzeiger, typ)

⇐   Gint   ***fehleranzeiger**
Die Nummer eines Fehlers, den die Erfragefunktion erkennt, wird über diesen
Zeiger zurückgegeben. Nur wenn hier der Wert 0 zurückgegeben wird, sind
die zurückgelieferten Werte definiert.

⇐   Gint   ***typ**
Der aktuelle Linientyp. Positive Linientypen sind genormt, negative sind
implementierungsabhängig.

Beschreibung
Es wird der aktuelle Linientyp (globales GKS-Darstellungsattribut) zurückgegeben. Dieser Wert wird beim Zeichnen von Linienzügen verwendet, falls der zugehörige Aspektanzeiger den Wert *individuell* (GASF_INDIV) hat.
Der Linientyp kann mit der Funktion gset_linetype() gesetzt werden.

Mögliche Fehler
8 GKS befindet sich nicht im richtigen Zustand: GKS muß sich in einem der Zustände
GKOF, APOF, APAK oder *SGOF* befinden.

Siehe auch
gpolyline, gset_linetype, gset_asfs, ginq_cur_indiv_attrs.

Bemerkungen

7.54   ginq_linewidth   [0a]   gqlwsc

Liefert den aktuellen Linienbreitefaktor.

Erfrage Linienbreitefaktor
Inquire linewidth scale factor

ginq_linewidth (fehleranzeiger, breitefaktor)

⇐   Gint   ***fehleranzeiger**
Die Nummer eines Fehlers, den die Erfragefunktion erkennt, wird über diesen
Zeiger zurückgegeben. Nur wenn hier der Wert 0 zurückgegeben wird, sind
die zurückgelieferten Werte definiert.

⇐   Gfloat   ***breitefaktor**
Der aktuelle Linienbreitefaktor.

Beschreibung

Liefert den aktuellen Linienbreitefaktor (globales GKS-Darstellungsattribut). Dieser Wert wird beim Zeichnen von Linienzügen verwendet, falls der zugehörige
Aspektanzeiger den Wert *individuell* (GASF_INDIV) hat.

Der Linienbreitefaktor kann mit der Funktion gset_linewidth() gesetzt werden.

Mögliche Fehler

8 GKS befindet sich nicht im richtigen Zustand: GKS muß sich in einem der Zustände
GKOF, APOF, APAK oder *SGOF* befinden.

Siehe auch

gpolyline, gset_linewidth, gset_asfs, ginq_cur_indiv_attrs.

Bemerkungen

7.55 ginq_list_avail_gdps [0a] gqegdp

*Liefert die Liste der von einem Arbeitsplatztyp zur Verfügung gestellten verallge-
meinerten Darstellungselemente (VDELe).*

Erfrage Liste der verfügbaren verallgemeinerten Darstellungselemente
Inquire list of available generalized drawing primitives

ginq_list_avail_gdps (typ, anzahl, start, fehleranzeiger, vdele, maximum)

⇒ Gint **typ**
Typbezeichnung eines GKS-Arbeitsplatzes.

⇒ Gint **anzahl**
Anzahl der VDELe, für die das Anwendungsprogramm Speicher zugeordnet
hat (≥ 0).

⇒ Gint **start**
Index in die Arbeitsplatztabelle der verfügbaren VDELe (≥ 0). Ab diesem
Index werden höchstens anzahl VDELe im Parameter vdele zurückgegeben.

⇐ Gint ***fehleranzeiger**
Die Nummer eines Fehlers, den die Erfragefunktion erkennt, wird über diesen
Zeiger zurückgegeben. Nur wenn hier der Wert 0 zurückgegeben wird, sind
die zurückgelieferten Werte definiert.

⇐ Gint_list ***vdele**
typedef struct { Gint num_ints; Gint *ints; } Gint_list;
Struktur mit den Komponenten: Anzahl und Liste verfügbarer VDELe (ab
Listenelement start der Arbeitsplatztabelle, höchstens anzahl Elemente).

⇐ Gint ***maximum**
Anzahl der an diesem Arbeitsplatztyp möglichen VDELe.

Beschreibung
Die Liste aller VDEL-Funktionen wird aus der Arbeitsplatz-Beschreibungstabelle
entnommen.

Mögliche Fehler
   8 GKS befindet sich nicht im richtigen Zustand: GKS muß sich in einem der Zustände
GKOF, APOF, APAK oder *SGOF* befinden.
 22 Spezifizierter Arbeitsplatztyp ist ungültig.
 23 Spezifizierter Arbeitsplatztyp existiert nicht.
 39 Spezifizierter Arbeitsplatz ist weder von der Kategorie *Ausgabe* noch von der Kategorie
AusEin.
2200 Anfangsindex nicht im Bereich.
2201 Länge der Anwendungsliste ist negativ.

Siehe auch
ggdp, ginq_gdp.

Bemerkungen
Arbeitsplatztypen sind implementierungsabhängig. Die WESTgraf-Arbeitsplatz-
typen sind bei gopen_ws() erläutert.
Die WESTgraf-Arbeitsplatztypen unterstützen derzeit keine VDELe.

7.56   ginq_list_norm_tran_nums [0a] gqentn

Liefert die nach Prioritäten geordnete Liste aller Normierungstransformationen.

Erfrage Liste der Nummern der Normierungstransformationen
Inquire list of normalization transformation numbers

ginq_list_norm_tran_nums   (anzahl, start, fehleranzeiger, normtran,
               maximum)

⇒   Gint **anzahl**
Anzahl der Normierungstransformationsnummern, für die das Anwendungsprogramm Speicher zugeordnet hat (≥ 0).

⇒   Gint **start**
Index in die GKS-Tabelle der verfügbaren Normierungstransformationsnummern (≥ 0). Ab diesem Index werden höchstens anzahl Normierungstransformationsnummern im Parameter normtran zurückgegeben.

⇐   Gint **∗fehleranzeiger**
Die Nummer eines Fehlers, den die Erfragefunktion erkennt, wird über diesen
Zeiger zurückgegeben. Nur wenn hier der Wert 0 zurückgegeben wird, sind
die zurückgelieferten Werte definiert.

⇐   Gint_list **∗normtran**
typedef struct { Gint num_ints; Gint ∗ints; } Gint_list;
Struktur mit den Komponenten: Anzahl und Liste verfügbarer Normierungstransformationsnummern (ab Listenelement start der GKS-Tabelle, höchstens
anzahl Elemente). Das Feld der Nummern von Normierungstransformationen
ist in der Reihenfolge fallender Priorität (s. gset_vp_pri()) geordnet.
Das Anwendungsprogramm muß zuvor den Speicher für mindestens anzahl
NT-Nummern bereitgestellt haben.

⇐   Gint **∗maximum**
Anzahl der möglichen Normierungstransformationsnummern.

Beschreibung
Es wird eine Liste mit Nummern von Normierungstransformationen zurückgegeben. Die Liste ist nach den Darstellungsfeld-Eingabeprioritäten sortiert.
Die maximale Nummer einer Normierungstransformation ist implementierungsabhängig. Sie kann mit ginq_max_norm_tran_num() erfragt werden.
Normierungstransformationen dienen der Umrechnung von Koordinaten des an-
wendungsspezifischen Weltkoordinatensystems (WK) in das geräteunabhängige normierte Koordinatensystem (NK, Einheitsquadrat). Fenster und Darstellungsfeld
einer NT können mit gset_win() und gset_vp() gesetzt und mit ginq_norm_tran() erfragt
werden.
Darstellungsfeld-Eingabeprioritäten dienen zur Auswahl einer Normierungstransformation bei der Umrechnung von Positionseingaben des Bedieners (Lokalisierer
und Liniengeber) von NK in WK. Die Darstellungsfeld-Eingabepriorität einer NT
kann mit gset_vp_pri() gesetzt werden.

Mögliche Fehler

8 GKS befindet sich nicht im richtigen Zustand: GKS muß sich in einem der Zustände *GKOF, APOF, APAK* oder *SGOF* befinden.

2200 Anfangsindex nicht im Bereich.

2201 Länge der Anwendungsliste ist negativ.

Siehe auch

gset_vp_pri, ginq_max_norm_tran_num, ginq_norm_tran, gset_vp, gset_win.

Bemerkungen

Die maximale Nummer einer NT ist für WESTgraf derzeit 20, d.h. es gibt die NT 0–20 (also 21 NT).

7.57   ginq_loc_st   [0b]   gqlcs

Liefert die Betriebsart, die Echoeinstellungen sowie die Anfangsposition mit zugehöriger Normierungstransformation eines Lokalisierers.

Erfrage Lokalisiererzustand
Inquire locator device state

ginq_loc_st (arbeitsplatz, nr, art, speicher, fehleranzeiger, betriebsart,
            echoschalter, normtran, anfangspunkt, echoart, echofeld, datensatz)

⇒ Gint **arbeitsplatz**
Frei wählbare Kennzeichnung des Arbeitsplatzes im Anwendungsprogramm,
für den die Information erfragt werden soll.

⇒ Gint **nr**
Nummer des Lokalisierers (≥ 1), für den die Information erfragt werden soll.

⇒ Ginq_type **art**
typedef enum { GINQ_SET, GINQ_REALIZED } Ginq_type;
Art der Information, die erfragt werden soll. Mögliche Werte sind: *gesetzt*
(GINQ_SET), *realisiert* (GINQ_REALIZED). Für die Art *gesetzt* erhält man die
vom Anwendungsprogramm eingestellten/angeforderten Werte. Für die Art
realisiert erhält man die Werte, die der Arbeitsplatz wirklich einstellen kann
und realisiert hat.

⇒ Gstore **speicher**
typedef void *Gstore;
Datenspeicher für Lokalisiererdatensatz. Der Datenspeicher muß zuvor mit
der Funktion gcreate_store() initialisiert worden sein.

⇐ Gint *****fehleranzeiger**
Die Nummer eines Fehlers, den die Erfragefunktion erkennt, wird über diesen
Zeiger zurückgegeben. Nur wenn hier der Wert 0 zurückgegeben wird, sind
die zurückgelieferten Werte definiert.

⇐ Gop_mode *****betriebsart**
typedef enum { GOP_REQ, GOP_SAMPLE, GOP_EVENT } Gop_mode;
Betriebsart des Lokalisierers. Mögliche Werte für die Betriebsart sind: *Anforderung* (GOP_REQ), *Abfrage* (GOP_SAMPLE), *Ereignis* (GOP_EVENT).

⇐ Gecho_switch *****echoschalter**
typedef enum { GSWITCH_NO_ECHO, GSWITCH_ECHO } Gecho_switch;
Anzeiger, ob ein Echo angezeigt wird oder nicht. Mögliche Werte für den
Echoschalter sind: *Echo* (GSWITCH_ECHO), *kein Echo* (GSWITCH_NO_ECHO).

⇐ Gint *****normtran**
Nummer der Anfangsnormierungstransformation des Lokalisierers, mit der
der Anfangspunkt in normierte Koordinaten abgebildet wird.

⇐ Gpoint *****anfangspunkt**

```
typedef struct { Gfloat x,y; } Gpoint;
```
Anfangspunkt des Lokalisierers in Weltkoordinaten.

⇐ Gint ***echoart**

Aufforderungs- und Echoart. Genormt sind: implementierungsabhängig (1), Fadenkreuz (2), Nachführkreuz (3), Gummiband (4), Rechteck (5), digitale Darstellung (6). Negative Echoarten sind implementierungsabhängig.

⇐ Glimit ***echofeld**

```
typedef struct { Gfloat x_min,x_max, y_min,y_max; } Glimit;
```
Grenzen des Echofelds in Gerätekoordinaten.

⇐ Gloc_data ****datensatz**

```
typedef Gvoid Gloc_data;
```
Adresse eines Zeigers auf den Datensatz mit weiteren Anfangswerten für spezielle Aufforderungs- und Echoarten. Der Speicherplatz für den Datensatz wird von GKS über den Parameter speicher dynamisch angefordert und verwaltet.

Beschreibung
Der Lokalisiererzustand wird aus der Arbeitsplatz-Zustandsliste entnommen.

Mögliche Fehler
7 GKS befindet sich nicht im richtigen Zustand: GKS muß sich in einem der Zustände *APOF, APAK* oder *SGOF* befinden.

20 Spezifizierte Arbeitsplatzkennzeichnung ist ungültig.

25 Spezifizierter Arbeitsplatz ist nicht offen.

38 Spezifizierter Arbeitsplatz ist weder von der Kategorie *Eingabe* noch von der Kategorie *AusEin*.

140 Spezifiziertes Eingabegerät ist am Arbeitsplatz nicht vorhanden.

2202 Wert für Aufzählungstyp nicht im Bereich.

2204 Fehler beim Erweitern eines Datenspeichers.

Siehe auch
ginit_loc, gset_loc_mode, ginq_def_loc_data.

Bemerkungen
Die Nummer des Lokalisierers ist für WESTgraf derzeit stets 1.

Die möglichen Aufforderungs- und Echoarten mit den zugehörigen Datensätzen sind bei ginit_loc() ausführlich beschrieben.

Die Betriebsarten *Abfrage* und *Ereignis* werden von WESTgraf z.Z. nicht unterstützt.

WESTgraf liefert hier stets die gesetzten Werte zurück.

7.58   ginq_marker_colr_ind   [0a]   gqpmci

Liefert den aktuellen Polymarkenfarbindex.

Erfrage Polymarkenfarbindex
Inquire polymarker colour index

ginq_marker_colr_ind   (fehleranzeiger, farbe)

⇐   Gint   ***fehleranzeiger**
Die Nummer eines Fehlers, den die Erfragefunktion erkennt, wird über diesen
Zeiger zurückgegeben. Nur wenn hier der Wert 0 zurückgegeben wird, sind
die zurückgelieferten Werte definiert.

⇐   Gint   ***farbe**
Der aktuelle Polymarkenfarbindex.

Beschreibung

Es wird der aktuelle Polymarkenfarbindex (globales GKS-Darstellungsattribut)
zurückgegeben. Dieser Wert wird beim Zeichnen von Polymarken verwendet, falls
der zugehörige Aspektanzeiger den Wert *individuell* (GASF_INDIV) hat.
Der Polymarkenfarbindex kann mit der Funktion gset_marker_colr_ind() gesetzt werden.

Mögliche Fehler

  8 GKS befindet sich nicht im richtigen Zustand: GKS muß sich in einem der Zustände
     GKOF, APOF, APAK oder *SGOF* befinden.

Siehe auch

gpolymarker, gset_marker_colr_ind, gset_asfs, ginq_cur_indiv_attrs.

Bemerkungen

7.59   ginq_marker_facs   [0a]   gqpmf

Liefert Informationen über die Fähigkeiten eines Arbeitsplatztyps beim Zeichnen von Polymarken.

Erfrage Polymarkenfähigkeiten
Inquire polymarker facilities

ginq_marker_facs   (typ, anzahl, start fehleranzeiger, marken, maximum)

⇒   Gint   **typ**
Typbezeichnung eines GKS-Arbeitsplatzes.

⇒   Gint   **anzahl**
Anzahl der Markentypen, für die das Anwendungsprogramm Speicher zugeordnet hat (≥ 0).

⇒   Gint   **start**
Index in die Arbeitsplatztabelle der verfügbaren Markentypen (≥ 0). Ab
diesem Index werden höchstens anzahl Markentypen im Strukturelement types
des Parameters marken zurückgegeben.

⇐   Gint   ***fehleranzeiger**
Die Nummer eines Fehlers, den die Erfragefunktion erkennt, wird über diesen
Zeiger zurückgegeben. Nur wenn hier der Wert 0 zurückgegeben wird, sind
die zurückgelieferten Werte definiert.

⇐   Gmarker_facs   ***marken**
typedef struct
{ Gint_list types; Gint num_sizes; Gfloat nom_size, min_size, max_size;
  Gint num_pred_inds;
} Gmarker_facs;
typedef struct { Gint num_ints; Gint *ints; } Gint_list;
Struktur mit den Komponenten: Anzahl und Liste (Feld) verfügbarer Mar-
kentypen, Anzahl der verfügbaren Markengrößen, nominale Markengröße in
Gerätekoordinaten, Bereich der Markengrößen (Minimum und Maximum) in
Gerätekoordinaten, Anzahl der vordefinierten Polymarkenindizes.
Wenn 0 als Zahl verfügbarer Markengrößen zurückgeliefert wird, unterstützt
der grafische Arbeitsplatz einen kontinuierlichen Bereich von Markengrößen.
Das Anwendungsprogramm muß zuvor den Speicher für mindestens anzahl
Markentypen im Strukturelement types bereitgestellt haben.

⇐   Gint   ***maximum**
Anzahl der an diesem Arbeitsplatztyp möglichen Markentypen.

Beschreibung
Die Polymarkenfähigkeiten werden aus der Arbeitsplatz-Beschreibungstabelle entnommen.
Mit der Funktion ginq_pred_marker_rep() können die vordefinierten Polymarkenbündel
erfragt werden.

Mögliche Fehler

8 GKS befindet sich nicht im richtigen Zustand: GKS muß sich in einem der Zustände *GKOF*, *APOF*, *APAK* oder *SGOF* befinden.

22 Spezifizierter Arbeitsplatztyp ist ungültig.

23 Spezifizierter Arbeitsplatztyp existiert nicht.

39 Spezifizierter Arbeitsplatz ist weder von der Kategorie *Ausgabe* noch von der Kategorie *AusEin*.

2200 Anfangsindex nicht im Bereich.

2201 Länge der Anwendungsliste ist negativ.

Siehe auch

gset_marker_ind, ginq_pred_marker_rep.

Bemerkungen

Die Einträge der Bündeltabellen können erst ab GKS-Leistungsstufe *1* geändert werden.

Arbeitsplatztypen sind implementierungsabhängig. Die WESTgraf-Arbeitsplatztypen sind bei gopen_ws() erläutert.

7.60 ginq_marker_ind [0a] gqpmi

Liefert den aktuellen Polymarkenbündelindex.

Erfrage Polymarkenindex
Inquire ploymarker index

ginq_marker_ind (fehleranzeiger, index)

⇐ Gint ***fehleranzeiger**
Die Nummer eines Fehlers, den die Erfragefunktion erkennt, wird über diesen
Zeiger zurückgegeben. Nur wenn hier der Wert 0 zurückgegeben wird, sind
die zurückgelieferten Werte definiert.

⇐ Gint ***index**
Der aktuelle Polymarkenindex. Das ist ein Index in die Polymarken-Bündelta-
belle. Werte aus diesem Tabelleneintrag werden von GKS zum Zeichnen von
Polymarken verwendet, falls die zugehörigen Aspektanzeiger auf *gebündelt*
(GASF_BUNDLED) gesetzt sind.

Beschreibung
Es wird der aktuelle Polymarkenindex zurückgegeben.
Der Polymarkenindex kann mit der Funktion gset_marker_ind() gesetzt werden.
Die vordefinierten Einträge der Bündeltabellen für Polymarken können mit der
Funktion ginq_pred_marker_rep() erfragt werden.

Mögliche Fehler
  8 GKS befindet sich nicht im richtigen Zustand: GKS muß sich in einem der Zustände
  GKOF, APOF, APAK oder *SGOF* befinden.

Siehe auch
gpolymarker, gset_marker_ind, ginq_pred_marker_rep, ginq_marker_facs, gset_asfs,
ginq_cur_prim_attrs.

Bemerkungen
Bündeltabelleneinträge dürfen erst ab der GKS-Leistungsstufe *1* vom Programm
aus gesetzt werden.

7.61   ginq_marker_size   [0a]   gqmksc

Liefert den aktuellen Markenvergrößerungsfaktor.

Erfrage Markenvergrößerungsfaktor
Inquire marker size scale factor

ginq_marker_size   (fehleranzeiger, groesse)

⇐   Gint   ***fehleranzeiger**
Die Nummer eines Fehlers, den die Erfragefunktion erkennt, wird über diesen
Zeiger zurückgegeben. Nur wenn hier der Wert 0 zurückgegeben wird, sind
die zurückgelieferten Werte definiert.

⇐   Gfloat   ***groesse**
Der aktuelle Markenvergrößerungsfaktor.

Beschreibung
Der aktuelle Markenvergrößerungsfaktor (globales GKS-Darstellungsattribut) wird
zurückgegeben. Dieser Wert wird beim Zeichnen von Polymarken verwendet, falls
der zugehörige Aspektanzeiger den Wert *individuell* (GASF_INDIV) hat.
Der Markenvergrößerungsfaktor kann mit der Funktion gset_marker_size() gesetzt
werden.

Mögliche Fehler
8 GKS befindet sich nicht im richtigen Zustand: GKS muß sich in einem der Zustände
GKOF, APOF, APAK oder *SGOF* befinden.

Siehe auch
gpolymarker, gset_marker_size, gset_asfs, ginq_cur_indiv_attrs.

Bemerkungen

7.62   ginq_marker_type   [0a]   gqmk

Liefert den aktuellen Markentyp.

Erfrage Markentyp
Inquire marker type

ginq_marker_type   (fehleranzeiger, typ)

⇐   Gint   ***fehleranzeiger**
Die Nummer eines Fehlers, den die Erfragefunktion erkennt, wird über diesen
Zeiger zurückgegeben.   Nur wenn hier der Wert 0 zurückgegeben wird, sind
die zurückgelieferten Werte definiert.

⇐   Gint   ***typ**
Der aktuelle Markentyp.   Positive Markentypen sind genormt, negative sind
implementierungsabhängig.

Beschreibung
Es wird der aktuelle Markentyp (globales GKS-Darstellungsattribut) zurückgegeben.   Dieser Wert wird beim Zeichnen von Polymarken verwendet, falls der
zugehörige Aspektanzeiger den Wert *individuell* (GASF_INDIV) hat.
Der Markentyp kann mit der Funktion gset_marker_type() gesetzt werden.

Mögliche Fehler
   8 GKS befindet sich nicht im richtigen Zustand: GKS muß sich in einem der Zustände
   GKOF, APOF, APAK oder *SGOF* befinden.

Siehe auch
gpolymarker, gset_marker_type, gset_asfs, ginq_cur_indiv_attrs.

Bemerkungen

7.63   ginq_max_norm_tran_num [0a] gqmntn

*Es wird die größte für eine Normierungstransformation zulässige Nummer zurück-
gegeben.*

Erfrage maximale Nummer einer Normierungstransformation
Inquire maximum normalization transformation number

ginq_max_norm_tran_num   (fehleranzeiger, maxnormtran)

⇐   Gint   ***fehleranzeiger**
Die Nummer eines Fehlers, den die Erfragefunktion erkennt, wird über diesen
Zeiger zurückgegeben. Nur wenn hier der Wert 0 zurückgegeben wird, sind
die zurückgelieferten Werte definiert.

⇐   Gint   ***maxnormtran**
Die größte zulässige Nummer einer Normierungstransformation.

Beschreibung
Es wird die (implementierungsabhängige) gößte Nummer einer Normierungstransformation des GKS zurückgegeben. Zulässige Nummern für Normierungstransformationen liegen im Bereich 0–maxnormtran, d.h. es gibt maxnormtran+1 Normierungstransformationen.
Eine nach Eingabeprioritäten geordnete Liste der Nummern der Normierungstransformationen liefert die Funktion ginq_list_norm_tran_nums().

Mögliche Fehler
    8 GKS befindet sich nicht im richtigen Zustand: GKS muß sich in einem der Zustände
      GKOF, APOF, APAK oder *SGOF* befinden.

Siehe auch
ginq_list_norm_tran_nums, ginq_cur_norm_tran_num.

Bemerkungen
Die maximale Nummer einer NT ist für WESTgraf derzeit 20, d.h. es gibt die NT
0–20 (also 21 NT).

7.64 ginq_max_ws_st_tables [0a] gqlwk

Liefert die maximalen Längen der Zustandstabellen eines Arbeitsplatztyps.

Erfrage maximale Längen der Arbeitsplatz-Zustandstabellen
Inquire maximum length of workstation state tables

ginq_max_ws_st_tables (typ, fehleranzeiger, laengen)

⇒   Gint   **typ**
Typbezeichnung eines GKS-Arbeitsplatzes.

⇐   Gint   ***fehleranzeiger**
Die Nummer eines Fehlers, den die Erfragefunktion erkennt, wird über diesen
Zeiger zurückgegeben. Nur wenn hier der Wert 0 zurückgegeben wird, sind
die zurückgelieferten Werte definiert.

⇐   Gmax_ws_st_tables   ***laengen**
typedef struct
{ Gint line_bundles, marker_bundles, text_bundles, fill_bundles, pat_reps, colr_reps;
} Gmax_ws_st_tables;
Struktur mit den Komponenten: maximale Anzahl von Einträgen in der
Linienzugbündeltabelle, maximale Anzahl von Einträgen in der Polymar-
kenbündeltabelle, maximale Anzahl von Einträgen in der Textbündeltabelle,
maximale Anzahl von Einträgen in der Füllgebietsbündeltabelle, maximale
Anzahl von Musterindizes, maximale Anzahl von Farbindizes.

Beschreibung
Die maximalen Größen der Arbeitsplatz-Zustandstabellen werden aus der Arbeitsplatz-Beschreibungstabelle entnommen.

Mögliche Fehler
8 GKS befindet sich nicht im richtigen Zustand: GKS muß sich in einem der Zustände
GKOF, APOF, APAK oder *SGOF* befinden.
22 Spezifizierter Arbeitsplatztyp ist ungültig.
23 Spezifizierter Arbeitsplatztyp existiert nicht.
39 Spezifizierter Arbeitsplatz ist weder von der Kategorie *Ausgabe* noch von der Kategorie
AusEin.

Siehe auch
ginq_pred_line_rep, ginq_pred_marker_rep, ginq_pred_fill_rep, ginq_pred_text_rep,
ginq_pred_pat_rep, ginq_pred_colr_rep, gset_colr_rep, ginq_list_colr_inds.

Bemerkungen
Die arbeitsplatzabhängigen Attributbündeltabellen und die Musterbeschreibungs-
tabelle können erst ab der GKS-Leistungsstufe *1* gesetzt werden.
Arbeitsplatztypen sind implementierungsabhängig. Die WESTgraf-Arbeitsplatz-
typen sind bei **gopen_ws()** erläutert.
Die WESTgraf-Arbeitsplatztypen unterstützen derzeit keine Muster.

7.65   ginq_norm_tran   [0a]   gqnt

Liefert Fenster und Darstellungsfeld einer Normierungstransformation.

Erfrage Normierungstransformation
Inquire normalization transformation

ginq_norm_tran (transformationsnummer, fehleranzeiger, normtran)

⇒   Gint **transformationsnummer**
Nummer der Normierungstransformation, deren Fenster- und Darstellungsfeldgrenzen erfragt werden sollen (≥ 0).

⇐   Gint ***fehleranzeiger**
Die Nummer eines Fehlers, den die Erfragefunktion erkennt, wird über diesen
Zeiger zurückgegeben. Nur wenn hier der Wert 0 zurückgegeben wird, sind
die zurückgelieferten Werte definiert.

⇐   Gtran ***normtran**
typedef struct { Glimit win, vp; } Gtran;

typedef struct { Gfloat x_min,x_max, y_min,y_max; } Glimit;

Struktur, die die Fenstergrenzen in Weltkoordinaten und die Darstellungsfeldgrenzen einer Normierungstransformation in normierten Koordinaten enthält.

Beschreibung

Es werden die Fenster- und Darstellungsfeldgrenzen einer Normierungstransfor-
mation (NT) zurückgegeben. Die Fenstergrenzen sind in Weltkoordinaten. Die
Darstellungsfeldgrenzen sind in normierten Koordinaten.
Das Fenster einer NT kann mit der Funktion gset_win() gesetzt werden. Das Dar-
stellungseld einer NT kann mit der Funktion gset_vp() gesetzt werden. Die Nummer der aktuellen NT kann mit ginq_cur_norm_tran_num() erfragt werden. Eine
NT kann mit gsel_norm_tran() ausgewählt werden. Eine nach Darstellungsfeld-
Eingabeprioritäten geordnete Liste aller NT-Nummern kann mit der Funktion
ginq_list_norm_tran_nums() erfragt werden. Die (implementierungsabhängige) maximale Nummer einer NT kann mit ginq_max_norm_tran_num() erfragt werden.

Mögliche Fehler

   8 GKS befindet sich nicht im richtigen Zustand: GKS muß sich in einem der Zustände
     GKOF, APOF, APAK oder *SGOF* befinden.
  50 Transformationsnummer ist ungültig.

Siehe auch

ginq_cur_norm_tran_num, gsel_norm_tran, gset_win, gset_vp,
ginq_list_norm_tran_nums, ginq_max_norm_tran_num.

Bemerkungen

Die maximale Nummer einer NT ist für WESTgraf derzeit 20, d.h. es gibt die NT
0–20 (also 21 NT).

7.66 ginq_num_avail_in [0b] gqli

Liefert die Anzahl der von einem Arbeitsplatztyp zur Verfügung gestellten logischen Eingabegeräte.

Erfrage Anzahl der verfügbaren logischen Eingabegeräte
Inquire number of available logical input devices

ginq_num_avail_in (typ, fehleranzeiger, eingabegeraete)

⇒ Gint **typ**
Typbezeichnung eines GKS-Arbeitsplatzes.

⇐ Gint ***fehleranzeiger**
Die Nummer eines Fehlers, den die Erfragefunktion erkennt, wird über diesen Zeiger zurückgegeben. Nur wenn hier der Wert 0 zurückgegeben wird, sind die zurückgelieferten Werte definiert.

⇐ Gnum_in ***eingabegeraete**
typedef struct { Gint loc, stroke, val, choice, pick, string; } Gnum_in;
Struktur mit den Komponenten: Anzahl der Lokalisierer, Anzahl der Liniengeber, Anzahl der Wertgeber, Anzahl der Auswähler, Anzahl der Picker, Anzahl der Textgeber.

Beschreibung
Die Anzahl der logischen Eingabegeräte, die ein Arbeitsplatztyp zur Verfügung stellt, werden aus der Arbeitsplatz-Beschreibungstabelle entnommen.

Mögliche Fehler
8 GKS befindet sich nicht im richtigen Zustand: GKS muß sich in einem der Zustände *GKOF, APOF, APAK* oder *SGOF* befinden.
22 Spezifizierter Arbeitsplatztyp ist ungültig.
23 Spezifizierter Arbeitsplatztyp existiert nicht.
38 Spezifizierter Arbeitsplatz ist weder von der Kategorie *Eingabe* noch von der Kategorie *AusEin*.

Siehe auch
ginq_def_loc_data, ginq_def_stroke_data, ginq_def_val_data, ginq_def_choice_data, ginq_def_string_data.

Bemerkungen
WESTgraf unterstützt z.Z. keine Segmente, daher ist die Anzahl der Picker immer 0.
Arbeitsplatztypen sind implementierungsabhängig. Die WESTgraf-Arbeitsplatztypen sind bei gopen_ws() erläutert.
Die WESTgraf-Arbeitsplatztypen der Kategorie *AusEin* (das sind die Bildschirmarbeitsplätze, s. Abschnitt 6.2) unterstützen derzeit je 1 logisches Eingabegerät pro Eingabeklasse (außer Picker).

7.67   ginq_op_st   [0a]   gqops

Liefert den GKS-Betriebszustand.

Erfrage Wert des Betriebszustands
Inquire operating state value

ginq_op_st   (zustand)

$\Leftarrow$ Gop_st   ***zustand**
typedef enum
{ GST_GKCL, GST_GKOP, GST_WSOP, GST_WSAC, GST_SGOP } Gop_st;
Der Betriebszustand des GKS. Mögliche Werte sind: *GKS geschlossen GKGS*
(GST_GKCL), *GKS offen GKOF* (GST_GKOP), *mindestens ein Arbeitsplatz of-*
fen, jedoch kein Arbeitsplatz aktiv APOF (GST_WSOP), *mindestens ein Ar-*
beitsplatz aktiv, jedoch kein Segment offen APAK (GST_WSAC), *Segment offen*
SGOF (GST_SGOP).

Beschreibung
Der Betriebszustand des GKS wird zurückgegeben.
Im Gegensatz zu den anderen Erfragefunktionen kann diese Funktion keine Fehler
liefern, daher hat sie auch keinen Parameter fehleranzeiger. Insbesondere kann die
Funktion auch aufgerufen werden, ehe GKS mit gopen_gks() geöffnet wurde.

Mögliche Fehler
Keine.

Siehe auch
gopen_gks, gopen_ws, gactivate_ws, gdeactivate_ws, gclose_ws, gclose_gks.

Bemerkungen
WESTgraf unterstützt z. Z. keine Segmente, daher tritt der Zustand *Segment offen*
nie auf.

7.68   ginq_pat_facs   [0a]   gqpaf

Liefert die Anzahl der vordefinierten Musterindizes für einen Arbeitsplatztyp.

Erfrage Musterfähigkeiten
Inquire pattern facilities

ginq_pat_facs   (typ, fehleranzeiger, muster)

⇒   Gint   **typ**
Typbezeichnung eines GKS-Arbeitsplatzes.

⇐   Gint   **∗fehleranzeiger**
Die Nummer eines Fehlers, den die Erfragefunktion erkennt, wird über diesen
Zeiger zurückgegeben. Nur wenn hier der Wert 0 zurückgegeben wird, sind
die zurückgelieferten Werte definiert.

⇐   Gint   **∗muster**
Anzahl der vordefinierten Musterindizes.

Beschreibung
Die Musterfähigkeiten werden aus der Arbeitsplatz-Beschreibungstabelle entnommen.
Der Musterindex wird zum Zeichnen eines Füllgebiets verwendet, falls die Füllgebietsausfüllung *Muster* (GSTYLE_PAT) eingestellt ist. Ein bestimmter Musterindex
kann mit der Funktion gset_fill_style_ind() eingestellt werden.

Mögliche Fehler
  8 GKS befindet sich nicht im richtigen Zustand: GKS muß sich in einem der Zustände
    GKOF, APOF, APAK oder *SGOF* befinden.
  22 Spezifizierter Arbeitsplatztyp ist ungültig.
  23 Spezifizierter Arbeitsplatztyp existiert nicht.
  39 Spezifizierter Arbeitsplatz ist weder von der Kategorie *Ausgabe* noch von der Kategorie
    AusEin.

Siehe auch
gset_fill_style_ind, gset_fill_int_style, ginq_pred_pat_rep.

Bemerkungen
Arbeitsplatztypen sind implementierungsabhängig. Die WESTgraf-Arbeitsplatztypen sind bei gopen_ws() erläutert.
Die WESTgraf-Arbeitsplatztypen unterstützen derzeit keine Muster. Daher wird
als Anzahl der vordefinierten Musterindizes stets 0 zurückgeliefert.

7.69   ginq_pat_ht_vec   [0a]   gqpahv

Liefert den aktuellen Musterhöhenvektor.

Erfrage Musterhöhenvektor
Inquire pattern height vector

ginq_pat_ht_vec   (fehleranzeiger, hoehenvektor)

$\Leftarrow$ Gint   ***fehleranzeiger**
Die Nummer eines Fehlers, den die Erfragefunktion erkennt, wird über diesen
Zeiger zurückgegeben. Nur wenn hier der Wert 0 zurückgegeben wird, sind
die zurückgelieferten Werte definiert.

$\Leftarrow$ Gvec   ***hoehenvektor**
typedef struct { Gfloat delta_x, delta_y; } Gvec;
Der aktuelle Musterhöhenvektor. Er wird in Weltkoordinaten zurückgegeben.

Beschreibung
Es wird der aktuelle Musterhöhenvektor zurückgegeben. Dieser Wert wird beim
Zeichnen von Füllgebieten mit der Ausfüllung *Muster* (GSTYLE_PAT) verwendet.
Die Mustergröße (Höhen- und Breitenvektor) kann mit gset_pat_size() gesetzt wer-
den.

Mögliche Fehler
8 GKS befindet sich nicht im richtigen Zustand: GKS muß sich in einem der Zustände
GKOF, APOF, APAK oder *SGOF* befinden.

Siehe auch
ginq_pat_width_vec, gset_pat_size, gset_fill_int_style, gset_fill_style_ind,
ginq_cur_prim_attrs.

Bemerkungen
WESTgraf unterstützt z. Z. das Füllen mit Mustern nicht.

7.70   ginq_pat_ref_point   [0a]   gqparf

Liefert den aktuellen Musterreferenzpunkt.

Erfrage Musterreferenzpunkt
Inquire pattern reference point

ginq_pat_ref_point (fehleranzeiger, punkt)

⇐   Gint   ***fehleranzeiger**
Die Nummer eines Fehlers, den die Erfragefunktion erkennt, wird über diesen
Zeiger zurückgegeben. Nur wenn hier der Wert 0 zurückgegeben wird, sind
die zurückgelieferten Werte definiert.

⇐   Gpoint   ***punkt**
typedef struct { Gfloat x,y; } Gpoint;
Der aktuelle Musterreferenzpunkt. Er wird in Weltkoordinaten zurückgegeben.

Beschreibung
Es wird der aktuelle Musterreferenzpunkt zurückgegeben. Dieser Wert wird beim
Zeichnen von Füllgebieten mit der Ausfüllung *Muster* (**GSTYLE_PAT**) verwendet,
um das Muster zu positionieren.
Der Musterreferenzpunkt kann mit gset_pat_ref_point() gesetzt werden.

Mögliche Fehler
8 GKS befindet sich nicht im richtigen Zustand: GKS muß sich in einem der Zustände
GKOF, APOF, APAK oder *SGOF* befinden.

Siehe auch
gset_pat_ref_point, gset_pat_size, gset_fill_int_style, gset_fill_style_ind,
ginq_cur_prim_attrs.

Bemerkungen
WESTgraf unterstützt z. Z. das Füllen mit Mustern nicht.

7.71   ginq_pat_width_vec   [0a]   gqpawv

Liefert den aktuellen Musterbreitenvektor.

Erfrage Musterbreitenvektor
Inquire pattern width vector

ginq_pat_width_vec   (fehleranzeiger, breitenvektor)

$\Leftarrow$ Gint   ***fehleranzeiger**
Die Nummer eines Fehlers, den die Erfragefunktion erkennt, wird über diesen
Zeiger zurückgegeben. Nur wenn hier der Wert 0 zurückgegeben wird, sind
die zurückgelieferten Werte definiert.

$\Leftarrow$ Gvec   ***breitenvektor**
typedef struct { Gfloat delta_x, delta_y; } Gvec;
Der aktuelle Musterbreitenvektor. Er wird in Weltkoordinaten zurückgegeben.

Beschreibung
Es wird der aktuelle Musterbreitenvektor zurückgegeben. Dieser Wert wird beim
Zeichnen von Füllgebieten mit der Ausfüllung *Muster* (GSTYLE_PAT) verwendet.
Die Mustergröße (Höhen- und Breitenvektor) kann mit gset_pat_size() gesetzt wer-
den.

Mögliche Fehler
     8   GKS befindet sich nicht im richtigen Zustand: GKS muß sich in einem der Zustände
         GKOF, APOF, APAK oder *SGOF* befinden.

Siehe auch
ginq_pat_ht_vec, gset_pat_size, gset_fill_int_style, gset_fill_style_ind,
ginq_cur_prim_attrs.

Bemerkungen
WESTgraf unterstützt z. Z. das Füllen mit Mustern nicht.

7.72   ginq_pixel   [0a]   gqpx

Liefert den Farbindex eines Pixels auf der Darstellungsfläche eines Arbeitsplatzes.

Erfrage Pixel
Inquire pixel

ginq_pixel (arbeitsplatz, punkt, fehleranzeiger, farbe)

⇒   Gint   **arbeitsplatz**
Frei wählbare Kennzeichnung des Arbeitsplatzes im Anwendungsprogramm, für den die Information erfragt werden soll.

⇒   const Gpoint   ***punkt**
typedef struct { Gfloat x,y; } Gpoint;
Punkt in Weltkoordinaten, dessen Farbindex bestimmt werden soll.

⇐   Gint   ***fehleranzeiger**
Die Nummer eines Fehlers, den die Erfragefunktion erkennt, wird über diesen Zeiger zurückgegeben. Nur wenn hier der Wert 0 zurückgegeben wird, sind die zurückgelieferten Werte definiert.

⇐   Gint   ***farbe**
Farbindex des Punktes auf der Darstellungsfläche des Arbeitsplatzes.
Falls der Punkt außerhalb der Darstellungsfläche liegt, wird der Wert -1 (d.h. ungültig) zurückgegeben.

Beschreibung
Ein Punkt in Weltkoordinaten wird auf die Darstellungsfläche des Arbeitsplatzes abgebildet. Der Farbindex, den dieser Rasterpunkt hat, wird zurückgeliefert. Falls der Punkt außerhalb der Darstellungsfläche des Arbeitsplatzes liegt, wird der Wert -1 (d.h. ungültig) als Farbindex zurückgegeben.

Mögliche Fehler
7 GKS befindet sich nicht im richtigen Zustand: GKS muß sich in einem der Zustände *APOF, APAK* oder *SGOF* befinden.
20 Spezifizierte Arbeitsplatzkennzeichnung ist ungültig.
25 Spezifizierter Arbeitsplatz ist nicht offen.
39 Spezifizierter Arbeitsplatz ist weder von der Kategorie *Ausgabe* noch von der Kategorie *AusEin.*
40 Spezifizierter Arbeitsplatz kann Pixel nicht zurücklesen.

Siehe auch
gcell_array, ginq_pixel_array.

Bemerkungen
Nicht alle Arbeitsplatztypen gestatten das Rücklesen von Rasterpunkten.
Die WESTgraf-Bildschirmarbeitsplätze können Pixel zurücklesen, die anderen Arbeitsplätze nicht.

7.73   ginq_pixel_array   [0a]   gqpxa

Liefert die Matrix von Farbtabellenindizes eines Rasterbereichs eines Arbeitsplatzes.

Erfrage Pixelmatrix
Inquire pixel array

ginq_pixel_array (arbeitsplatz, punkt, groesse, fehleranzeiger, ungueltig,
      farbmatrix)

⇒   Gint   **arbeitsplatz**
Frei wählbare Kennzeichnung des Arbeitsplatzes im Anwendungsprogramm,
für den die Information erfragt werden soll.

⇒   const Gpoint   ***punkt**
typedef struct { Gfloat x,y; } Gpoint;
Obere linke Ecke des Rasterbereichs in Weltkoordinaten.

⇒   const Gint_size   ***groesse**
typedef struct { Gint size_x, size_y; } Gint_size;
Größe des Rasterbereichs: Spalten (size_x), Zeilen (size_y).

⇐   Gint   ***fehleranzeiger**
Die Nummer eines Fehlers, den die Erfragefunktion erkennt, wird über diesen
Zeiger zurückgegeben. Nur wenn hier der Wert 0 zurückgegeben wird, sind
die zurückgelieferten Werte definiert.

⇐   Gpres_inval   ***ungueltig**
typedef enum { GINVAL_ABSENT, GINVAL_PRESENT } Gpres_inval;
Anzeiger für das Vorliegen ungültiger Werte in der Farbindexmatrix.
Mögliche Werte für Vorliegen ungültiger Werte sind:
liegen nicht vor (GINVAL_ABSENT), *liegen vor* (GINVAL_PRESENT).

⇐   Gint   ***farbmatrix**
Die Farbindexmatrix.
Für Teile des Rasterbereichs, die nicht auf der Darstellungsfläche liegen, wird
−1 als Farbindex (d.h. ungültig) zurückgegeben.
Die Farbindexmatrix wird als Feld von Farbtabellenindizes zurückgegeben.
Die Zeilen liegen dicht gepackt hintereinander, beginnend mit der obersten
Zeile. Die Spalten sind von links nach rechts angeordnet.
Falls mindestens ein Element der Farbindexmatrix den Wert −1 erhält, wird
der Anzeiger für Vorliegen ungültiger Werte auf GINVAL_PRESENT gesetzt,
sonst hat er den Wert GINVAL_ABSENT.
Vor dem Aufruf der Funktion muß das Anwendungsprogramm Speicher für
die Farbindexmatrix zur Verfügung stellen. Die Farbe des i-ten Bildpunkts
in der j-ten Zeile des Rasterbereichs steht im Element farbmatrix[$i + j*$size_x],
$0 \leq i <$ size_x, $0 \leq j <$ size_y, mit size_x und size_y aus dem Parameter groesse.

Beschreibung
Eine Matrix von Farbindizes des spezifizierten Rasterbereichs des Arbeitsplatzes

wird zurückgeliefert. Es wird die linke obere Ecke des Rasterbereichs in Weltkoordinaten und die Größe dieses Bereichs in Rastereinheiten als Ausdehnung in x- und y-Richtung angegeben.

Liegt ein Teil des Rasterbereichs außerhalb der Darstellungsfläche des Arbeitsplatzes, so wird den entsprechenden Matrixelementen der Farbindex -1 zugewiesen. Dies kann der Fall sein, wenn der Punkt nach der Transformation außerhalb der Darstellungsfläche liegt, oder wenn die Größe des Rasterbereichs so gewählt ist, daß sein rechter und/oder unterer Rand außerhalb der Darstellungsfläche liegt.

Die Rasterdimensionen eines Rechtecks in Weltkoordinaten können mit der Funktion ginq_pixel_array_dims() erfragt werden.

Mögliche Fehler

   7 GKS befindet sich nicht im richtigen Zustand: GKS muß sich in einem der Zustände *APOF*, *APAK* oder *SGOF* befinden.

20 Spezifizierte Arbeitsplatzkennzeichnung ist ungültig.

25 Spezifizierter Arbeitsplatz ist nicht offen.

39 Spezifizierter Arbeitsplatz ist weder von der Kategorie *Ausgabe* noch von der Kategorie *AusEin*.

40 Spezifizierter Arbeitsplatz kann Pixel nicht zurücklesen.

91 Dimensionen der Farbindexmatrix sind ungültig.

Siehe auch

gcell_array, ginq_pixel, ginq_pixel_array_dims.

Bemerkungen

Nicht alle Arbeitsplatztypen gestatten das Rücklesen von Rasterpunkten.

Die WESTgraf-Bildschirmarbeitsplätze können Pixel zurücklesen, die anderen Arbeitsplätze nicht.

7.74   ginq_pixel_array_dims   [0a]   gqpxad

Liefert die Anzahl der Rasterzeilen und -spalten auf der Darstellungsfläche eines Arbeitsplatzes innerhalb eines Rechtecks.

Erfrage Dimensionierung der Pixelmatrix
Inquire pixel array dimensions

ginq_pixel_array_dims   (arbeitsplatz, rechteck, fehleranzeiger, groesse)

⇒   Gint   **arbeitsplatz**
Frei wählbare Kennzeichnung des Arbeitsplatzes im Anwendungsprogramm, für den die Information erfragt werden soll.

⇒   const Grect   ***rechteck**
typedef struct { Gpoint p,q; } Grect;
typedef struct { Gfloat x,y; } Gpoint;
Rechteck in Weltkoordinaten, für das die Rasterausdehnung bestimmt werden soll.

⇐   Gint   ***fehleranzeiger**
Die Nummer eines Fehlers, den die Erfragefunktion erkennt, wird über diesen Zeiger zurückgegeben. Nur wenn hier der Wert 0 zurückgegeben wird, sind die zurückgelieferten Werte definiert.

⇐   Gint_size   ***groesse**
typedef struct { Gint size_x, size_y; } Gint_size;
Struktur, die die Anzahl der Rasterspalten (size_x) und die Anzahl der Rasterzeilen (size_y) enthält.

Beschreibung
Ein Rechteck in Weltkoordinaten, definiert durch die beiden Endpunkte p und q einer Diagonalen, wird auf die Darstellungsfläche eines Arbeitsplatzes abgebildet und die Größe des Bereichs in Rastereinheiten zurückgegeben. Hierbei wird Klippen nicht berücksichtigt.

Mögliche Fehler
   7 GKS befindet sich nicht im richtigen Zustand: GKS muß sich in einem der Zustände *APOF, APAK* oder *SGOF* befinden.
20 Spezifizierte Arbeitsplatzkennzeichnung ist ungültig.
25 Spezifizierter Arbeitsplatz ist nicht offen.
39 Spezifizierter Arbeitsplatz ist weder von der Kategorie *Ausgabe* noch von der Kategorie *AusEin*.

Siehe auch
gcell_array, ginq_pixel, ginq_pixel_array.

Bemerkungen

7.75   ginq_pred_colr_rep   [0a]   gqpcr

Liefert die vordefinierte Farbbeschreibung für einen Farbtabelleneintrag eines Arbeitsplatztyps.

Erfrage vordefinierte Farbbeschreibung
Inquire predefined colour representation

ginq_pred_colr_rep   (typ, index, fehleranzeiger, farbe)

⇒   Gint   **typ**
Typbezeichnung eines GKS-Arbeitsplatzes.

⇒   Gint   **index**
Index eines vordefinierten Eintrags der Farbtabelle (≥ 0).

⇐   Gint   ***fehleranzeiger**
Die Nummer eines Fehlers, den die Erfragefunktion erkennt, wird über diesen Zeiger zurückgegeben. Nur wenn hier der Wert 0 zurückgegeben wird, sind die zurückgelieferten Werte definiert.

⇐   Gcolr_rep   ***farbe**
typedef union { Grgb rgb; } Gcolr_rep;
typedef struct { Gfloat red, green, blue; } Grgb;
Enthält eine Farbbeschreibung als Rot-, Grün-, Blauwerte. Der Wertebereich für die Intensitäten der drei Grundfarben liegt zwischen 0 und 1.

Beschreibung
Die Beschreibung eines vordefinierten Eintrags der Farbtabelle wird aus der Arbeitsplatz-Beschreibungstabelle entnommen.
Mit der Funktion gset_colr_rep() können an einem Arbeitsplatz für einen Farbtabelleneintrag bestimmte RGB-Werte gefordert werden. Mit ginq_colr_rep() können die für einen Eintrag der Farbtabelle geforderten bzw. realisierten Werte erfragt werden. Die gesetzten und realisierten Werte können je nach den Fähigkeiten des Arbeitsplatzes mehr oder weniger deutlich voneinander abweichen. Bei einem Drucker, der nur die Farben Weiß (bzw. Papierfarbe) und Schwarz (bzw. Druckfarbe) kennt, sind die Abweichungen natürlich besonders kraß.

Mögliche Fehler
   8 GKS befindet sich nicht im richtigen Zustand: GKS muß sich in einem der Zustände *GKOF, APOF, APAK* oder *SGOF* befinden.
  22 Spezifizierter Arbeitsplatztyp ist ungültig.
  23 Spezifizierter Arbeitsplatztyp existiert nicht.
  39 Spezifizierter Arbeitsplatz ist weder von der Kategorie *Ausgabe* noch von der Kategorie *AusEin*.
  93 Farbindex ist ungültig.
  95 Für spezifizierten Farbindex wurde an diesem Arbeitsplatz keine Beschreibung vordefiniert.

Siehe auch
ginq_colr_facs, gset_colr_rep, ginq_colr_rep.

Bemerkungen
Die WESTgraf-Arbeitsplatztypen sind bei gopen_ws() erläutert.

7.76   ginq_pred_fill_rep   [0a]   gqpfar

Liefert die vordefinierte Beschreibung für einen Füllgebietsbündelindex eines Arbeitsplatztyps.

Erfrage vordefinierte Füllgebietsbeschreibung
Inquire predefined fill area representation

ginq_pred_fill_rep   (typ, index, fehleranzeiger, buendel)

⇒   Gint   **typ**
Typbezeichnung eines GKS-Arbeitsplatzes.

⇒   Gint   **index**
Index eines vordefinierten Eintrags der Füllgebietsbündeltabelle (≥ 1).

⇐   Gint   **∗fehleranzeiger**
Die Nummer eines Fehlers, den die Erfragefunktion erkennt, wird über diesen
Zeiger zurückgegeben. Nur wenn hier der Wert 0 zurückgegeben wird, sind
die zurückgelieferten Werte definiert.

⇐   Gfill_bundle   **∗buendel**
typedef struct { Gfill_int_style int_style; Gint style_ind, colr_ind; } Gfill_bundle;
typedef enum
{ GSTYLE_HOLLOW, GSTYLE_SOLID, GSTYLE_PAT, GSTYLE_HATCH
} Gfill_int_style;
Struktur mit den Komponenten Füllgebietsausfüllung, Füllgebietsausfüllungs-
index, Füllgebietsfarbindex.
Mögliche Werte für die Füllgebietsausfüllung sind: *Leer* (GSTYLE_HOLLOW),
Voll (GSTYLE_SOLID), *Muster* (GSTYLE_PAT), *Schraffur* (GSTYLE_HATCH).

Beschreibung
Die Beschreibung eines vordefinierten Eintrags der Füllgebietsbündeltabelle wird
aus der Arbeitsplatz-Beschreibungstabelle entnommen.
Mit der Funktion gset_fill_ind() wird ein Eintrag der Füllgebietsbündeltabelle ausgewählt. Werte aus diesem Bündel werden zum Zeichnen von Füllgebieten verwendet, falls der entsprechende Aspektanzeiger den Wert *gebündelt* (GASF_BUNDLED)
hat.

Mögliche Fehler
8 GKS befindet sich nicht im richtigen Zustand: GKS muß sich in einem der Zustände
GKOF, APOF, APAK oder *SGOF* befinden.
22 Spezifizierter Arbeitsplatztyp ist ungültig.
23 Spezifizierter Arbeitsplatztyp existiert nicht.
39 Spezifizierter Arbeitsplatz ist weder von der Kategorie *Ausgabe* noch von der Kategorie
AusEin.
80 Füllgebietsindex ist ungültig.
82 Für spezifizierten Füllgebietsindex wurde an diesem Arbeitsplatz keine Beschreibung vordefiniert.

Siehe auch
ginq_fill_facs, gset_fill_ind, gset_asfs.

Bemerkungen

Die Einträge der Bündeltabellen können erst ab GKS-Leistungsstufe *1* geändert
werden.
Arbeitsplatztypen sind implementierungsabhängig. Die WESTgraf-Arbeitsplatztypen sind bei gopen_ws() erläutert.

7.77   ginq_pred_line_rep   [0a]   gqpplr

Liefert die vordefinierte Beschreibung für einen Linienzugbündelindex eines Arbeitsplatztyps.

Erfrage vordefinierte Linienzugbeschreibung
Inquire predefined polyline representation

ginq_pred_line_rep   (typ, index, fehleranzeiger, buendel)

⇒   Gint   **typ**
Typbezeichnung eines GKS-Arbeitsplatzes.

⇒   Gint   **index**
Index eines vordefinierten Eintrags der Linienzugbündeltabelle (≥ 1).

⇐   Gint   ***fehleranzeiger**
Die Nummer eines Fehlers, den die Erfragefunktion erkennt, wird über diesen
Zeiger zurückgegeben. Nur wenn hier der Wert 0 zurückgegeben wird, sind
die zurückgelieferten Werte definiert.

⇐   Gline_bundle   ***buendel**
typedef struct { Gint type; Gfloat width; Gint colr_ind; } Gline_bundle;
Struktur mit den Komponenten Linientyp, Linienbreitefaktor, Linienzugfarbindex.

Beschreibung
Die Beschreibung eines vordefinierten Eintrags der Linienzugbündeltabelle wird
aus der Arbeitsplatz-Beschreibungstabelle entnommen.
Mit der Funktion gset_line_ind() wird ein Eintrag der Linienzugbündeltabelle ausgewählt. Werte aus diesem Bündel werden zum Zeichnen von Linienzügen verwendet, falls der entsprechende Aspektanzeiger den Wert *gebündelt* (GASF_BUNDLED)
hat.

Mögliche Fehler
 8 GKS befindet sich nicht im richtigen Zustand: GKS muß sich in einem der Zustände
    GKOF, APOF, APAK oder *SGOF* befinden.
22 Spezifizierter Arbeitsplatztyp ist ungültig.
23 Spezifizierter Arbeitsplatztyp existiert nicht.
39 Spezifizierter Arbeitsplatz ist weder von der Kategorie *Ausgabe* noch von der Kategorie
    AusEin.
60 Linienzugindex ist ungültig.
62 Für spezifizierten Linienzugindex wurde an diesem Arbeitsplatz keine Beschreibung vordefiniert.

Siehe auch
ginq_line_facs, gset_line_ind, gset_asfs.

Bemerkungen
Die Einträge der Bündeltabellen können erst ab GKS-Leistungsstufe *1* geändert
werden.
Arbeitsplatztypen sind implementierungsabhängig. Die WESTgraf-Arbeitsplatztypen sind bei gopen_ws() erläutert.

7.78 ginq_pred_marker_rep [0a] gqppmr

Liefert die vordefinierte Beschreibung für einen Polymarkenbündelindex eines Arbeitsplatztyps.

Erfrage vordefinierte Polymarkenbeschreibung
Inquire predefined polymarker representation

ginq_pred_marker_rep (typ, index, fehleranzeiger, buendel)

⇒   Gint   **typ**
Typbezeichnung eines GKS-Arbeitsplatzes.

⇒   Gint   **index**
Index eines vordefinierten Eintrags der Polymarkenbündeltabelle (≥ 1).

⇐   Gint   *****fehleranzeiger**
Die Nummer eines Fehlers, den die Erfragefunktion erkennt, wird über diesen
Zeiger zurückgegeben. Nur wenn hier der Wert 0 zurückgegeben wird, sind
die zurückgelieferten Werte definiert.

⇐   Gmarker_bundle   *****buendel**
typedef struct { Gint type; Gfloat size; Gint colr_ind; } Gmarker_bundle;
Struktur mit den Komponenten Markentyp, Markenvergrößerungsfaktor, Polymarkenfarbindex.

Beschreibung
Die Beschreibung eines vordefinierten Eintrags der Polymarkenbündeltabelle wird
aus der Arbeitsplatz-Beschreibungstabelle entnommen.
Mit der Funktion gset_marker_ind() wird ein Eintrag der Polymarkenbündeltabelle
ausgewählt. Werte aus diesem Bündel werden zum Zeichnen von Polymarken verwendet, falls der zugehörige Aspektanzeiger den Wert *gebündelt* (GASF_BUNDLED)
hat.

Mögliche Fehler
   8 GKS befindet sich nicht im richtigen Zustand: GKS muß sich in einem der Zustände
   GKOF, APOF, APAK oder *SGOF* befinden.
   22 Spezifizierter Arbeitsplatztyp ist ungültig.
   23 Spezifizierter Arbeitsplatztyp existiert nicht.
   39 Spezifizierter Arbeitsplatz ist weder von der Kategorie *Ausgabe* noch von der Kategorie
   AusEin.
   66 Polymarkenindex ist ungültig.
   68 Für spezifizierten Polymarkenindex wurde an diesem Arbeitsplatz keine Beschreibung
   vordefiniert.

Siehe auch
ginq_marker_facs, gset_marker_ind, gset_asfs.

Bemerkungen
Die Einträge der Bündeltabellen können erst ab GKS-Leistungsstufe *1* geändert
werden.
Die WESTgraf-Arbeitsplatztypen sind bei gopen_ws() erläutert.

7.79 ginq_pred_pat_rep [0a] gqppar

Liefert die vordefinierte Musterbeschreibung für einen Musterindex eines Arbeitsplatztyps.

Erfrage vordefinierte Musterbeschreibungen
Inquire predefined pattern representation

ginq_pred_pat_rep (typ, index, speicher, fehleranzeiger, muster)

⇒ Gint **typ**
Typbezeichnung eines GKS-Arbeitsplatzes.

⇒ Gint **index**
Index eines vordefinierten Eintrags der Mustertabelle (≥ 1).

⇒ Gstore **speicher**
typedef void *Gstore;
Datenspeicher für Mustermatrix. Der Datenspeicher muß zuvor mit der Funktion gcreate_store() initialisiert worden sein.

⇐ Gint *****fehleranzeiger**
Die Nummer eines Fehlers, den die Erfragefunktion erkennt, wird über diesen Zeiger zurückgegeben. Nur wenn hier der Wert 0 zurückgegeben wird, sind die zurückgelieferten Werte definiert.

⇐ Gpat_rep *****muster**
typedef struct { Gint_size dims; Gint *colr_array; } Gpat_rep;
typedef struct { Gint size_x, size_y; } Gint_size;
Adresse eines Zeigers auf Struktur mit den Komponenten Dimensionen der Mustermatrix, Mustermatrix. Die Mustermatrix ist ein eindimensionales Feld von Farbtabellenindizes. Die Zeilen liegen dicht gepackt hintereinander, beginnend mit der obersten Zeile. Die Spalten sind von links nach rechts angeordnet.
Der Speicherplatz für diesen Parameter wird von GKS über den Parameter speicher dynamisch angefordert und verwaltet.

Beschreibung

Die Beschreibung eines vordefinierten Eintrags der Mustertabelle wird aus der Arbeitsplatz-Beschreibungstabelle entnommen.
Mit gset_fill_style_ind() kann ein Eintrag der Mustertabelle ausgewählt werden. Dieser Eintrag wird zum Zeichnen eines Füllgebiets verwendet, falls die Ausfüllung *Muster* (GSTYLE_PAT) eingestellt ist.

Mögliche Fehler

8 GKS befindet sich nicht im richtigen Zustand: GKS muß sich in einem der Zustände *GKOF, APOF, APAK* oder *SGOF* befinden.

22 Spezifizierter Arbeitsplatztyp ist ungültig.

23 Spezifizierter Arbeitsplatztyp existiert nicht.

39 Spezifizierter Arbeitsplatz ist weder von der Kategorie *Ausgabe* noch von der Kategorie *AusEin*.

85 Spezifizierter Musterindex ist ungültig.

  89 Für spezifizierten Musterindex wurde an diesem Arbeitsplatz keine Beschreibung vordefiniert.

  90 Ausfüllung *Muster* wird an diesem Arbeitsplatz nicht unterstützt.

2204 Fehler beim Erweitern eines Datenspeichers.

Siehe auch

ginq_pat_facs, gset_fill_style_ind, gset_fill_int_style.

Bemerkungen

Das Setzen von Musterbeschreibungen ist erst ab der GKS-Leistungsstufe *1* erlaubt.

Arbeitsplatztypen sind implementierungsabhängig. Die WESTgraf-Arbeitsplatztypen sind bei gopen_ws() erläutert.

Die WESTgraf-Arbeitsplätze unterstützen derzeit keine Muster.

7.80   ginq_pred_text_rep   [0a]   gqptxr

Liefert die vordefinierte Beschreibung für einen Textbündelindex eines Arbeitsplatztyps.

Erfrage vordefinierte Textbeschreibung
Inquire predefined text representation

ginq_pred_text_rep   (typ, index, fehleranzeiger, buendel)

⇒   Gint   **typ**
Typbezeichnung eines GKS-Arbeitsplatzes.

⇒   Gint   **index**
Index eines vordefinierten Eintrags der Textbündeltabelle (≥ 1).

⇐   Gint   ***fehleranzeiger**
Die Nummer eines Fehlers, den die Erfragefunktion erkennt, wird über diesen
Zeiger zurückgegeben. Nur wenn hier der Wert 0 zurückgegeben wird, sind
die zurückgelieferten Werte definiert.

⇐   Gtext_bundle   ***buendel**
typedef struct
{ Gtext_font_prec text_font_prec; Gfloat char_expan, char_space; Gint colr_ind;
} Gtext_bundle;
typedef struct { Gint font; Gtext_prec prec; } Gtext_font_prec;
typedef enum { GPREC_STRING, GPREC_CHAR, GPREC_STROKE } Gtext_prec;
Struktur mit den Komponenten Schriftart und -qualität, Zeichenbreitefaktor,
Zeichenabstand, Textfarbindex.

Beschreibung

Die Beschreibung eines vordefinierten Eintrags der Textbündeltabelle wird aus der
Arbeitsplatz-Beschreibungstabelle entnommen.
Mit der Funktion gset_text_ind() wird ein Eintrag der Textbündeltabelle ausgewählt.
Werte aus diesem Bündel werden zum Zeichnen von Texten verwendet, falls der
entsprechende Aspektanzeiger den Wert *gebündelt* (GASF_BUNDLED) hat.

Mögliche Fehler

8 GKS befindet sich nicht im richtigen Zustand: GKS muß sich in einem der Zustände
GKOF, APOF, APAK oder *SGOF* befinden.
22 Spezifizierter Arbeitsplatztyp ist ungültig.
23 Spezifizierter Arbeitsplatztyp existiert nicht.
39 Spezifizierter Arbeitsplatz ist weder von der Kategorie *Ausgabe* noch von der Kategorie
AusEin.
72 Textindex ist ungültig.
74 Für spezifizierten Textindex wurde an diesem Arbeitsplatz keine Beschreibung vordefiniert.

Siehe auch

ginq_text_facs, gset_text_ind, gset_asfs.

Bemerkungen

Die Bündeltabellen können erst ab GKS-Leistungsstufe *1* geändert werden.
Die WESTgraf-Arbeitsplatztypen sind bei gopen_ws() erläutert.

7.81   ginq_set_open_wss   [0a]   gqopwk

Liefert die Kennzeichnungen der offenen Arbeitsplätze.

Erfrage Menge der offenen Arbeitsplätze
Inquire set of open workstations

ginq_set_open_wss   (anzahl, start, fehleranzeiger, offen, maximum)

$\Rightarrow$ Gint   **anzahl**
Anzahl der offenen Arbeitsplätze, für die das Anwendungsprogramm Speicher
zugeordnet hat (≥ 0).

$\Rightarrow$ Gint   **start**
Index in die GKS-Tabelle der offenen Arbeitsplätze (≥ 0). Ab diesem Index
werden höchstens anzahl Arbeitsplätze im Parameter offen zurückgegeben.

$\Leftarrow$ Gint   **∗fehleranzeiger**
Die Nummer eines Fehlers, den die Erfragefunktion erkennt, wird über diesen
Zeiger zurückgegeben. Nur wenn hier der Wert 0 zurückgegeben wird, sind
die zurückgelieferten Werte definiert.

$\Leftarrow$ Gint_list   **∗offen**
typedef struct { Gint num_ints; Gint ∗ints; } Gint_list;
Struktur mit den Komponenten Anzahl und Liste offener Arbeitsplätze (ab
Listenelement start der GKS-Tabelle, höchstens anzahl Elemente).
Das Anwendungsprogramm muß zuvor den Speicher für mindestens anzahl
Arbeitsplatzkennzeichnungen bereitgestellt haben.

$\Leftarrow$ Gint   **∗maximum**
Gesamtzahl der offenen Arbeitsplätze.

Beschreibung
Es wird eine Liste mit Kennzeichnungen offener Arbeitsplätze zurückgegeben.

Mögliche Fehler
  8 GKS befindet sich nicht im richtigen Zustand: GKS muß sich in einem der Zustände
     GKOF, APOF, APAK oder *SGOF* befinden.
2200 Anfangsindex nicht im Bereich.
2201 Länge der Anwendungsliste ist negativ.

Siehe auch
gopen_ws, gclose_ws.

Bemerkungen
WESTgraf unterstützt z.Z. maximal einen offenen Arbeitsplatz.

7.82   ginq_string_st   [0b]   gqsts

Liefert die Betriebsart, die Echoeinstellungen sowie den Anfangstext eines Textgebers.

Erfrage Textgeberzustand
Inquire string device state

ginq_string_st   (arbeitsplatz, nr, speicher, fehleranzeiger, betriebsart,
    echoschalter, anfangstext, echoart, echofeld, datensatz)

⇒   Gint   **arbeitsplatz**
Frei wählbare Kennzeichnung des Arbeitsplatzes im Anwendungsprogramm,
für den die Information erfragt werden soll.

⇒   Gint   **nr**
Nummer des Textgebers (≥ 1), für den die Information erfragt werden soll.

⇒   Gstore   **speicher**
typedef void *Gstore;
Datenspeicher für Anfangszeichenfolge und Textgeberdatensatz. Der Datenspeicher muß zuvor mit gcreate_store() initialisiert worden sein.

⇐   Gint   ***fehleranzeiger**
Die Nummer eines Fehlers, den die Erfragefunktion erkennt, wird über diesen
Zeiger zurückgegeben. Nur wenn hier der Wert 0 zurückgegeben wird, sind
die zurückgelieferten Werte definiert.

⇐   Gop_mode   ***betriebsart**
typedef enum { GOP_REQ, GOP_SAMPLE, GOP_EVENT } Gop_mode;
Betriebsart des Textgebers. Mögliche Werte für die Betriebsart sind: *Anforderung* (GOP_REQ), *Abfrage* (GOP_SAMPLE), *Ereignis* (GOP_EVENT).

⇐   Gecho_switch   ***echoschalter**
typedef enum { GSWITCH_NO_ECHO, GSWITCH_ECHO } Gecho_switch;
Anzeiger, ob ein Echo angezeigt wird oder nicht. Mögliche Werte für den
Echoschalter sind: *Echo* (GSWITCH_ECHO), *kein Echo* (GSWITCH_NO_ECHO).

⇐   char   ****anfangstext**
Anfangszeichenfolge des Textgebers. Der Speicherplatz für den Anfangstext
wird von GKS über den Parameter speicher dynamisch angefordert und verwaltet.

⇐   Gint   ***echoart**
Aufforderungs- und Echoart. Genormte Werte sind: Zeichenfolge wird im
Echofeld dargestellt (1). Negative Echoarten sind implementierungsabhängig.

⇐   Glimit   ***echofeld**
typedef struct { Gfloat x_min,x_max, y_min,y_max; } Glimit;
Grenzen des Echofelds in Gerätekoordinaten.

⇐   Gstring_data   ****datensatz**

typedef struct { Gint in_buf_size, init_pos; Gvoid pets; } Gstring_data;
Adresse eines Zeigers auf den Datensatz mit weiteren Anfangswerten für spezielle Aufforderungs- und Echoarten. Der Datensatz enthält insbesondere die Puffergröße und die initiale Position der Schreibmarke. Der Speicherplatz für den Datensatz wird von GKS über den Parameter speicher dynamisch angefordert und verwaltet.

Beschreibung
Der Textgeberzustand wird aus der Arbeitsplatz-Zustandsliste entnommen.

Mögliche Fehler
   7 GKS befindet sich nicht im richtigen Zustand: GKS muß sich in einem der Zustände *APOF, APAK* oder *SGOF* befinden.
  20 Spezifizierte Arbeitsplatzkennzeichnung ist ungültig.
  25 Spezifizierter Arbeitsplatz ist nicht offen.
  38 Spezifizierter Arbeitsplatz ist weder von der Kategorie *Eingabe* noch von der Kategorie *AusEin*.
 140 Spezifiziertes Eingabegerät ist am Arbeitsplatz nicht vorhanden.
2204 Fehler beim Erweitern eines Datenspeichers.

Siehe auch
ginit_string, gset_string_mode, ginq_def_string_data.

Bemerkungen
Die Nummer des Textgebers ist für WESTgraf derzeit stets 1.
Die möglichen Aufforderungs- und Echoarten mit den zugehörigen Datensätzen sind bei ginit_string() ausführlich beschrieben.
Die Betriebsarten *Abfrage* und *Ereignis* werden von WESTgraf z. Z. nicht unterstützt.

7.83   ginq_stroke_st   [0b]   gqsks

Liefert die Betriebsart, die Echoeinstellungen sowie die Anfangspunkte mit zugehöriger Normierungstransformation eines Liniengebers.

Erfrage Liniengeberzustand
Inquire stroke device state

ginq_stroke_st   (arbeitsplatz, nr, art, speicher, fehleranzeiger, betriebsart,
echoschalter, normtran, anfangspunkte, echoart, echofeld, datensatz)

⇒   Gint   **arbeitsplatz**
Frei wählbare Kennzeichnung des Arbeitsplatzes im Anwendungsprogramm,
für den die Information erfragt werden soll.

⇒   Gint   **nr**
Nummer des Liniengebers (≥ 1), für den die Information erfragt werden soll.

⇒   Ginq_type   **art**
typedef enum { GINQ_SET, GINQ_REALIZED } Ginq_type;
Art der Information, die erfragt werden soll. Mögliche Werte sind: *gesetzt*
(GINQ_SET), *realisiert* (GINQ_REALIZED). Für die Art *gesetzt* erhält man die
vom Anwendungsprogramm eingestellten/angeforderten Werte. Für die Art
realisiert erhält man die Werte, die der Arbeitsplatz wirklich einstellen kann
und realisiert hat.

⇒   Gstore   **speicher**
typedef void *Gstore;
Datenspeicher für Anfangspunkte und Liniengeberdatensatz. Der Datenspeicher muß zuvor mit der Funktion gcreate_store() initialisiert worden sein.

⇐   Gint   **∗fehleranzeiger**
Die Nummer eines Fehlers, den die Erfragefunktion erkennt, wird über diesen
Zeiger zurückgegeben. Nur wenn hier der Wert 0 zurückgegeben wird, sind
die zurückgelieferten Werte definiert.

⇐   Gop_mode   **∗betriebsart**
typedef enum { GOP_REQ, GOP_SAMPLE, GOP_EVENT } Gop_mode;
Betriebsart des Liniengebers. Mögliche Werte für die Betriebsart sind: *Anforderung* (GOP_REQ), *Abfrage* (GOP_SAMPLE), *Ereignis* (GOP_EVENT).

⇐   Gecho_switch   **∗echoschalter**
typedef enum { GSWITCH_NO_ECHO, GSWITCH_ECHO } Gecho_switch;
Anzeiger, ob ein Echo angezeigt wird oder nicht. Mögliche Werte für den
Echoschalter sind: *Echo* (GSWITCH_ECHO), *kein Echo* (GSWITCH_NO_ECHO).

⇐   Gint   **∗normtran**
Nummer der Anfangsnormierungstransformation des Liniengebers, mit der
die Anfangspunkte in normierte Koordinaten abgebildet werden.

⇐   Gpoint_list   **∗∗anfangspunkte**
typedef struct { Gint num_points; Gpoint *points; } Gpoint_list;

```
typedef struct { Gfloat x,y; } Gpoint;
```
Anzahl und Liste der Anfangspunkte des Liniengebers. Der Speicherplatz für diesen Parameter wird von GKS über den Parameter speicher dynamisch angefordert und verwaltet.

⇐ Gint **echoart**

Aufforderungs- und Echoart. Genormt sind: implementierungsabhängig (1), digitale Darstellung (2), Polymarke (3), Linienzug (4). Negative Echoarten sind implementierungsabhängig.

⇐ Glimit **echofeld**

```
typedef struct { Gfloat x_min,x_max, y_min,y_max; } Glimit;
```
Grenzen des Echofelds in Gerätekoordinaten.

⇐ Gstroke_data ****datensatz**

```
typedef struct
{ Gint in_buf_size, init_pos; Gfloat x_interval, y_interval, time_interval; Gvoid pets;
} Gstroke_data;
```
Adresse eines Zeigers auf den Datensatz mit weiteren Anfangswerten für spezielle Aufforderungs- und Echoarten. Der Datensatz enthält insbesondere die Puffergröße, die Anfangsposition sowie Werte für den Minimalabstand zweier Punkte in x, y und Zeit. Der Speicherplatz für den Datensatz wird von GKS über den Parameter speicher dynamisch angefordert und verwaltet.

Beschreibung
Der Liniengeberzustand wird aus der Arbeitsplatz-Zustandsliste entnommen.

Mögliche Fehler
7 GKS befindet sich nicht im richtigen Zustand: GKS muß sich in einem der Zustände *APOF*, *APAK* oder *SGOF* befinden.
20 Spezifizierte Arbeitsplatzkennzeichnung ist ungültig.
25 Spezifizierter Arbeitsplatz ist nicht offen.
38 Spezifizierter Arbeitsplatz ist weder von der Kategorie *Eingabe* noch von der Kategorie *AusEin*.
140 Spezifiziertes Eingabegerät ist am Arbeitsplatz nicht vorhanden.
2202 Wert für Aufzählungstyp nicht im Bereich.
2204 Fehler beim Erweitern eines Datenspeichers.

Siehe auch
ginit_stroke, gset_stroke_mode, ginq_def_stroke_data.

Bemerkungen
Die Nummer des Liniengebers ist für WESTgraf derzeit stets 1.
Die möglichen Aufforderungs- und Echoarten mit den zugehörigen Datensätzen sind bei ginit_stroke() ausführlich beschrieben.
Die Betriebsarten *Abfrage* und *Ereignis* werden von WESTgraf z. Z. nicht unterstützt.
WESTgraf liefert hier stets die gesetzten Werte zurück.

7.84   ginq_text_align   [0a]   gqtxal

Liefert die aktuelle Textausrichtung.

Erfrage Textausrichtung
Inquire text alignment

ginq_text_align   (fehleranzeiger, ausrichtung)

⇐   Gint   ***fehleranzeiger**
Die Nummer eines Fehlers, den die Erfragefunktion erkennt, wird über diesen
Zeiger zurückgegeben. Nur wenn hier der Wert 0 zurückgegeben wird, sind
die zurückgelieferten Werte definiert.

⇐   Gtext_align   ***ausrichtung**
typedef struct { Ghor_text_align hor; Gvert_text_align vert; } Gtext_align;
typedef enum
{ GHOR_NORM, GHOR_LEFT, GHOR_CTR, GHOR_RIGHT } Ghor_text_align;
typedef enum
{ GVERT_NORM, GVERT_TOP, GVERT_CAP, GVERT_HALF, GVERT_BASE,
  GVERT_BOTTOM
} Gvert_text_align;
Struktur mit den Komponenten aktuelle horizontale Textausrichtung und ak-
tuelle vertikale Textausrichtung.
Mögliche Werte für die horizontale Ausrichtung sind: *normal* (GHOR_NORM),
links (GHOR_LEFT), *Mitte* (GHOR_CTR), *rechts* (GHOR_RIGHT).
Mögliche Werte für die vertikale Ausrichtung sind: *normal* (GVERT_NORM),
oben (GVERT_TOP), *versal* (GVERT_CAP), *Mitte* (GVERT_HALF), *Schrift* (GVE-
RT_BASE), *unten* (GVERT_BOTTOM).

Beschreibung

Es wird die aktuelle Textausrichtung zurückgegeben. Dieser Wert wird beim Zeichnen von Texten verwendet, um den Text relativ zum Referenzpunkt zu positionieren.
Die Begriffe *horizontal* und *vertikal* sind relativ zum aktuellen Zeichenaufwärtsvektor zu verstehen. *Vertikal* ist in Richtung des Zeichenaufwärtsvektors, *horizontal*
ist die Richtung senkrecht dazu.
Die aktuelle Textausrichtung kann mit der Funktion gset_text_align() gesetzt werden.

Mögliche Fehler

   8 GKS befindet sich nicht im richtigen Zustand: GKS muß sich in einem der Zustände
     GKOF, APOF, APAK oder *SGOF* befinden.

Siehe auch

gtext, gset_text_align, gset_text_path, gset_char_up_vec, ginq_cur_prim_attrs.

Bemerkungen

Die Textausrichtung ist nur als globales GKS-Darstellungsattribut vorhanden, also
kein Bestandteil der arbeitsplatzabhängigen Textbündel.

7.85   ginq_text_colr_ind   [0a]   gqtxci

Liefert den aktuellen Textfarbindex.

Erfrage Textfarbindex
Inquire text colour index

ginq_text_colr_ind   (fehleranzeiger, farbe)

⇐   Gint   ***fehleranzeiger**
Die Nummer eines Fehlers, den die Erfragefunktion erkennt, wird über diesen
Zeiger zurückgegeben. Nur wenn hier der Wert 0 zurückgegeben wird, sind
die zurückgelieferten Werte definiert.

⇐   Gint   ***farbe**
Der aktuelle Textfarbindex.

Beschreibung
Es wird der aktuelle Textfarbindex (globales GKS-Darstellungsattribut) zurückge-
geben. Dieser Wert wird beim Zeichnen von Texten verwendet, falls der zugehörige
Aspektanzeiger den Wert *individuell* (GASF_INDIV) hat.
Der Textfarbindex kann mit der Funktion gset_text_colr_ind() gesetzt werden.

Mögliche Fehler
8 GKS befindet sich nicht im richtigen Zustand: GKS muß sich in einem der Zustände
GKOF, APOF, APAK oder *SGOF* befinden.

Siehe auch
gtext, gset_text_colr_ind, gset_asfs, ginq_cur_indiv_attrs.

Bemerkungen

7.86   ginq_text_extent   [0a]   gqtxx

Liefert das Textausdehnungsparallelogramm und den Verkettungspunkt eines Textes für einen Arbeitsplatz.

Erfrage Textausdehnung
Inquire text extent

ginq_text_extent (arbeitsplatz, position, text, fehleranzeiger, ausdehnung)

⇒   Gint   **arbeitsplatz**
Frei wählbare Kennzeichnung des Arbeitsplatzes im Anwendungsprogramm, für den die Information erfragt werden soll.

⇒   const Gpoint   ***position**
typedef struct { Gfloat x,y; } Gpoint;
Referenzpunkt für den Text in Weltkoordinaten (wie beim Zeichnen eines Textes).

⇒   const char   ***text**
Zeiger auf die Zeichenfolge (wie beim Zeichnen eines Textes). Das Ende der Zeichenfolge wird mit dem Nullzeichen ('\0') angezeigt.

⇐   Gint   ***fehleranzeiger**
Die Nummer eines Fehlers, den die Erfragefunktion erkennt, wird über diesen Zeiger zurückgegeben. Nur wenn hier der Wert 0 zurückgegeben wird, sind die zurückgelieferten Werte definiert.

⇐   Gtext_extent   ***ausdehnung**
typedef struct { Gpoint concat_point, paral[4]; } Gtext_extent;
typedef struct { Gfloat x,y; } Gpoint;
Struktur mit Verkettungspunkt und Textausdehnungsparallelogramm in Weltkoordinaten (4 Punkte im Gegenuhrzeigersinn, beginnend links unten). *Links unten* ist dabei vor einer Drehung des Textes in Richtung des Zeichenaufwärtsvektors zu verstehen.

Beschreibung
Es wird das Textausdehnungsparallelogramm und der Verkettungspunkt für einen Text an einem Arbeitsplatz berechnet (so als würde der Text an diesem Arbeitsplatz gezeichnet werden).
In die Berechnung gehen alle aktuellen Textattribute ein. Die Attribute werden entsprechend den zugehörigen Aspektanzeigern entweder aus einem Textbündel oder individuell ausgewählt. Falls der aktuelle Textindex in der Textbündeltabelle nicht vorhanden ist, wird der Textindex 1 verwendet.
Der Verkettungspunkt ist der Punkt, der in einer folgenden Textausgabeanweisung als Referenzpunkt verwendet werden kann, um den Folgetext direkt an den aktuellen Text anzuschließen. Dabei werden insbesondere auch die Schreibrichtung und der Zeichenaufwärtsvektor berücksichtigt. Für einige Kombinationen von Schreibrichtung und Textausrichtung ist eine Verkettung nicht sinnvoll. Es wird dann als Verkettungspunkt die Textposition zurückgeliefert.

Mögliche Fehler

7 GKS befindet sich nicht im richtigen Zustand: GKS muß sich in einem der Zustände *APOF, APAK* oder *SGOF* befinden.

20 Spezifizierte Arbeitsplatzkennzeichnung ist ungültig.

25 Spezifizierter Arbeitsplatz ist nicht offen.

39 Spezifizierter Arbeitsplatz ist weder von der Kategorie *Ausgabe* noch von der Kategorie *AusEin*.

101 Ungültiger Code in der Zeichenfolge.

Siehe auch.

gtext.

Bemerkungen

In WESTgraf ist das Textausdehnungsparallelogramm z. Z. immer ein Rechteck, da keine Segmente und daher auch keine Segmenttransformationen (die eine Scherung definieren könnten) unterstützt werden.

7.87   ginq_text_facs   [0a]   gqtxf

Liefert Informationen über die Fähigkeiten eines Arbeitsplatztyps beim Zeichnen von Texten.

Erfrage Textfähigkeiten
Inquire text facilities

ginq_text_facs   (typ, anzahl, start, fehleranzeiger, schriften, maximum)

⇒   Gint   **typ**
Typbezeichnung eines GKS-Arbeitsplatzes.

⇒   Gint   **anzahl**
Anzahl der Schriftarten und -qualitäten, für die das Anwendungsprogramm Speicher zugeordnet hat (≥ 0).

⇒   Gint   **start**
Index in die Arbeitsplatztabelle der verfügbaren Schriftarten und -qualitäten (≥ 0). Ab diesem Index werden höchstens anzahl Schriftarten und -qualitäten im Strukturelement font_precs des Parameters schriften zurückgegeben.

⇐   Gint   ***fehleranzeiger**
Die Nummer eines Fehlers, den die Erfragefunktion erkennt, wird über diesen Zeiger zurückgegeben. Nur wenn hier der Wert 0 zurückgegeben wird, sind die zurückgelieferten Werte definiert.

⇐   Gtext_facs   ***schriften**
```
typedef struct
{ Gint num_font_precs; Gtext_font_prec *font_precs;
  Gint num_char_hts; Gfloat min_char_ht, max_char_ht;
  Gint num_char_expans; Gfloat min_char_expan, max_char_expan;
  Gint num_pred_inds;
} Gtext_facs;
typedef struct { Gint font; Gtext_prec prec; } Gtext_font_prec;
typedef enum { GPREC_STRING, GPREC_CHAR, GPREC_STROKE } Gtext_prec;
```

Struktur mit den Komponenten Anzahl verfügbarer Paare für Schriftart und -qualität, Liste (Feld) verfügbarer Paare, Anzahl verfügbarer Zeichenhöhen, Bereich der Zeichenhöhen (Minimum und Maximum) in Gerätekoordinaten, Anzahl der verfügbaren Zeichenbreitefaktoren, Bereich der Zeichenbreitefaktoren (Minimum und Maximum), Anzahl der vordefinierten Textindizes.
Negative Schriftarten sind implementierungsabhängige Zeichensätze.
Wenn 0 als Zahl verfügbarer Zeichenhöhen zurückgeliefert wird, unterstützt der grafische Arbeitsplatz einen kontinuierlichen Bereich von Zeichenhöhen.
Wenn 0 als Zahl verfügbarer Zeichenbreitefaktoren zurückgeliefert wird, unterstützt der grafische Arbeitsplatz einen kontinuierlichen Bereich von Zeichenbreitefaktoren.
Falls die Zahl der verfügbaren Zeichenhöhen und/oder Zeichenbreitefaktoren für die einzelnen Schriftarten unterschiedlich ist, so werden die entsprechenden

Werte für die Schriftart 1 zurückgeliefert.

Das Anwendungsprogramm muß zuvor den Speicher für mindestens `anzahl` Schriftarten und -qualitäten im Strukturelement `font_precs` bereitgestellt haben.

⇐ Gint **∗maximum**
Anzahl der an diesem Arbeitsplatztyp möglichen Schriftarten und -qualitäten.

Beschreibung

Die Textfähigkeiten werden aus der Arbeitsplatz-Beschreibungstabelle entnommen.

Mit der Funktion `ginq_pred_text_rep()` können die vordefinierten Textbündel erfragt werden.

Mögliche Fehler

   8 GKS befindet sich nicht im richtigen Zustand: GKS muß sich in einem der Zustände *GKOF, APOF, APAK* oder *SGOF* befinden.

  22 Spezifizierter Arbeitsplatztyp ist ungültig.

  23 Spezifizierter Arbeitsplatztyp existiert nicht.

  39 Spezifizierter Arbeitsplatz ist weder von der Kategorie *Ausgabe* noch von der Kategorie *AusEin*.

2200 Anfangsindex nicht im Bereich.

2201 Länge der Anwendungsliste ist negativ.

Siehe auch

gset_text_ind, ginq_pred_text_rep.

Bemerkungen

Die Einträge der Bündeltabellen können erst ab GKS-Leistungsstufe *1* geändert werden.

Arbeitsplatztypen sind implementierungsabhängig. Die WESTgraf-Arbeitsplatztypen sind bei `gopen_ws()` erläutert.

Alle WESTgraf-Schriften liegen in Qualität *Strich* vor und haben kontinuierliche Bereiche für Zeichenhöhe und Zeichenbreitefaktor.

7.88 ginq_text_font_prec [0a] gqtxfp

Liefert die aktuelle Schriftart und -qualität.

Erfrage Schriftart und -qualität
Inquire text font and precision

ginq_text_font_prec (fehleranzeiger, schrift)

⇐ Gint ***fehleranzeiger**
Die Nummer eines Fehlers, den die Erfragefunktion erkennt, wird über diesen
Zeiger zurückgegeben. Nur wenn hier der Wert 0 zurückgegeben wird, sind
die zurückgelieferten Werte definiert.

⇐ Gtext_font_prec ***schrift**
typedef struct { Gint font; Gtext_prec prec; } Gtext_font_prec;
typedef enum { GPREC_STRING, GPREC_CHAR, GPREC_STROKE } Gtext_prec;
Die aktuelle Schriftart und -qualität. Die Werte werden in einer Struktur
zurückgeliefert. Positive Schriftarten sind normiert, negative sind implementierungsabhängig.
Mögliche Werte für die Schriftqualität sind: *Lesbar* (GPREC_STRING), *Zeichen*
(GPREC_CHAR), *Strich* (GPREC_STROKE).

Beschreibung
Es wird die aktuelle Schriftart und -qualität (globales GKS-Darstellungsattribut)
zurückgegeben. Dieser Wert wird beim Zeichnen von Texten verwendet, falls der
zugehörige Aspektanzeiger den Wert *individuell* (GASF_INDIV) hat.
Die Schriftart und -qualität kann mit der Funktion gset_text_font_prec() gesetzt werden.

Mögliche Fehler
8 GKS befindet sich nicht im richtigen Zustand: GKS muß sich in einem der Zustände
GKOF, APOF, APAK oder *SGOF* befinden.

Siehe auch
gtext, gset_text_font_prec, gset_asfs, ginq_cur_indiv_attrs.

Bemerkungen
WESTgraf lädt eine Schrift dynamisch zur Laufzeit, sobald sie das erste Mal verwendet wird.

7.89   ginq_text_ind   [0a]   gqtxi

Liefert den aktuellen Textbündelindex.

Erfrage Textindex
Inquire text index

ginq_text_ind   (fehleranzeiger, index)

⇐   Gint   ***fehleranzeiger**
Die Nummer eines Fehlers, den die Erfragefunktion erkennt, wird über diesen
Zeiger zurückgegeben. Nur wenn hier der Wert 0 zurückgegeben wird, sind
die zurückgelieferten Werte definiert.

⇐   Gint   ***index**
Der aktuelle Textindex. Das ist ein Index in die Textbündeltabelle. Werte aus
diesem Tabelleneintrag werden von GKS zum Zeichnen von Texten verwendet,
falls die zugehörigen Aspektanzeiger auf *gebündelt* (GASF_BUNDLED) gesetzt
sind.

Beschreibung
Es wird der aktuelle Textindex zurückgegeben. Der Textindex kann mit der Funktion gset_text_ind() gesetzt werden.
Die vordefinierten Einträge der Bündeltabellen für Texte können mit der Funktion
ginq_pred_text_rep() erfragt werden.

Mögliche Fehler
   8 GKS befindet sich nicht im richtigen Zustand: GKS muß sich in einem der Zustände
     GKOF, APOF, APAK oder *SGOF* befinden.

Siehe auch
gtext, gset_text_ind, ginq_pred_text_rep, ginq_text_facs, gset_asfs,
ginq_cur_prim_attrs.

Bemerkungen
Bündeltabelleneinträge dürfen erst ab der GKS-Leistungsstufe *1* vom Programm
aus gesetzt werden.

7.90   ginq_text_path   [0a]   gqtxp

Liefert die aktuelle Schreibrichtung.

Erfrage Schreibrichtung
Inquire text path

ginq_text_path   (fehleranzeiger, richtung)

⇐   Gint   ***fehleranzeiger**
Die Nummer eines Fehlers, den die Erfragefunktion erkennt, wird über diesen
Zeiger zurückgegeben. Nur wenn hier der Wert 0 zurückgegeben wird, sind
die zurückgelieferten Werte definiert.

⇐   Gtext_path   ***richtung**
typedef enum
{ GPATH_RIGHT, GPATH_LEFT, GPATH_UP, GPATH_DOWN } Gtext_path;
Die aktuelle Schreibrichtung. Mögliche Werte sind: *rechts* (GPATH_RIGHT),
links (GPATH_LEFT), *auf* (GPATH_UP), *ab* (GPATH_DOWN).

Beschreibung
Es wird die aktuelle Schreibrichtung zurückgegeben. Dieser Wert wird beim Zeichnen von Texten verwendet.
Die Schreibrichtung ist relativ zum aktuellen Zeichenaufwärtsvektor zu verstehen. *Auf* ist die Richtung des Zeichenaufwärtsvektors, *ab* die entgegengesetzte
Richtung. *Rechts* ist die Richtung senkrecht zum Zeichenaufwärtsvektor (im Uhrzeigersinn), *links* die entgegengesetzte Richtung.
Die aktuelle Schreibrichtung kann mit der Funktion gset_text_path() gesetzt werden.

Mögliche Fehler
8 GKS befindet sich nicht im richtigen Zustand: GKS muß sich in einem der Zustände
GKOF, APOF, APAK oder *SGOF* befinden.

Siehe auch
gtext, gset_text_path, gset_text_align, gset_char_up_vec, ginq_cur_prim_attrs.

Bemerkungen
Die Schreibrichtung ist nur als globales GKS-Darstellungsattribut vorhanden, also
kein Bestandteil der arbeitsplatzabhängigen Textbündel.

7.91 ginq_val_st [0b] gqvls

Liefert die Betriebsart, die Echoeinstellungen sowie den Anfangswert eines Wertgebers.

Erfrage Wertgeberzustand
Inquire valuator device state

ginq_val_st (arbeitsplatz, nr, speicher, fehleranzeiger, betriebsart, echoschalter,
anfangswert, echoart, echofeld, datensatz)

⇒ Gint **arbeitsplatz**
Frei wählbare Kennzeichnung des Arbeitsplatzes im Anwendungsprogramm,
für den die Information erfragt werden soll.

⇒ Gint **nr**
Nummer des Wertgebers (≥ 1), für den die Information erfragt werden soll.

⇒ Gstore **speicher**
typedef void *Gstore;
Datenspeicher für Wertgeberdatensatz. Der Datenspeicher muß zuvor mit der
Funktion gcreate_store() initialisiert worden sein.

⇐ Gint ***fehleranzeiger**
Die Nummer eines Fehlers, den die Erfragefunktion erkennt, wird über diesen
Zeiger zurückgegeben. Nur wenn hier der Wert 0 zurückgegeben wird, sind
die zurückgelieferten Werte definiert.

⇐ Gop_mode ***betriebsart**
typedef enum { GOP_REQ, GOP_SAMPLE, GOP_EVENT } Gop_mode;
Betriebsart des Wertgebers. Mögliche Werte für die Betriebsart sind: *Anforderung* (GOP_REQ), *Abfrage* (GOP_SAMPLE), *Ereignis* (GOP_EVENT).

⇐ Gecho_switch ***echoschalter**
typedef enum { GSWITCH_NO_ECHO, GSWITCH_ECHO } Gecho_switch;
Anzeiger, ob ein Echo angezeigt wird oder nicht. Mögliche Werte für den
Echoschalter sind: *Echo* (GSWITCH_ECHO), *kein Echo* (GSWITCH_NO_ECHO).

⇐ Gfloat ***anfangswert**
Anfangswert des Wertgebers.

⇐ Gint ***echoart**
Aufforderungs- und Echoart. Genormt sind: implementierungsabhängig (1),
grafische Darstellung Skala/Zeiger (2), digitale Darstellung (3).

⇐ Glimit ***echofeld**
typedef struct { Gfloat x_min,x_max, y_min,y_max; } Glimit;
Grenzen des Echofelds in Gerätekoordinaten.

⇐ Gval_data ****datensatz**
typedef struct { Gfloat low_value, high_value; Gvoid pets; } Gval_data;
Adresse eines Zeigers auf den Datensatz mit weiteren Anfangswerten für spezielle Anforderungs- und Echoarten. Insbesondere enthält der Wertgeber-

datensatz den unteren und den oberen Grenzwert des Wertebereichs. Der Speicherplatz für den Datensatz wird von GKS über den Parameter speicher dynamisch angefordert und verwaltet.

Beschreibung
Der Wertgeberzustand wird aus der Arbeitsplatz-Zustandsliste entnommen.

Mögliche Fehler
- **7** GKS befindet sich nicht im richtigen Zustand: GKS muß sich in einem der Zustände *APOF, APAK* oder *SGOF* befinden.
- **20** Spezifizierte Arbeitsplatzkennzeichnung ist ungültig.
- **25** Spezifizierter Arbeitsplatz ist nicht offen.
- **38** Spezifizierter Arbeitsplatz ist weder von der Kategorie *Eingabe* noch von der Kategorie *AusEin*.
- **140** Spezifiziertes Eingabegerät ist am Arbeitsplatz nicht vorhanden.
- **2204** Fehler beim Erweitern eines Datenspeichers.

Siehe auch
ginit_val, gset_val_mode, ginq_def_val_data

Bemerkungen
Die Nummer des Wertgebers ist für WESTgraf derzeit stets 1.

Die möglichen Aufforderungs- und Echoarten mit den zugehörigen Datensätzen sind bei ginit_val() ausführlich beschrieben.

Die Betriebsarten *Abfrage* und *Ereignis* werden von WESTgraf z. Z. nicht unterstützt.

7.92   ginq_ws_cat   [0a]   gqwkca

Liefert die GKS-Kategorie eines Arbeitsplatztyps.

Erfrage Arbeitsplatzkategorie
Inquire workstation category

ginq_ws_cat   (typ, fehleranzeiger, kategorie)

⇒   Gint   **typ**
Typbezeichnung eines GKS-Arbeitsplatzes.

⇐   Gint   ***fehleranzeiger**
Die Nummer eines Fehlers, den die Erfragefunktion erkennt, wird über diesen
Zeiger zurückgegeben. Nur wenn hier der Wert 0 zurückgegeben wird, sind
die zurückgelieferten Werte definiert.

⇐   Gws_cat   ***kategorie**
typedef enum
{ GCAT_OUT, GCAT_IN, GCAT_OUTIN, GCAT_WISS, GCAT_MO, GCAT_MI
} Gws_cat;
Die GKS-Kategorie des Arbeitsplatztyps. Mögliche Werte sind:
Ausgabe (GCAT_OUT), *Eingabe* (GCAT_IN), *AusEin* (GCAT_OUTIN), *arbeits-*
platzunabhängiger Segmentspeicher AUSS (*workstation independent segment*
storage, GCAT_WISS), *Bilddatei-Ausgabe BA* (*metafile output*, GCAT_MO), *Bild-*
datei-Eingabe BE (*metafile input*, GCAT_MI).

Beschreibung
Die Kategorie des Arbeitsplatztyps wird aus der Arbeitsplatz-Beschreibungstabelle
entnommen.

Mögliche Fehler
    8   GKS befindet sich nicht im richtigen Zustand: GKS muß sich in einem der Zustände
      GKOF, APOF, APAK oder *SGOF* befinden.
   22   Spezifizierter Arbeitsplatztyp ist ungültig.
   23   Spezifizierter Arbeitsplatztyp existiert nicht.

Siehe auch
ginq_ws_class.

Bemerkungen
Die WESTgraf-Arbeitsplätze gehören derzeit alle den Kategorien *AusEin* (Bildschirmarbeitsplätze) oder *Ausgabe* (Drucker) an.

7.93 ginq_ws_class [0a] gqwkcl

Liefert die GKS-Ausgabeklassifizierung eines Arbeitsplatztyps.

Erfrage Arbeitsplatzklassifizierung
Inquire workstation classification

ginq_ws_class (typ, fehleranzeiger, klasse)

⇒ Gint **typ**
Typbezeichnung eines GKS-Arbeitsplatzes.

⇐ Gint ***fehleranzeiger**
Die Nummer eines Fehlers, den die Erfragefunktion erkennt, wird über diesen
Zeiger zurückgegeben. Nur wenn hier der Wert 0 zurückgegeben wird, sind
die zurückgelieferten Werte definiert.

⇐ Gws_class ***klasse**
typedef enum { GCLASS_VEC, GCLASS_RASTER, GCLASS_OTHER } Gws_class;
Die GKS-Klassifizierung des Arbeitsplatztyps.
Mögliche Werte für die Klassifizierung sind: *Vektor* (GCLASS_VEC), *Raster*
(GCLASS_RASTER), *Andere* (GCLASS_OTHER).

Beschreibung
Die Ausgabeklassifizierung eines Arbeitsplatztyps wird aus der Arbeitsplatz-Beschreibungstabelle entnommen.

Mögliche Fehler
8 GKS befindet sich nicht im richtigen Zustand: GKS muß sich in einem der Zustände
GKOF, APOF, APAK oder *SGOF* befinden.
22 Spezifizierter Arbeitsplatztyp ist ungültig.
23 Spezifizierter Arbeitsplatztyp existiert nicht.
39 Spezifizierter Arbeitsplatz ist weder von der Kategorie *Ausgabe* noch von der Kategorie
AusEin.

Siehe auch
ginq_ws_cat.

Bemerkungen

7.94 ginq_ws_conn_type [0a] gqwkc

Liefert die aktuelle Verbindung und den Typ eines offenen Arbeitsplatzes.

Erfrage Arbeitsplatzverbindung und -typ
Inquire workstation connection and type

ginq_ws_conn_type (arbeitsplatz, speicher, fehleranzeiger, verbindung, typ)

⇒ Gint **arbeitsplatz**
Frei wählbare Kennzeichnung des Arbeitsplatzes im Anwendungsprogramm,
für den die Information erfragt werden soll.

⇒ Gstore **speicher**
typedef void *Gstore;
Datenspeicher für Verbindung. Der Datenspeicher muß zuvor mit der Funktion gcreate_store() initialisiert worden sein.

⇐ Gint ***fehleranzeiger**
Die Nummer eines Fehlers, den die Erfragefunktion erkennt, wird über diesen
Zeiger zurückgegeben. Nur wenn hier der Wert 0 zurückgegeben wird, sind
die zurückgelieferten Werte definiert.

⇐ void ****verbindung**
Die Verbindung des Arbeitsplatzes. Es handelt sich dabei um implementierungsabhängige Daten. Der Speicherplatz für die Verbindung wird von GKS
über den Parameter speicher dynamisch angefordert und verwaltet.

⇐ Gint ***typ**
Der Typ des Arbeitsplatzes. Es handelt sich dabei um eine implementierungsabhängige Zahl.

Beschreibung
Es werden die aktuelle Verbindung und der Typ eines Arbeitsplatzes zurückgege-
ben. Arbeitsplatzverbindungen sind typischerweise Datei- oder Gerätenamen. Die
Arbeitsplatztypen sind implementierungsabhängige Zahlen.

Mögliche Fehler
    7 GKS befindet sich nicht im richtigen Zustand: GKS muß sich in einem der Zustände
      APOF, *APAK* oder *SGOF* befinden.
   20 Spezifizierte Arbeitsplatzkennzeichnung ist ungültig.
   25 Spezifizierter Arbeitsplatz ist nicht offen.
 2204 Fehler beim Erweitern eines Datenspeichers.

Siehe auch
gopen_ws.

Bemerkungen
Arbeitsplatztypen und -verbindungen sind implementierungsabhängig.
WESTgraf verwendet Datei- bzw. Gerätenamen als Verbindungen. Es wird daher
eine '\0'-terminierte Zeichenkette zurückgegeben. Die WESTgraf-Arbeitsplatztypen und -verbindungen sind bei gopen_ws() erläutert.

7.95 ginq_ws_defer_upd_sts [0a] gqwkdu

Liefert den aktuellen Aktualisierungszustand eines Arbeitsplatzes.

Erfrage Arbeitsplatzaktualisierungszustand
Inquire workstation deferral and update states

ginq_ws_defer_upd_sts (arbeitsplatz, fehleranzeiger, aktualisierung, regen,
      leer, neugen)

⇒ Gint **arbeitsplatz**
Frei wählbare Kennzeichnung des Arbeitsplatzes im Anwendungsprogramm,
für den die Information erfragt werden soll.

⇐ Gint **∗fehleranzeiger**
Die Nummer eines Fehlers, den die Erfragefunktion erkennt, wird über diesen
Zeiger zurückgegeben. Nur wenn hier der Wert 0 zurückgegeben wird, sind
die zurückgelieferten Werte definiert.

⇐ Gdefer_mode **∗aktualisierung**
typedef enum
{ GDEFER_ASAP, GDEFER_BNIG, GDEFER_BNIL, GDEFER_ASTI } Gdefer_mode;
Der aktuelle Aktualisierungsmodus eines Arbeitsplatzes.
Mögliche Werte für den Aktualisierungsmodus sind: *so schnell wie möglich
SSWM (as soon as possible,* GDEFER_ASAP), *vor der nächsten globalen Interaktion VNGI (before next interaction globally,* GDEFER_BNIG), *vor der nächsten lokalen Interaktion VNLI (before next interaction locally,* GDEFER_BNIL),
nach einiger Zeit NEZE (at some time, GDEFER_ASTI).

⇐ Girg_mode **∗regen**
typedef enum { GIRG_SUPPR, GIRG_ALLOWED } Girg_mode;
Der aktuelle Modus für die implizite Bildneugenerierung am Arbeitsplatz.
Mögliche Werte für den Regenerierungsmodus sind: *gesperrt* (GIRG_SUPPR),
erlaubt (GIRG_ALLOWED).

⇐ Gdisp_surf_empty **∗leer**
typedef enum { GSURF_NOT_EMPTY, GSURF_EMPTY } Gdisp_surf_empty;
Anzeiger, ob die Darstellungsfläche des Arbeitsplatzes leer ist oder nicht.
Mögliche Werte sind: *nicht leer* (GSURF_NOT_EMPTY), *leer* (GSURF_EMPTY).

⇐ Gnew_frame_nec_upd **∗neugen**
typedef enum { GNEW_NO, GNEW_YES } Gnew_frame_nec_upd;
Anzeiger, ob eine Bildneugenerierung bei der Aktualisierung notwendig ist.
Mögliche Werte sind: *nein* (GNEW_NO), *ja* (GNEW_YES).

Beschreibung
Es wird der aktuelle Aktualisierungszustand eines Arbeitsplatzes zurückgegeben.

Mögliche Fehler
  7 GKS befindet sich nicht im richtigen Zustand: GKS muß sich in einem der Zustände
     APOF, APAK oder *SGOF* befinden.
20 Spezifizierte Arbeitsplatzkennzeichnung ist ungültig.

25 Spezifizierter Arbeitsplatz ist nicht offen.
33 Spezifizierter Arbeitsplatz ist von der Kategorie *BE*.
35 Spezifizierter Arbeitsplatz ist von der Kategorie *Eingabe*.
36 Spezifizierter Arbeitsplatz ist der arbeitsplatzunabhängige Segmentspeicher.

Siehe auch

gupd_ws.

Bemerkungen

Der Aktualisierungszustand eines Arbeitsplatzes kann erst ab GKS-Leistungsstufe *1* gesetzt werden.

Für die WESTgraf-Arbeitsplätze ist derzeit die implizite Regenerierung stets gesperrt.

7.96   ginq_ws_max_nums   [0a]   gqwkm

Es werden die maximalen Anzahlen von Arbeitsplätzen, die gleichzeitig offen, aktiv oder einem Segment zugeordnet sein können, zurückgegeben.

Erfrage maximale Arbeitsplatzgrößen
Inquire workstation maximum numbers

ginq_ws_max_nums   (fehleranzeiger, maxanzahlen)

⇐   Gint   ***fehleranzeiger**
Die Nummer eines Fehlers, den die Erfragefunktion erkennt, wird über diesen Zeiger zurückgegeben. Nur wenn hier der Wert 0 zurückgegeben wird, sind die zurückgelieferten Werte definiert.

⇐   Gws_max_nums   ***maxanzahlen**
typedef struct { Gint simult_open, simult_active, assoc_seg; } Gws_max_nums;
Zeiger auf Struktur mit den Komponenten maximale Zahl der Arbeitsplätze, die gleichzeitig offen sein können, maximale Zahl der Arbeitsplätze, die gleichzeitig aktiv sein können, maximale Zahl der Arbeitsplätze, die einem Segment zugeordnet sein können.

Beschreibung
Es werden die maximalen Anzahlen von Arbeitsplätzen, die gleichzeitig offen, aktiv oder einem Segment zugeordnet sein können, zurückgegeben. Diese Anzahlen sind implementierungsabhängig.

Mögliche Fehler
8 GKS befindet sich nicht im richtigen Zustand: GKS muß sich in einem der Zustände *GKOF, APOF, APAK* oder *SGOF* befinden.

Siehe auch
gopen_ws, gactivate_ws.

Bemerkungen
WESTgraf kann zur Zeit höchstens einen Arbeitsplatz offen und aktiv halten.
WESTgraf unterstützt derzeit keine Segmente.

7.97   ginq_ws_st [0a] gqwks

Liefert den aktuellen Zustand eines Arbeitsplatzes.

Erfrage Arbeitsplatzzustand
Inquire workstation state

ginq_ws_st (arbeitsplatz, fehleranzeiger, zustand)

⇒   Gint   **arbeitsplatz**
Frei wählbare Kennzeichnung des Arbeitsplatzes im Anwendungsprogramm,
für den die Information erfragt werden soll.

⇐   Gint   **∗fehleranzeiger**
Die Nummer eines Fehlers, den die Erfragefunktion erkennt, wird über diesen
Zeiger zurückgegeben. Nur wenn hier der Wert 0 zurückgegeben wird, sind
die zurückgelieferten Werte definiert.

⇐   Gws_st   **∗zustand**
typedef enum { GWS_INACTIVE, GWS_ACTIVE } Gws_st;
Der aktuelle Arbeitsplatzzustand.
Mögliche Werte sind: *nicht aktiv* (GWS_INACTIVE), *aktiv* (GWS_ACTIVE).

Beschreibung
Es wird der aktuelle Zustand des Arbeitsplatzes zurückgegeben.

Mögliche Fehler
  7 GKS befindet sich nicht im richtigen Zustand: GKS muß sich in einem der Zustände
       APOF, APAK oder *SGOF* befinden.
  20 Spezifizierte Arbeitsplatzkennzeichnung ist ungültig.
  25 Spezifizierter Arbeitsplatz ist nicht offen.
  33 Spezifizierter Arbeitsplatz ist von der Kategorie *BE*.
  35 Spezifizierter Arbeitsplatz ist von der Kategorie *Eingabe*.

Siehe auch
gactivate_ws, gdeactivate_ws.

Bemerkungen
Darstellungselemente werden nur an aktive Arbeitsplätze übertragen.

7.98   ginq_ws_tran   [0a]   gqwkt

Liefert Informationen über die aktuelle Gerätetransformation an einem Arbeitsplatz.

Erfrage Gerätetransformation
Inquire workstation transformation

ginq_ws_tran   (arbeitsplatz, fehleranzeiger, aktuell, angfen, aktfen, angdar,
      aktdar)

⇒   Gint   **arbeitsplatz**
Frei wählbare Kennzeichnung des Arbeitsplatzes im Anwendungsprogramm,
für den die Information erfragt werden soll.

⇐   Gint   ***fehleranzeiger**
Die Nummer eines Fehlers, den die Erfragefunktion erkennt, wird über diesen
Zeiger zurückgegeben. Nur wenn hier der Wert 0 zurückgegeben wird, sind
die zurückgelieferten Werte definiert.

⇐   Gupd_st   ***aktuell**
typedef enum { GUPD_NOT_PEND, GUPD_PEND } Gupd_st;
Der Aktualisierungsstatus der Gerätetransformation am Arbeitsplatz.
Mögliche Werte für den Zustand der Gerätetransformation sind: *aktualisiert*
(GUPD_NOT_PEND), *nicht aktualisiert* (GUPD_PEND).

⇐   Glimit   ***angfen**
typedef struct { Gfloat x_min,x_max, y_min,y_max; } Glimit;
Das angeforderte Fenster der Gerätetransformation in normierten Koordinaten.

⇐   Glimit   ***aktfen**
typedef struct { Gfloat x_min,x_max, y_min,y_max; } Glimit;
Das aktuelle Fenster der Gerätetransformation in normierten Koordinaten.

⇐   Glimit   ***angdar**
typedef struct { Gfloat x_min,x_max, y_min,y_max; } Glimit;
Das angeforderte Darstellungsfeld der Gerätetransformation in Gerätekoordinaten.

⇐   Glimit   ***aktdar**
typedef struct { Gfloat x_min,x_max, y_min,y_max; } Glimit;
Das aktuelle Darstellungsfeld der Gerätetransformation in Gerätekoordinaten.

Beschreibung

Es werden alle Informationen über die Gerätetransformation für einen Arbeitsplatz
zurückgegeben.
Fenster und Darstellungsfeld der GT können mit gset_ws_win() und gset_ws_vp()
gesetzt werden. Die angeforderten und die aktuellen Werte können je nach den
Fähigkeiten des Arbeitsplatzes voneinander abweichen, z.B. wenn keine dynamische Änderung der Gerätetransformation unterstützt wird. Es ist dann ein Bild-
neuaufbau notwendig, um die Gerätetransformation zu aktualisieren (gupd_ws(),

gclear_ws()). Diese Situation wird dadurch angezeigt, daß der Parameter aktuell den Wert *nicht aktualisiert* (GUPD_PEND) erhält.

Mögliche Fehler

7 GKS befindet sich nicht im richtigen Zustand: GKS muß sich in einem der Zustände *APOF, APAK* oder *SGOF* befinden.

20 Spezifizierte Arbeitsplatzkennzeichnung ist ungültig.

25 Spezifizierter Arbeitsplatz ist nicht offen.

33 Spezifizierter Arbeitsplatz ist von der Kategorie *BE*.

36 Spezifizierter Arbeitsplatz ist der arbeitsplatzunabhängige Segmentspeicher.

Siehe auch

gset_ws_win, gset_ws_vp, gupd_ws, gclear_ws.

Bemerkungen

Die WESTgraf-Arbeitsplatztypen unterstützen derzeit keine dynamische Änderung der Gerätetransformation.

7.99   ginterpret_item   [0a]   giitm

Interpretiert Satz aus Bilddatei.

Interpretiere Satz
Interpret item

ginterpret_item   (satzart, satzlaenge, datensatz)

⇒   Gint   **satzart**
Art des Datensatzes, der interpretiert werden soll. Die Satzart wird üblicherweise vorher von einer Bilddatei gelesen.

⇒   Gint   **satzlaenge**
Länge des Dateansatzes, der interpretiert werden soll. Die Satzlänge wird
üblicherweise vorher von einer Bilddatei gelesen.

⇒   const Gitem_data   **∗datensatz**
typedef struct { Gint type, length; Gvoid data; } Gitem_data;
Datensatz der interpretiert werden soll. Er wird normalerweise vorher von
einer Bilddatei gelesen.

Beschreibung
Diese Funktion interpretiert den übergebenen Datensatz durch Aufruf der entsprechenden GKS-Funktionen. Es können daher weitere Fehler – je nach der aufgeru-
fenen Funktion – auftreten.

Mögliche Fehler
    7 GKS befindet sich nicht im richtigen Zustand: GKS muß sich in einem der Zustände
APOF, APAK oder *SGOF* befinden.
161 Satzlänge ist ungültig.
163 Bilddateisatz ist ungültig.
164 Satzart ist keine gültige GKS-Satzart.
165 Inhalt des Satzes ist für die spezifizierte Satzart ungültig.
167 Benutzersatz kann nicht interpretiert werden.
168 Die spezifizierte Funktion wird in dieser GKS-Leistungsstufe nicht unterstützt.

Siehe auch
gget_item_type, gread_item, gwrite_item.

Bemerkungen
Bilddateien werden von WESTgraf derzeit nicht unterstützt. Daher wird auch der
Datensatz nicht verwendet.

7.100   gopen_gks   [0a]   gopks

GKS wird initialisiert.

Öffne GKS
Open GKS

gopen_gks   (fehlerdatei, speicher)

⇒   const char   ***fehlerdatei**
Name der Datei, in die GKS evtl. Fehlermeldungen protokolliert. Der Wert
GDEF_ERR_FILE bedeutet, daß GKS die Fehlermeldungen auf die Standardfeh-
lerausgabe (stderr) ausgibt.

⇒   size_t   **speicher**
Anzahl der Speicherblöcke, die GKS als internen Puffer verwenden soll. Der
Wert GDEF_MEM_SIZE überläßt GKS die Entscheidung, wieviel Speicher es
verwendet. Für WESTgraf hat ein Speicherblock stets die Größe 1 KByte.

Beschreibung
GKS wird in den Betriebszustand offen *GKOF* gesetzt. Die Initialisierung macht
die GKS-Zustandstabelle und die Tabellen der Gerätebeschreibungen zugänglich.
Diese Funktion muß vor allen anderen GKS-Funktionen aufgerufen werden (ausgenommen einige Erfragefunktionen).

Mögliche Fehler
1 GKS befindet sich nicht im richtigen Zustand: GKS muß sich im Zustand *GKGS* befinden.
200 Die spezifizierte Fehlerdatei ist ungültig.

Siehe auch
gopen_ws, gclose_gks, gemergency_close_gks.

Bemerkungen
Es werden die WESTgraf-Beschreibungsdateien *.gks gelesen. Diese Dateien werden zuerst im aktuellen Verzeichnis, dann im Verzeichnis, das in der Umgebungs-
variablen WESTGRAF steht, dann in den Verzeichnissen des DOS-Pfades (PATH)
gesucht. Die Dateien müssen alle in ein und demselben Verzeichnis stehen, sie
dürfen nicht über mehrere Verzeichnisse verteilt werden.
Falls die angegebene Fehlerdatei bereits existiert, so wird sie nicht überschrie-
ben, sondern eventuelle Fehlermeldungen werden an den alten Inhalt der Datei
angehängt. Es kann daher notwendig sein, die Fehlerdatei von Zeit zu Zeit „von
Hand" zu löschen.
Die Angabe des Speicherplatzes wird derzeit nur von den WESTgraf-Druckerar-
beitsplätzen ausgewertet. Der Parameter speicher gibt die maximale Anzahl von
KByte an, die der Druckertreiber als Bildpuffer im Hauptspeicher hält. Der Ersatzwert bei Angabe von GDEF_MEM_SIZE ist 30 KByte. Reicht dieser Speicherbereich
für den Bildaufbau nicht aus, so werden Teile des Bildpuffers auf eine temporäre
Datei im aktuellen Dateikatalog ausgelagert (s. Abschnitt 6.2). Andere Teile von
WESTgraf ignorieren derzeit die Speicherangabe. Benötigter Speicher wird dynamisch angefordert.

7.101   gopen_ws [0a]   gopwk

Öffnet und initialisiert einen grafischen Arbeitsplatz.

Öffne Arbeitsplatz
Open Workstation

gopen_ws   (arbeitsplatz, verbindung, typ)

⇒   Gint   **arbeitsplatz**
Frei wählbare Kennzeichnung des Arbeitsplatzes im Anwendungsprogramm.

⇒   const void   ***verbindung**
Kennzeichnung der Anschlußverbindung vom Rechner zum grafischen Arbeitsplatz. Die Werte dieses Parameters sind implementierungsabhängig.

⇒   Gint   **typ**
Der Arbeitsplatztyp legt fest, welche Geräteart der zu öffnende Arbeitsplatz hat. Die Werte dieses Parameters sind implementierungsabhängig.

Beschreibung

Der Arbeitsplatz wird initialisiert. Die Arbeitsplatzzustandstabellen werden angelegt und mit den vordefinierten Werten gefüllt. Dynamisch benötigter Speicher wird evtl. vom Betriebssystem angefordert.

Falls GKS vor Aufruf dieser Funktion im Betriebszustand *GKOF* (GKS offen) war, wird es jetzt in den Zustand *APOF* (mindestens ein Arbeitsplatz offen) gesetzt. Andernfalls bleibt der GKS-Betriebszustand unverändert.

GKS stellt sicher, daß die Darstellungsfläche des geöffneten Arbeitsplatzes leer ist.

Damit auf dem Arbeitsplatz grafische Ausgaben dargestellt werden, muß er noch mit gactivate_ws() aktiviert werden.

Mögliche Fehler

  8   GKS befindet sich nicht im richtigen Zustand: GKS muß sich in einem der Zustände *GKOF*, *APOF*, *APAK* oder *SGOF* befinden.
20   Spezifizierte Arbeitsplatzkennzeichnung ist ungültig.
21   Spezifizierte Verbindungskennzeichnung ist ungültig.
22   Spezifizierter Arbeitsplatztyp ist ungültig.
23   Spezifizierter Arbeitsplatztyp existiert nicht.
24   Spezifizierter Arbeitsplatz ist offen.
26   Spezifizierter Arbeitsplatz kann nicht geöffnet werden.
28   Arbeitsplatzunabhängiger Segmentspeicher ist bereits offen.
42   Maximale Anzahl gleichzeitig offener Arbeitsplätze würde überschritten.

Siehe auch

gactivate_ws, gclose_ws.

Bemerkungen

WESTgraf unterstützt z. Z. folgende Arbeitsplatztypen (s. Abschnitt 6.2):

- GTYP_EGA (101): EGA-Grafikkarte 640 · 350 Bildpunkte, 16 Farben, 2 Bildspeicherseiten, falls mindestens 256 KByte Bildspeicher vorhanden sind.

- GTYP_VGA (102): VGA-Grafikkarte 640 · 480 Bildpunkte, 16 Farben, 2 Bildspeicherseiten, falls eine Tseng ET4000-Karte mit mindestens 512 KByte Bildspeicher verwendet wird.

- GTYP_VGA_800 (103): Super-VGA-Grafikkarte 800 · 600 Bildpunkte, 16 Farben, Dieser Modus ist nur mit einer Tseng ET3000/ET4000 VGA-Karte und passendem Monitor möglich. 2 Bildspeicherseiten, falls eine ET4000-Karte mit mindestens 512 KByte Bildspeicher vorhanden ist.

- GTYP_VGA_1024 (104): Super-VGA-Grafikkarte 1024·768 Bildpunkte, 16 Farben. Dieser Modus ist nur mit einer Tseng ET4000 VGA-Karte, mindestens 512 KByte Bildspeicher und passendem Monitor möglich. 2 Bildspeicherseiten, falls eine Tseng ET4000-Karte mit 1 MByte Bildspeicher vorhanden ist.

- GTYP_CGA (219): CGA-Grafikkarte 640 · 200 Bildpunkte, 2 Farben. Bei einer echten CGA-Grafikkarte ist normalerweise nur 1 Bildspeicherseite vorhanden. Eine EGA/VGA-Karte im CGA-Modus kann jedoch auch 2 Seiten zur Verfügung stellen.

- GTYP_HER (220): Hercules-Grafikkarte 720·348 Bildpunkte, 2 Farben, 2 Bildspeicherseiten, falls mindestens 64 KByte Bildspeicher vorhanden sind.

- GTYP_HPLJ_75 (301): HP Laserjet II-Drucker 75 · 75 dpi, 2 Farben.

- GTYP_HPLJ_100 (302): HP Laserjet II-Drucker 100 · 100 dpi, 2 Farben.

- GTYP_HPLJ_150 (303): HP Laserjet II-Drucker 150 · 150 dpi, 2 Farben.

- GTYP_HPLJ_300 (304): HP Laserjet II-Drucker 300 · 300 dpi, 2 Farben.

- GTYP_FX80_60 (401): Epson FX80-Drucker 60 · 72 dpi, 2 Farben.

- GTYP_FX80_120 (402): Epson FX80-Drucker 120 · 144 dpi, 2 Farben.

- GTYP_LQ500 (403): Epson LQ500-Drucker 180 · 180 dpi, 2 Farben.

- GTYP_NECP6 (404): NEC P6-Drucker 360 · 360 dpi, 2 Farben.

ACHTUNG: Der gewählte Grafikmodus muß von Grafikkarte und Monitor unterstützt werden. Andernfalls könnten Karte und/oder Monitor beschädigt werden.

WESTgraf stellt die Zusatzfunktion gkarte() zur Verfügung. Diese Funktion versucht den Typ der im Rechner installierten Grafikkarte zu erkennen und liefert als Ergebnis einen passenden WESTgraf-Arbeitsplatztyp zurück (s. Seite 56).

Der Parameter Verbindung wird für die Bildschirmarbeitsplätze ignoriert. Für Drucker- und Plotterarbeitsplätze muß hier ein gültiger DOS-Dateiname bzw. eine DOS-Gerätebezeichnung (z.B. "prn") angegeben werden.

ACHTUNG: Wird für die Verbindung bei einem Drucker- oder Plotterarbeitsplatz der Name einer Platten-/Diskettendatei angegeben, so wird eine evtl. bereits existierende Datei gleichen Namens *nicht* gelöscht, sondern die Druckdaten werden an den alten Inhalt der Datei angehängt.

WESTgraf kann zu einer Zeit höchstens einen Arbeitsplatz offen halten.

7.102　gpolyline [0a]　gpl

Zeichnet das Darstellungselement Linienzug.

Linienzug
Polyline

gpolyline　(punktliste)

⇒　const Gpoint_list　**∗punktliste**

typedef struct { Gint num_points; Gpoint ∗points; } Gpoint_list;

typedef struct { Gfloat x,y; } Gpoint;

Anzahl der übergebenen Eckpunkte ($\geq$ 2) und Feld der Eckpunkte in Welt-koordinaten.

Beschreibung

Die Punkte werden in der angegebenen Reihenfolge durch gerade Linienstücke verbunden. Es werden die aktuellen Linienzugattribute verwendet. Diese werden, abhängig von den aktuellen Aspektanzeigern, entweder durch das Linienzugbündel oder durch die individuellen Attribute bestimmt. Der Linienzug wird auf allen aktiven Arbeitsplätzen gezeichnet.

Mögliche Fehler

 5　GKS befindet sich nicht im richtigen Zustand: GKS muß sich entweder im Zustand *APAK* oder im Zustand *SGOF* befinden.

 100　Anzahl der Punkte ungültig.

Siehe auch

gset_linetype, gset_linewidth, gset_line_colr_ind, gset_line_ind, gset_asfs, gset_colr_rep, gactivate_ws.

Bemerkungen

7.103 gpolymarker [0a] gpm

Zeichnet das Darstellungselement Polymarke.

Polymarke
Polymarker

gpolymarker (punktliste)

⇒ const Gpoint_list *punktliste

typedef struct { Gint num_points; Gpoint *points; } Gpoint_list;

typedef struct { Gfloat x,y; } Gpoint;

Anzahl der übergebenen Eckpunkte (≥ 1) und Feld der Eckpunkte in Welt-koordinaten.

Beschreibung

Die Punkte werden mit zentrierten Symbolen markiert. Es werden die aktuellen Polymarkenattribute verwendet. Diese werden, abhängig von den aktuellen Aspektanzeigern, entweder durch das Polymarkenbündel oder durch die individuellen Attribute bestimmt. Die Polymarke wird auf allen aktiven Arbeitsplätzen gezeichnet.

Mögliche Fehler

5 GKS befindet sich nicht im richtigen Zustand: GKS muß sich entweder im Zustand *APAK* oder im Zustand *SGOF* befinden.

100 Anzahl der Punkte ungültig.

Siehe auch

gset_marker_type, gset_marker_size, gset_marker_colr_ind, gset_marker_ind, gset_asfs, gset_colr_rep, gactivate_ws.

Bemerkungen

7.104   gread_item   [0a]   grditm

Liest aktuellen Satz von der Bilddatei.

Lies Satz von der Bilddatei
Read item from GKSM

gread_item (arbeitsplatz, laenge, datensatz)

⇒   Gint   **arbeitsplatz**
Frei wählbare Kennzeichnung des Arbeitsplatzes im Anwendungsprogramm.

⇒   Gint   **laenge**
Maximale Länge des Datensatzes, der zurückgegeben wird. Ist der aktuelle
Datensatz länger, so wird der Rest überlesen und ist verloren. Wird 0 als
laenge angegeben, so kann der aktuelle Datensatz ganz übersprungen werden.

⇐   Gitem data   **∗datensatz**
typedef struct { Gint type, length; Gvoid data; } Gitem_data;
Der gelesene Datensatz. Es werden höchstens laenge Byte im Datensatz zurückgegeben. Das Anwendungsprogramm muß dafür ausreichend Speicher zur
Verfügung stellen.

Beschreibung
Diese Funktion liefert den Inhalt des aktuellen Datensatzes einer Bilddatei zurück.
Da das Format von GKS-Bilddateien nicht genormt ist, befindet man sich außer-
halb der Norm, wenn man ausnutzt, wie die Datensätze kodiert sind.

Mögliche Fehler
    7 GKS befindet sich nicht im richtigen Zustand: GKS muß sich in einem der Zustände
       APOF, APAK oder *SGOF* befinden.
  20 Spezifizierte Arbeitsplatzkennzeichnung ist ungültig.
  25 Spezifizierter Arbeitsplatz ist nicht offen.
  34 Spezifizierter Arbeitsplatz ist nicht von der Kategorie *BE*.
 162 In der Bilddateieingabe sind keine Daten mehr vorhanden.
 163 Bilddateisatz ist ungültig.
 165 Inhalt des Satzes ist für die spezifizierte Satzart ungültig.
 166 Maximale Satzlänge ist ungültig.

Siehe auch
gget_item_type, ginterpret_item, gwrite_item.

Bemerkungen
Bilddateien werden von WESTgraf derzeit nicht unterstützt. Daher wird auch der
Datensatz nicht verwendet.

7.105   greq_choice   [0b]   grqch

Führt eine Eingabe im Anforderungsmodus mit einem Auswähler durch und liefert die Nummer einer Auswahl.

Fordere Auswähler an
Request choice

greq_choice   (arbeitsplatz, nr, status, auswahl)

⇒   Gint   **arbeitsplatz**
Frei wählbare Kennzeichnung des Arbeitsplatzes im Anwendungsprogramm.

⇒   Gint   **nr**
Nummer des Auswählers (≥ 1).

⇐   Gin_status   ***status**
typedef enum
{ GIN_STATUS_NONE, GIN_STATUS_OK, GIN_STATUS_NO_IN } Gin_status;
Der Endestatus des Auswählers.
Mögliche Werte für den Endestatus sind: *keine* (GIN_STATUS_NONE), *OK* (GIN_STATUS_OK), *keine Auswahl* (GIN_STATUS_NO_IN).

⇐   Gint   ***auswahl**
Die Nummer der eingegebenen Auswahl.

Beschreibung
Gemäß den Werten in der Arbeitsplatz-Zustandsliste führt ein Auswähler die Interaktion in der Betriebsart *Anforderung* aus. Dabei handelt es sich um eine synchrone Eingabe, d.h. das Anwendungsprogramm wartet, bis die Eingabe beendet ist. Es finden die nötigen Initialisierungen der Hardware statt. Das eingestellte Echo wird — falls gewünscht — dargestellt und zeigt den aktuellen Auswählerwert an, der vom Bediener verändert werden kann. Das Ende der Interaktion wird durch Drücken einer Taste angezeigt. Dann wird das Echo von der Darstellungsfläche gelöscht und der aktuelle Auswählerwert (Nummer der Auswahl) als logischer Eingabewert an das Anwendungsprogramm übergeben.
Wenn der Bediener die Abbruchmöglichkeit betätigt hat, wird GIN_STATUS_NONE als Status zurückgegeben; falls der Auswählerwert außerhalb des zulässigen Bereichs liegt, wird der Status GIN_STATUS_NO_IN zurückgegeben; ansonsten wird GIN_STATUS_OK zusammen mit dem logischen Eingabewert zurückgegeben.
Das grafische Erscheinungsbild der Interaktion hängt von der eingestellten Aufforderungs- und Echoart und vom Echofeld ab. Diese Einstellungen können mit der Funktion ginit_choice() vorgenommen werden. Mit dieser Funktion kann man dem Auswähler auch einen Anfangswert vorgeben, mit d*em die Interaktion begonnen wird.
Mit ginq_def_choice_data() können die Voreinstellungen für den Auswähler erfragt werden. Mit der Funktion gset_choice_mode() kann die Betriebsart des Auswählers eingestellt und das Echo an- und abgeschaltet werden.

Mögliche Fehler

  7 GKS befindet sich nicht im richtigen Zustand: GKS muß sich in einem der Zustände *APOF, APAK* oder *SGOF* befinden.

  20 Spezifizierte Arbeitsplatzkennzeichnung ist ungültig.

  25 Spezifizierter Arbeitsplatz ist nicht offen.

  38 Spezifizierter Arbeitsplatz ist weder von der Kategorie *Eingabe* noch von der Kategorie *AusEin.*

140 Spezifiziertes Eingabegerät ist am Arbeitsplatz nicht vorhanden.

141 Eingabegerät ist nicht im *Anforderungs*-Modus.

Siehe auch

ginit_choice, gset_choice_mode, ginq_def_choice_data.

Bemerkungen

Die Nummer des Auswählers ist für WESTgraf derzeit stets 1.

Die in WESTgraf derzeit implementierten Aufforderungs- und Echoarten für den Auswähler geben keine Eingabeaufforderung und kein Echo aus. Mit der Taste ESC kann die Eingabe abgebrochen werden (s. ginit_choice()).

7.106   greq_loc   [0b]   grqlc

Führt eine Eingabe im Anforderungsmodus mit einem Lokalisierer durch und liefert eine Position in Weltkoordinaten.

Fordere Lokalisierer an
Request locator

greq_loc   (arbeitsplatz, nr, status, normtran, punkt)

⇒   Gint   **arbeitsplatz**
Frei wählbare Kennzeichnung des Arbeitsplatzes im Anwendungsprogramm.

⇒   Gint   **nr**
Nummer des Lokalisierers (≥ 1).

⇐   Gin_status   ***status**
typedef enum
{ GIN_STATUS_NONE, GIN_STATUS_OK, GIN_STATUS_NO_IN } Gin_status;
Der Endestatus des Lokalisierers.
Mögliche Werte für den Endestatus sind: *keine* (GIN_STATUS_NONE), *OK* (GIN_STATUS_OK).

⇐   Gint   ***normtran**
Die Nummer der Normierungstransformation, die für die Umrechnung der eingegebenen Position von normierten Koordinaten in Weltkoordinaten verwendet wurde. Dies ist die NT mit der höchsten Darstellungsfeld-Eingabepriorität aller NT, in deren Darstellungsfeld der eingegebene Punkt (in NK) liegt.

⇐   Gpoint   ***punkt**
typedef struct { Gfloat x,y; } Gpoint;
Die eingegebene Position in Weltkoordinaten. Der Punkt liegt innerhalb des Fensters der Normierungstransformation mit der Nummer normtran.

Beschreibung
Gemäß den Werten in der Arbeitsplatz-Zustandsliste führt ein Lokalisierer die Interaktion in der Betriebsart *Anforderung* aus. Dabei handelt es sich um eine synchrone Eingabe, d. h. das Anwendungsprogramm wartet, bis die Eingabe beendet ist. Es finden die nötigen Initialisierungen der Hardware statt. Das eingestellte Echo wird — falls gewünscht — dargestellt und zeigt den aktuellen Lokalisiererwert an, der vom Bediener verändert werden kann. Das Ende der Interaktion wird durch Drücken einer Taste angezeigt. Dann wird das Echo von der Darstellungsfläche gelöscht und der aktuelle Lokalisiererwert (Position in Weltkoordinaten und Nummer der NT die bei der Transformation in WK benutzt wurde) als logischer Eingabewert an das Anwendungsprogramm übergeben.
Wenn der Bediener die Abbruchmöglichkeit betätigt hat, wird GIN_STATUS_NONE als Status zurückgegeben; ansonsten wird GIN_STATUS_OK zusammen mit dem logischen Eingabewert zurückgegeben.
Das grafische Erscheinungsbild der Interaktion hängt von der eingestellten Aufforderungs- und Echoart und vom Echofeld ab. Diese Einstellungen können mit

der Funktion ginit_loc() vorgenommen werden. Mit dieser Funktion kann man dem
Lokalisierer auch einen Anfangswert vorgeben, mit dem die Interaktion begonnen
wird.

Mit ginq_def_loc_data() können die Voreinstellungen für den Lokalisierer erfragt werden. Mit der Funktion gset_loc_mode() kann die Betriebsart des Lokalisierers eingestellt und das Echo an- und abgeschaltet werden.

Mögliche Fehler

    7 GKS befindet sich nicht im richtigen Zustand: GKS muß sich in einem der Zustände
APOF, APAK oder *SGOF* befinden.

  20 Spezifizierte Arbeitsplatzkennzeichnung ist ungültig.

  25 Spezifizierter Arbeitsplatz ist nicht offen.

  38 Spezifizierter Arbeitsplatz ist weder von der Kategorie *Eingabe* noch von der Kategorie
AusEin.

140 Spezifiziertes Eingabegerät ist am Arbeitsplatz nicht vorhanden.

141 Eingabegerät ist nicht im *Anforderungs*-Modus.

Siehe auch

ginit_loc, gset_loc_mode, ginq_def_loc_data, gset_vp_pri.

Bemerkungen

Die Nummer des Lokalisierers ist für WESTgraf derzeit stets 1.

Der Lokalisierer kann sowohl mit der Maus (falls vorhanden) als auch mit der
alphanumerischen Tastatur gesteuert werden. Durch Drücken der linken Maustaste wird die aktuelle Lokalisiererposition akzeptiert und übernommen, die rechte
Maustaste bricht die Interaktion ab. Denselben Effekt haben die Tasten Eingabe
bzw. ESC der alphanumerischen Tastatur (s. ginit_loc()).

7.107   greq_string   [0b]   grqst

Führt eine Eingabe im Anforderungsmodus mit einem Textgeber durch und liefert eine Zeichenfolge.

Fordere Textgeber an
Request string

greq_string   (arbeitsplatz, nr, status, text)

⇒   Gint   **arbeitsplatz**
Frei wählbare Kennzeichnung des Arbeitsplatzes im Anwendungsprogramm.

⇒   Gint   **nr**
Nummer des Textgebers (≥ 1).

⇐   Gin_status   ***status**
typedef enum
{ GIN_STATUS_NONE, GIN_STATUS_OK, GIN_STATUS_NO_IN } Gin_status;
Der Endestatus des Textgebers.
Mögliche Werte für den Endestatus sind: *keine* (GIN_STATUS_NONE), *OK* (GIN_STATUS_OK).

⇐   char   ***text**
Die eingegebene Zeichenkette.
Der Speicher für die Zeichenkette muß vom Anwendungsprogramm bereitgestellt werden. Die Maximalzahl der Zeichen wird bei ginit_string() angegeben.

Beschreibung
Gemäß den Werten in der Arbeitsplatz-Zustandsliste führt ein Textgeber die Interaktion in der Betriebsart *Anforderung* aus. Dabei handelt es sich um eine synchrone Eingabe, d.h. das Anwendungsprogramm wartet, bis die Eingabe beendet ist. Es finden die nötigen Initialisierungen der Hardware statt. Das eingestellte Echo wird – falls gewünscht – dargestellt und zeigt den aktuellen Textgeberwert an, der vom Bediener verändert werden kann. Das Ende der Interaktion wird durch Drücken einer Taste angezeigt. Dann wird der aktuelle Textgeberwert (eingegebene Zeichenfolge) als logischer Eingabewert an das Anwendungsprogramm übergeben.
Wenn der Bediener die Abbruchmöglichkeit betätigt hat, wird GIN_STATUS_NONE als Status zurückgegeben; ansonsten wird GIN_STATUS_OK zusammen mit dem logischen Eingabewert zurückgegeben.
Das grafische Erscheinungsbild der Interaktion hängt von der eingestellten Aufforderungs- und Echoart und vom Echofeld ab. Diese Einstellungen können mit der Funktion ginit_string() vorgenommen werden. Mit dieser Funktion kann man dem Textgeber auch eine Anfangszeichenfolge vorgeben, mit der die Interaktion begonnen wird.
Mit ginq_def_string_data() können die Voreinstellungen für den Textgeber erfragt werden. Mit der Funktion gset_string_mode() kann die Betriebsart des Textgebers eingestellt und das Echo an- und abgeschaltet werden.

Mögliche Fehler

    7 GKS befindet sich nicht im richtigen Zustand: GKS muß sich in einem der Zustände *APOF*, *APAK* oder *SGOF* befinden.

  20 Spezifizierte Arbeitsplatzkennzeichnung ist ungültig.

  25 Spezifizierter Arbeitsplatz ist nicht offen.

  38 Spezifizierter Arbeitsplatz ist weder von der Kategorie *Eingabe* noch von der Kategorie *AusEin*.

140 Spezifiziertes Eingabegerät ist am Arbeitsplatz nicht vorhanden.

141 Eingabegerät ist nicht im *Anforderungs*-Modus.

Siehe auch

ginit_string, gset_string_mode, ginq_def_string_data.

Bemerkungen

Die Nummer des Textgebers ist für WESTgraf derzeit stets 1.

Der Textgeber wird mit der alphanumerischen Tastatur bedient. Durch Drücken der Taste Eingabe wird die aktuelle Zeichenkette akzeptiert und übernommen, die Taste ESC bricht die Interaktion ab (s. ginit_string()).

Zu Beginn der Interaktion wird das Echofeld mit Hintergrundfarbe gefüllt. Die eingegebene Zeichenkette wird in der aktuellen Schriftart und -qualität und mit dem aktuellen Textfarbindex dargestellt. Nach Ende der Interaktion wird der vorherige Inhalt des Echofeldes *nicht* wiederhergestellt.

7.108   greq_stroke [0b] grqsk

Führt eine Eingabe im Anforderungsmodus mit einem Liniengeber durch und liefert eine Folge von Punkten in Weltkoordinaten.

Fordere Liniengeber an
Request stroke

greq_stroke (arbeitsplatz, nr, status, normtran, punkte)

⇒ Gint **arbeitsplatz**
Frei wählbare Kennzeichnung des Arbeitsplatzes im Anwendungsprogramm.

⇒ Gint **nr**
Nummer des Liniengebers (≥ 1).

⇐ Gin_status ***status**
typedef enum
{ GIN_STATUS_NONE, GIN_STATUS_OK, GIN_STATUS_NO_IN } Gin_status;
Der Endestatus des Liniengebers.
Mögliche Werte für den Endestatus sind: *keine* (GIN_STATUS_NONE), *OK* (GIN_STATUS_OK).

⇐ Gint ***normtran**
Die Nummer der Normierungstransformation, die für die Umrechnung der eingegebenen Punkte von normierten Koordinaten in Weltkoordinaten verwendet wurde. Dies ist die NT mit der höchsten Darstellungsfeld-Eingabepriorität aller NT, in deren Darstellungsfeld alle eingegebene Punkte (in NK) liegen.

⇐ Gpoint_list ***punkte**
typedef struct { Gint num_points; Gpoint *points; } Gpoint_list;
typedef struct { Gfloat x,y; } Gpoint;
Anzahl und Feld der eingegebenen Punkte in Weltkoordinaten. Alle Punkte liegen innerhalb des Fensters der Normierungstransformation mit der Nummer normtran.
Der Speicher für die Punkte muß vom Anwendungsprogramm bereitgestellt werden. Die Maximalzahl der Punkte wird bei ginit_stroke() angegeben.

Beschreibung
Gemäß den Werten in der Arbeitsplatz-Zustandsliste führt ein Liniengeber die Interaktion in der Betriebsart *Anforderung* aus. Dabei handelt es sich um eine synchrone Eingabe, d.h. das Anwendungsprogramm wartet, bis die Eingabe beendet ist. Es finden die nötigen Initialisierungen der Hardware statt. Das eingestellte Echo wird – falls gewünscht – dargestellt und zeigt den aktuellen Liniengeberwert an, der vom Bediener verändert werden kann. Das Ende der Interaktion wird durch Drücken einer Taste angezeigt. Dann wird das Echo von der Darstellungsfläche gelöscht und der aktuelle Liniengeberwert (Punktfolge in Weltkoordinaten und Nummer der NT die bei der Transformation in WK benutzt wurde) als logischer Eingabewert an das Anwendungsprogramm übergeben.
Wenn der Bediener die Abbruchmöglichkeit betätigt hat, wird GIN_STATUS_NONE

als Status zurückgegeben; ansonsten wird GIN_STATUS_OK zusammen mit dem logischen Eingabewert zurückgegeben.

Das grafische Erscheinungsbild der Interaktion hängt von der eingestellten Aufforderungs- und Echoart und vom Echofeld ab. Diese Einstellungen können mit der Funktion ginit_stroke() vorgenommen werden. Mit dieser Funktion kann man dem Liniengeber auch eine Anfangspunktfolge vorgeben, mit der die Interaktion begonnen wird.

Mit ginq_def_stroke_data() können die Voreinstellungen für den Liniengeber erfragt werden. Mit der Funktion gset_stroke_mode() kann die Betriebsart des Liniengebers eingestellt und das Echo an- und abgeschaltet werden.

Mögliche Fehler

7 GKS befindet sich nicht im richtigen Zustand: GKS muß sich in einem der Zustände *APOF, APAK* oder *SGOF* befinden.

20 Spezifizierte Arbeitsplatzkennzeichnung ist ungültig.

25 Spezifizierter Arbeitsplatz ist nicht offen.

38 Spezifizierter Arbeitsplatz ist weder von der Kategorie *Eingabe* noch von der Kategorie *AusEin*.

140 Spezifiziertes Eingabegerät ist am Arbeitsplatz nicht vorhanden.

141 Eingabegerät ist nicht im *Anforderungs*-Modus.

Siehe auch

ginit_stroke, gset_stroke_mode, ginq_def_stroke_data, gset_vp_pri.

Bemerkungen

Die Nummer des Liniengebers ist für WESTgraf derzeit stets 1.

Der Liniengeber kann sowohl mit der Maus (falls vorhanden) als auch mit der alphanumerischen Tastatur gesteuert werden. Der Linienzug kann editiert werden. Auch bereits eingegebene Punkte können nachträglich verschoben werden. Die linke Maustaste wechselt zum nächsten, die rechte zum vorhergehenden Punkt im Linienzug. Denselben Effekt haben die Tasten Ende bzw. Pos1 der alphanumerischen Tastatur. Mit Entf kann der aktuelle Punkt gelöscht werden, mit Einfg kann ein neuer Punkt eingefügt werden. Eingabe übernimmt den aktuellen Linienzug und beendet die Eingabe. ESC bricht die Interaktion ab (s. ginit_stroke()).

7.109   greq_val [Ob]   grqvl

Führt eine Eingabe im Anforderungsmodus mit einem Wertgeber durch und liefert eine reelle Zahl.

Fordere Wertgeber an
Request valuator

greq_val (arbeitsplatz, nr, status, wert)

⇒   Gint   **arbeitsplatz**
Frei wählbare Kennzeichnung des Arbeitsplatzes im Anwendungsprogramm.

⇒   Gint   **nr**
Nummer des Wertgebers (≥ 1).

⇐   Gin_status   ***status**
typedef enum
{ GIN_STATUS_NONE, GIN_STATUS_OK, GIN_STATUS_NO_IN } Gin_status;
Der Endestatus des Wertgebers.
Mögliche Werte für den Endestatus sind: *keine* (GIN_STATUS_NONE), *OK* (GIN_STATUS_OK).

⇐   Gfloat   ***wert**
Der eingegebene Wert. Der Wert liegt innerhalb des geforderten Wertebereichs.

Beschreibung
Gemäß den Werten in der Arbeitsplatz-Zustandsliste führt ein Wertgeber die Interaktion in der Betriebsart *Anforderung* aus. Dabei handelt es sich um eine synchrone Eingabe, d. h. das Anwendungsprogramm wartet, bis die Eingabe beendet ist. Es finden die nötigen Initialisierungen der Hardware statt. Das eingestellte Echo wird — falls gewünscht — dargestellt und zeigt den aktuellen Wertgeberwert an, der vom Bediener verändert werden kann. Das Ende der Interaktion wird durch Drücken einer Taste angezeigt. Dann wird das Echo von der Darstellungsfläche gelöscht und der aktuelle Wertgeberwert (reelle Zahl) als logischer Eingabewert an das Anwendungsprogramm übergeben.
Wenn der Bediener die Abbruchmöglichkeit betätigt hat, wird GIN_STATUS_NONE als Status zurückgegeben; ansonsten wird GIN_STATUS_OK zusammen mit dem logischen Eingabewert zurückgegeben.
Das grafische Erscheinungsbild der Interaktion hängt von der eingestellten Aufforderungs- und Echoart und vom Echofeld ab. Diese Einstellungen können mit der Funktion ginit_val() vorgenommen werden. Mit dieser Funktion kann man dem Wertgeber auch einen Anfangswert vorgeben, mit dem die Interaktion begonnen wird.
Mit ginq_def_val_data() können die Voreinstellungen für den Wertgeber erfragt werden. Mit der Funktion gset_val_mode() kann die Betriebsart des Wertgebers eingestellt und das Echo an- und abgeschaltet werden.

Mögliche Fehler

  7 GKS befindet sich nicht im richtigen Zustand: GKS muß sich in einem der Zustände
APOF, APAK oder *SGOF* befinden.

20 Spezifizierte Arbeitsplatzkennzeichnung ist ungültig.

25 Spezifizierter Arbeitsplatz ist nicht offen.

38 Spezifizierter Arbeitsplatz ist weder von der Kategorie *Eingabe* noch von der Kategorie
AusEin.

140 Spezifiziertes Eingabegerät ist am Arbeitsplatz nicht vorhanden.

141 Eingabegerät ist nicht im *Anforderungs*-Modus.

Siehe auch

ginit_val, gset_val_mode, ginq_def_val_data.

Bemerkungen

Die Nummer des Wertgebers ist für WESTgraf derzeit stets 1.

Der Wertgeber kann sowohl mit der Maus (falls vorhanden) als auch mit der alphanumerischen Tastatur gesteuert werden. Durch Drücken der linken Maustaste wird der aktuelle Wertgeberwert akzeptiert und übernommen, die rechte Maustaste bricht die Interaktion ab. Denselben Effekt haben die Tasten Eingabe bzw. ESC der alphanumerischen Tastatur (s. ginit_val()).

7.110   gsel_norm_tran   [0a]   gselnt

Wählt eine Normierungstransformation als aktuelle NT aus.

Wähle Normierungstransformation
Select normalization transformation

gsel_norm_tran (transfomation)

⇒   Gint   **transformation**
Nummer der Normierungstransformation (≥ 0).

Beschreibung

Die Nummer der Transformation wird in der GKS-Zustandsliste als aktuelle Normierungstransformation eingetragen. Diese NT wird bei nachfolgenden Ausgaben von Darstellungselementen zur Umrechnung von Koordinaten des benutzerspezifischen Weltkoordinatensystems (WK) in das geräteunabhängige normierte Koordinatensystem (NK, Einheitsquadrat) benutzt. Falls der Klippanzeiger auf *Klippen* gesetzt ist (gset_clip_ind()), wird am Darstellungsfeld der aktuellen NT geklippt.

Fenster und Darstellungsfeld einer Normierungstransformation können mit den Funktionen gset_win() und gset_vp() gesetzt werden.

Am Anfang (unmittelbar nach gopen_gks()) ist die NT 0 ausgewählt.

Die Nummer der aktuellen Normierungstransformation kann mit der Funktion ginq_cur_norm_tran_num() erfragt werden.

Die NT 0 hat für GKS eine besondere Bedeutung. Sie bildet stets das Einheitsquadrat $[0, 1] \times [0, 1]$ auf sich selbst ab und kann nicht geändert werden.

Mögliche Fehler

8 GKS befindet sich nicht im richtigen Zustand: GKS muß sich in einem der Zustände *GKOF, APOF, APAK* oder *SGOF* befinden.

50 Transformationsnummer ist ungültig.

Siehe auch

gset_vp, gset_win, gset_clip_ind, ginq_cur_norm_tran_num.

Bemerkungen

Die maximale Nummer einer NT ist für WESTgraf derzeit 20, d. h. es gibt die NT 0–20 (also 21 NT).

7.111   gset_asfs   [0a]   gsasf

Setzt die Aspektanzeiger.

Setze Aspektanzeiger
Set aspect source flags

gset_asfs   (aspektanzeiger)

⇒   const Gasfs   ***aspektanzeiger**

```
typedef struct
{ Gasf linetype, linewidth, line_colr_ind,
        marker_type, marker_size, marker_colr_ind,
        text_font_prec, char_expan, char_space, text_colr_ind,
        fill_int_style, fill_style_ind, fill_colr_ind;
} Gasfs;
typedef enum { GASF_BUNDLED, GASF_INDIV } Gasf;
```

Zeiger auf eine Struktur mit den zu setzenden Einstellungen aller Aspektanzeiger. Jeder Aspektanzeiger hat entweder den Wert *gebündelt* (GASF_BUNDLED) oder *individuell* (GASF_INDIV).

Anzeiger für folgende Aspekte sind vorhanden: Linientyp, Linienbreitefaktor, Linienzugfarbindex, Markentyp, Markenvergrößerungsfaktor, Polymarkenfarbindex, Schriftart und -qualität, Zeichenbreitefaktor, Zeichenabstand, Textfarbindex, Füllgebietsausfüllung, Füllgebietsausfüllungsindex, Füllgebietsfarbindex.

Beschreibung

Es werden die aktuellen Einstellungen der Aspektanzeiger in die GKS-Zustandsliste eingetragen. Jeder Aspektanzeiger legt fest, ob der entsprechende Aspekt eines Ausgabeelements ein individuelles (GKS-globales) Attribut oder ein Attribut aus einer (arbeitsplatzabhängigen) Bündeltabelle ist.

Am Anfang (unmittelbar nach gopen_gks()) haben alle Aspektanzeiger einen Standardwert. Dieser Anfangswert ist für alle Aspektanzeiger identisch. Es ist implementierungsabhängig, ob der Anfangswert *gebündelt* oder *individuell* ist.

Es werden stets alle Aspektanzeiger auf einen Schlag neu gesetzt. Die aktuellen Werte der Aspektanzeiger können mit ginq_asfs() erfragt werden.

Mögliche Fehler

8 GKS befindet sich nicht im richtigen Zustand: GKS muß sich in einem der Zustände *GKOF, APOF, APAK* oder *SGOF* befinden.

2202 Wert für Aufzählungstyp nicht im Bereich.

Siehe auch

ginq_asfs, gset_fill_ind, gset_line_ind, gset_marker_ind, gset_text_ind.

Bemerkungen

Für WESTgraf ist der Anfangswert aller Aspektanzeiger *individuell* (GASF_INDIV). Bündeltabelleneinträge dürfen erst ab der GKS-Leistungsstufe *1* vom Programm aus gesetzt werden.

7.112   gset_char_expan   [0a]   gschxp

Setzt einen neuen Zeichenbreitefaktor.

Setze Zeichenbreitefaktor
Set character expansion factor

gset_char_expan   (breite)

⇒   Gfloat   **breite**
     Der neue aktuelle Zeichenbreitefaktor (> 0).

Beschreibung

Der übergebene Zeichenbreitefaktor wird in der GKS-Zustandsliste gespeichert
(globales GKS-Darstellungsattribut). Dieser Wert wird beim Zeichnen von Texten
verwendet, falls der zugehörige Aspektanzeiger den Wert *individuell* (GASF_INDIV)
hat.

Der Zeichenbreitefaktor ist ein relativer Faktor, der angibt, um wieviel breiter als
„normal" die Zeichen einer Schriftart bei Textausgabe dargestellt werden sollen.
Die „normale" Zeichenbreite ergibt sich dabei aus der aktuellen Zeichenhöhe, der
Schriftart und der aktuellen Normierungstransformation.

Am Anfang (unmittelbar nach gopen_gks()) hat der Zeichenbreitefaktor den Anfangswert 1,0.

Der aktuelle Zeichenbreitefaktor kann mit der Funktion ginq_char_expan() erfragt
werden. Die aktuelle Zeichenbreite in Weltkoordinaten kann mit ginq_char_width()
erfragt werden.

Mögliche Fehler

    8 GKS befindet sich nicht im richtigen Zustand: GKS muß sich in einem der Zustände
       GKOF, APOF, APAK oder *SGOF* befinden.

   77 Zeichenbreitefaktor ist kleiner oder gleich Null.

Siehe auch

gtext, ginq_char_expan, ginq_char_width, gset_char_ht, gset_asfs.

Bemerkungen

7.113   gset_char_ht   [0a]   gschh

Setzt eine neue aktuelle Zeichenhöhe.

Setze Zeichenhöhe
Set character height

gset_char_ht   (hoehe)

⇒   Gfloat   **hoehe**
    Die neue aktuelle Zeichenhöhe in Weltkoordinaten (> 0).

Beschreibung

Die übergebene Zeichenhöhe wird in der GKS-Zustandsliste gespeichert. Dieser Wert wird bei nachfolgend erzeugten Texten verwendet.

Die Zeichenhöhe legt sowohl Höhe als auch Breite der Zeichen einer Textausgabe fest. Sie entspricht der Höhe der Großbuchstaben der gewählten Schriftart. Die Breite der Zeichen wird außerdem durch den Zeichenbreitefaktor beeinflußt, der mit gset_char_expan() gesetzt werden kann.

Am Anfang (unmittelbar nach gopen_gks()) hat die Zeichenhöhe den Anfangswert 0,01. Das entspricht 1% der Höhe des Standardfensters (NT 0).

Die aktuelle Zeichenhöhe kann mit der Funktion ginq_char_ht() erfragt werden.

Mögliche Fehler

    8   GKS befindet sich nicht im richtigen Zustand: GKS muß sich in einem der Zustände *GKOF, APOF, APAK* oder *SGOF* befinden.

  78   Zeichenhöhe ist kleiner oder gleich Null.

Siehe auch

gtext, ginq_char_ht, gset_char_expan.

Bemerkungen

Die Zeichenhöhe ist nur als globales GKS-Darstellungsattribut vorhanden, also kein Bestandteil der arbeitsplatzabhängigen Textbündel.

7.114   gset_char_space   [0a]   gschsp

Setzt einen neuen Zeichenabstand.

Setze Zeichenabstand
Set character spacing

gset_char_space   (abstand)

⇒   Gfloat   **abstand**
Der neue aktuelle Zeichenabstand als Bruchteil der Zeichenhöhe.

Beschreibung

Der übergebene Zeichenabstand wird in der GKS-Zustandsliste gespeichert (globales GKS-Darstellungsattribut). Dieser Wert wird beim Zeichnen von Texten verwendet, falls der zugehörige Aspektanzeiger den Wert *individuell* (GASF_INDIV) hat.

Der Zeichenabstand gibt an, wieviel zusätzlicher Platz zwischen zwei aufeinanderfolgenden Zeichen einer Textausgabe gelassen wird.

Am Anfang (unmittelbar nach gopen_gks()) hat der Zeichenabstand den Anfangswert 0,0. Das heißt, die Zeichen werden ohne zusätzlichen Abstand nebeneinander gesetzt. Positive Werte führen zu Sperrschrift, negative Werte bewirken, daß sich Zeichen überlappen können.

Der aktuelle Zeichenabstand kann mit der Funktion ginq_char_space() erfragt werden.

Mögliche Fehler

   8 GKS befindet sich nicht im richtigen Zustand: GKS muß sich in einem der Zustände *GKOF, APOF, APAK* oder *SGOF* befinden.

Siehe auch

gtext, ginq_char_space, gset_char_height, gset_asfs.

Bemerkungen

7.115   gset_char_up_vec   [0a]   gschup

Setzt den aktuellen Zeichenaufwärtsvektor.

Setze Zeichenaufwärtsvektor
Set character up vector

gset_char_up_vec   (richtung)

⇒   const Gvec   ***richtung**
      typedef struct { Gfloat delta_x, delta_y; } Gvec;
      Der neue aktuelle Zeichenaufwärtsvektor. Der Zeichenaufwärtsvektor wird
      als Koordinatenpaar in Weltkoordinaten angegeben. Nur die Richtung dieses
      Vektors hat Bedeutung, nicht seine Länge.

Beschreibung

Der übergebene Zeichenaufwärtsvektor wird in der GKS-Zustandsliste gespeichert.
Er wird bei nachfolgend erzeugten Texten verwendet.

Der Zeichenaufwärtsvektor legt eine Drehung des gesamten Textes fest, so daß die
Orientierung der Zeichen mit der Richtung des Zeichenaufwärtsvektors überein-
stimmt.

Am Anfang (unmittelbar nach gopen_gks()) hat der Zeichenaufwärtsvektor den Anfangswert $(0, 1)$. Das entspricht einer normalen, aufrechten Zeichenrichtung.

Der aktuelle Zeichenaufwärtsvektor kann mit der Funktion ginq_char_up_vec() erfragt werden.

Mögliche Fehler

8 GKS befindet sich nicht im richtigen Zustand: GKS muß sich in einem der Zustände
     GKOF, APOF, APAK oder *SGOF* befinden.
79 Länge des Zeichenaufwärtsvektors ist Null.

Siehe auch

gtext, ginq_char_up_vec, ginq_char_base_vec, gset_text_path, gset_text_align.

Bemerkungen

Der Zeichenaufwärtsvektor bestimmt zugleich den Zeichenbasisvektor, der nicht
direkt gesetzt werden kann. Die beiden Vektoren stehen senkrecht aufeinander
(solange keine Segmenttransformationen im Spiel sind). Der Zeichenaufwärtsvektor ist nur als globales GKS-Darstellungsattribut vorhanden, also kein Bestandteil
der arbeitsplatzabhängigen Textbündel.

Segmente und Segmenttransformationen werden von WESTgraf z. Z. nicht unterstützt.

7.116   gset_choice_mode [0b] gschm

Legt die Betriebsart eines Auswählers fest.

Setze Auswählermodus
Set choice mode

gset_choice_mode (arbeitsplatz, nr, betriebsart, echoschalter)

⇒   Gint   **arbeitsplatz**
Frei wählbare Kennzeichnung des Arbeitsplatzes im Anwendungsprogramm.

⇒   Gint   **nr**
Nummer des Auswählers (≥ 1).

⇒   Gop_mode   **betriebsart**
typedef enum { GOP_REQ, GOP_SAMPLE, GOP_EVENT } Gop_mode;
Betriebsart des Auswählers. Mögliche Werte für die Betriebsart sind: *Anforderung* (GOP_REQ), *Abfrage* (GOP_SAMPLE), *Ereignis* (GOP_EVENT).

⇒   Gecho_switch   **echoschalter**
typedef enum { GSWITCH_NO_ECHO, GSWITCH_ECHO } Gecho_switch;
Anzeiger, ob ein Echo angezeigt wird oder nicht. Mögliche Werte für den Echoschalter sind: *Echo* (GSWITCH_ECHO), *kein Echo* (GSWITCH_NO_ECHO).

Beschreibung

Der Auswähler wird in die angegebene Betriebsart gesetzt. Bei den Betriebsarten *Abfrage* und *Ereignis* wird die Interaktion gestartet. Bei der Betriebsart *Anforderung* wird eine evtl. laufende Interaktion beendet. Die Betriebsart und der Echoschalter werden in der Arbeitsplatz-Zustandsliste eingetragen.

Am Anfang (unmittelbar nach gopen_ws()) haben Betriebsart und Echoschalter die Werte *Anforderung* und *Echo*.

Aufforderungs- und Echoart, Echofeld sowie ein Anfangswert für den Auswähler können mit ginit_choice() eingestellt werden.

Mögliche Fehler

7 GKS befindet sich nicht im richtigen Zustand: GKS muß sich in einem der Zustände *APOF, APAK* oder *SGOF* befinden.

20 Spezifizierte Arbeitsplatzkennzeichnung ist ungültig.

25 Spezifizierter Arbeitsplatz ist nicht offen.

38 Spezifizierter Arbeitsplatz ist weder von der Kategorie *Eingabe* noch von der Kategorie *AusEin.*

140 Spezifiziertes Eingabegerät ist am Arbeitsplatz nicht vorhanden.

143 *Ereignis-* und *Abfrage*-Eingabemodus sind in dieser GKS-Leistungsstufe nicht vorhanden.

2202 Wert für Aufzählungstyp nicht im Bereich.

Siehe auch

ginit_choice, greq_choice.

Bemerkungen

Die Nummer des Auswählers ist für WESTgraf derzeit stets 1.
WESTgraf unterstützt z.Z. nur die Betriebsart *Anforderung.*

7.117   gset_clip_ind   [0a]   gsclip

Setzt den Klippanzeiger.

Setze Klippanzeiger
Set clipping indicator

gset_clip_ind   (klippanzeiger)

⇒   Gclip_ind   **klippanzeiger**
     typedef enum { GIND_NO_CLIP, GIND_CLIP } Gclip_ind;
     Mögliche Werte für den Klippanzeiger sind: *kein Klippen* (GIND_NO_CLIP),
     Klippen (GIND_CLIP).

Beschreibung

Der Klippanzeiger wird in der GKS-Zustandsliste gespeichert.

Der Klippanzeiger legt fest, ob an den Grenzen des Darstellungsfelds (*viewport*)
der aktuellen Normierungstransformation geklippt wird oder nicht.

Am Anfang (unmittelbar nach gopen_gks()) hat der Klippanzeiger den Anfangswert
GIND_CLIP.

Der aktuelle Wert des Klippanzeigers kann mit der Funktion ginq_clip() erfragt
werden.

Mögliche Fehler

8   GKS befindet sich nicht im richtigen Zustand: GKS muß sich in einem der Zustände
     GKOF, APOF, APAK oder *SGOF* befinden.

2202   Wert für Aufzählungstyp nicht im Bereich.

Siehe auch

ginq_clip, gset_vp, gsel_norm_tran.

Bemerkungen

Es wird immer an den Grenzen des Fensters der Gerätetransformation geklippt.
Dieses Klippen am Gerät kann nicht ausgeschaltet werden. WESTgraf verwendet
intern effiziente Klipp- und Transformationsalgorithmen, so daß das zusätzliche
Klippen am Darstellungsfeld der Normierungstransformation keinen höheren Re-
chenaufwand verursacht.

7.118 gset_colr_rep [0a] gscr

Setzt einen Eintrag der Farbtabelle an einem Arbeitsplatz.

Setze Farbbeschreibung
Set colour representation

gset_colr_rep (arbeitsplatz, index, farbbeschreibung)

⇒ Gint **arbeitsplatz**
Arbeitsplatz, dessen Farbtabelle geändert wird.

⇒ Gint **index**
Index des Eintrags der Farbtabelle, dessen Farbe neu definiert wird (≥ 0).

⇒ const Gcolr_rep *farbbeschreibung**
typedef union { Grgb rgb; } Gcolr_rep;
typedef struct { Gfloat red, green, blue; } Grgb;
Enthält eine Farbbeschreibung als Rot-, Grün-, Blauwerte. Der Wertebereich
für die Intensitäten der drei Grundfarben liegt zwischen 0 und 1.

Beschreibung
In der Arbeitsplatz-Zustandsliste wird die Farbdefinition für den angegebenen Index gespeichert.
Die Farben, mit denen Darstellungselemente (Linienzug, Füllgebiet, Polymarke,
Text, VDEL und Zellmatrix) gezeichnet werden, werden in GKS immer als Index
in eine arbeitsplatzabhängige Farbtabelle angegeben. GKS zeichnet also eine Linie
in der Farbe „5", und erst am Arbeitsplatz entscheidet sich, was „5" eigentlich
bedeutet.
Mit der Funktion ginq_colr_rep() können die an einem Arbeitsplatz für einen Farbtabelleneintrag geforderten bzw. die dort realisierten RGB-Werte erfragt werden. Die
geforderten und die realisierten Werte können je nach den Fähigkeiten des Arbeitsplatzes mehr oder weniger deutlich voneinander abweichen. Bei einem Drucker,
der nur die Farben Weiß (bzw. Papierfarbe) und Schwarz (bzw. Druckfarbe) kennt,
sind die Abweichungen natürlich besonders kraß.
Jeder Arbeitsplatz hat eine Liste vordefinierter Einträge in der Farbtabelle. Mindestens die Farbindizes 0 und 1 sind vordefiniert. Die vordefinierten Farbtabellen-
einträge eines Arbeitsplatzes können mit ginq_pred_colr_rep() erfragt werden. Auch
die vordefinierten Einträge können mit gset_colr_rep() geändert werden.
Durch Ändern der Farbtabelle eines Arbeitsplatzes kann sich die Farbe der auf
diesem Arbeitsplatz früher erzeugten Darstellungselemente ändern. Das ist der
Fall, wenn der Arbeitsplatz dynamische Änderungen der Farbbeschreibung unterstützt. Andernfalls ist ein erneuter Bildaufbau zur Aktualisierung notwendig.
Diese Notwendigkeit kann mit ginq_ws_defer_upd_sts() erfragt werden.

Mögliche Fehler
7 GKS befindet sich nicht im richtigen Zustand: GKS muß sich in einem der Zustände
APOF, APAK oder *SGOF* befinden.
20 Spezifizierte Arbeitsplatzkennzeichnung ist ungültig.
25 Spezifizierter Arbeitsplatz ist nicht offen.
33 Spezifizierter Arbeitsplatz ist von der Kategorie *BE*.

35 Spezifizierter Arbeitsplatz ist von der Kategorie *Eingabe*.
36 Spezifizierter Arbeitsplatz ist der arbeitsplatzunabhängige Segmentspeicher.
93 Farbindex ist ungültig.
96 Farbe ist außerhalb des Bereichs [0, 1].

Siehe auch

ginq_colr_facs, ginq_pred_colr_rep, ginq_colr_rep, gupd_ws, ginq_ws_defer_upd_sts.

Bemerkungen

WESTgraf unterstützt nur für die EGA/VGA-Arbeitsplätze dynamische Änderungen der Farbbeschreibung. Bei allen anderen Arbeitsplätzen macht eine Änderung der Farbtabelle einen neuen Bildaufbau zur Aktualisierung nötig.

7.119 gset_err_hand [0a] gsehnd

Setzt eine neue Fehlerbehandlungsfunktion für GKS.

Setze Fehlerbehandlung
Set error handling

gset_err_hand (neu, alt)

⇒ const void (**neu**)(**Gint, Gint, const char** *)
   Zeiger auf die neue Funktion zur Fehlerbehandlung. Das ist ein Zeiger auf
   eine Funktion ohne Ergebniswert mit drei Parametern der Typen Gint, Gint
   und const char *.

⇐ void (**alt**)(**Gint, Gint, const char** *)
   Adresse eines Zeigers auf eine Funktion. Hier wird die Adresse der ersetzten
   Fehlerbehandlungsfunktion zurückgegeben.

Beschreibung
Die übergebene Funktion zur Fehlerbehandlung wird künftig von GKS für die
Fehlerbehandlung verwendet. Es wird die bisherige Fehlerbehandlungsfunktion
zurückgeliefert, so daß man die originale Fehlerbehandlung wieder einrichten kann.

Mögliche Fehler
Keine.

Siehe auch
gerr_hand, gerr_log, gemergency_close_gks.

Bemerkungen
Diese Funktion ist nicht in der GKS-Norm definiert. Es handelt sich um eine
Zusatzfunktion der C-Sprachschale für GKS.
In der Fehlerbehandlungsfunktion dürfen alle Erfragefunktionen verwendet wer-
den. Es ist auch erlaubt einen Notabschluß des GKS durchzuführen. Andere
GKS-Funktionen sind nicht erlaubt (sonst könnten weitere Fehler auftreten und
die Fehlerbehandlung würde endlos rekursiv aufgerufen).
Zur Protokollierung des Fehlers kann man die Funktion gerr_log() in der eigenen
Fehlerbehandlung aufrufen.
Es ist sinnvoll, in der Fehlerbehandlung eine globale Variable zu setzen, die anzeigt,
daß ein Fehler aufgetreten ist. Man kann somit im Anwendungsprogramm nach
dem Aufruf kritischer GKS-Funktionen (wie z. B. gopen_ws()) überprüfen, ob alles
funktioniert hat oder nicht.
Eine eigene Fehlerbehandlungsfunktion kann bereits vor dem Öffnen von GKS
gesetzt werden. Beim Schließen von GKS wird wieder die Standardfehlerbehand-
lungsfunktion eingerichtet.
Wenn die Anwendung nicht dynamisch zwischen verschiedenen Fehlerbehandlungs-
routinen umschalten möchte, sondern nur grundsätzlich die Standardfehlerbehand-
lung durch eine eigene ersetzen will, kann sie auch einfach selbst eine Funktion mit
dem Namen gerr_hand() definieren und sie vor der WESTgraf-Bibliothek zum Programm hinzubinden.

7.120   gset_fill_colr_ind   [0a]   gsfaci

Setzt einen neuen Füllgebietsfarbindex.

Setze Füllgebietsfarbindex
Set fill area colour index

gset_fill_colr_ind (index)

⇒   Gint **farbe**
Der neue aktuelle Füllgebietsfarbindex (≥ 0).

Beschreibung

Der übergebene Füllgebietsfarbindex wird in der GKS-Zustandsliste gespeichert (globales GKS-Darstellungsattribut). Dieser Wert wird beim Zeichnen von Füllgebieten verwendet, falls der zugehörige Aspektanzeiger den Wert *individuell* hat.

Der Füllgebietsfarbindex ist ein Index in die arbeitsplatzabhängige Farbtabelle. Ein Eintrag in diese Farbtabelle kann mit gset_colr_rep() gesetzt werden. Die Farbfähigkeiten eines Arbeitsplatztyps können mit ginq_colr_facs() erfragt werden. An jedem Arbeitsplatz sind mindestens die Einträge 0 und 1 vorhanden.

Am Anfang (unmittelbar nach gopen_gks()) hat der Füllgebietsfarbindex den Anfangswert 1.

Der aktuelle Füllgebietsfarbindex kann mit der Funktion ginq_fill_colr_ind() erfragt werden.

Mögliche Fehler

8 GKS befindet sich nicht im richtigen Zustand: GKS muß sich in einem der Zustände *GKOF*, *APOF*, *APAK* oder *SGOF* befinden.

92 Farbindex ist kleiner Null.

Siehe auch

gfill_area, ginq_fill_colr_ind, ginq_colr_facs, gset_colr_rep, gset_asfs.

Bemerkungen

7.121 gset_fill_ind [0a] gsfai

Setzt einen neuen Füllgebietsbündelindex.

Setze Füllgebietsindex
Set fill area index

gset_fill_ind (index)

⇒ Gint **index**
Der neue aktuelle Füllgebietsindex (≥ 1).

Beschreibung
Der übergebene Füllgebietsindex wird in der GKS-Zustandsliste gespeichert. Dieser Wert wird beim Zeichnen von Füllgebieten verwendet, falls mindestens einer der zu Füllgebieten gehörenden Aspektanzeiger den Wert *gebündelt* (GASF_BUNDLED) hat.
Der Füllgebietsindex ist ein Index in die arbeitsplatzabhängige Füllgebietsbündeltabelle. Werte aus diesem Bündel werden von GKS zum Zeichnen von Füllgebieten verwendet, falls die zugehörigen Aspektanzeiger auf *gebündelt* gesetzt sind. Mit ginq_pred_fill_rep() können die vordefinierten Füllgebietsbündel erfragt werden. An jedem Arbeitsplatz sind mindestens 5 verschiedene Füllgebietsbündel vordefiniert.
Am Anfang (unmittelbar nach gopen_gks()) hat der Füllgebietsindex den Anfangswert 1.
Der aktuelle Füllgebietsindex kann mit der Funktion ginq_fill_ind() erfragt werden.

Mögliche Fehler
8 GKS befindet sich nicht im richtigen Zustand: GKS muß sich in einem der Zustände *GKOF, APOF, APAK* oder *SGOF* befinden.
80 Füllgebietsindex ist ungültig.

Siehe auch
gfill_area, ginq_fill_ind, ginq_pred_fill_rep, ginq_fill_facs, gset_asfs.

Bemerkungen
Bündeltabelleneinträge dürfen erst ab der GKS-Leistungsstufe *1* vom Programm aus gesetzt werden.
Für alle WESTgraf-Arbeitsplätze sind 5 Füllgebietsbündel vordefiniert.

7.122   gset_fill_int_style [0a] gsfais

Setzt eine neue Füllgebietsausfüllung.

Setze Füllgebietsausfüllung
Set fill area interior style

gset_fill_int_style (ausfuellung)

⇒   Gfill_int_style   **ausfuellung**
```
typedef enum
{ GSTYLE_HOLLOW, GSTYLE_SOLID, GSTYLE_PAT, GSTYLE_HATCH
} Gfill_int_style;
```
Die neue Füllgebietsausfüllung. Möglich sind: *Leer* (GSTYLE_HOLLOW), *Voll* (GSTYLE_SOLID), *Muster* (GSTYLE_PAT), *Schraffur* (GSTYLE_HATCH).

Beschreibung

Die übergebene Füllgebietsausfüllung wird in der GKS-Zustandsliste gespeichert (globales GKS-Darstellungsattribut). Dieser Wert wird beim Zeichnen von Füllgebieten verwendet, falls der zugehörige Aspektanzeiger den Wert *individuell* hat.
Die Füllgebietsausfüllung legt fest, wie eine Fläche gefüllt wird. Als Ausfüllungen sind möglich:

Leer. Es wird nur die Umrandung des Gebiets unter Verwendung des aktuellen Füllgebietsfarbindexes gezeichnet.

Voll. Die Fläche wird vollständig gefüllt, unter Verwendung des aktuellen Füllgebietsfarbindexes.

Muster. Die Fläche wird mit einem wiederholten Muster von Farbzellen gefüllt. Das Muster wird durch den aktuellen Füllgebietsausfüllungsindex (> 0) aus der Mustertabelle des Arbeitsplatzes ausgewählt (**gset_fill_style_ind()**). Das Muster wird durch den Musterreferenzpunkt positioniert und mit Musterhöhen- und Musterbreitenvektor skaliert (**gset_pat_ref_point()**, **gset_pat_size()**).

Schraffur. Die Fläche wird mit einer Schraffur gefüllt. Die Art der Schraffur wird durch den Füllgebietsausfüllungsindex ausgewählt (**gset_fill_style_ind()**). Schraffuren > 0 sind normiert, Schraffuren < 0 sind geräteabhängig.

Am Anfang (unmittelbar nach **gopen_gks()**) hat die Füllgebietsausfüllung den Anfangswert *Leer*.
Die aktuelle Füllgebietsausfüllung kann mit der Funktion **ginq_fill_int_style()** erfragt werden.
Falls die Füllgebietsausfüllung am grafischen Arbeitsplatz nicht verfügbar ist, wird die Ausfüllung *Leer* verwendet.

Mögliche Fehler

   8 GKS befindet sich nicht im richtigen Zustand: GKS muß sich in einem der Zustände *GKOF, APOF, APAK* oder *SGOF* befinden.
 2202 Wert für Aufzählungstyp nicht im Bereich.

Siehe auch

gfill_area, ginq_fill_int_style, gset_fill_style_ind, gset_pat_ref_point, gset_pat_size,
gset_asfs.

Bemerkungen

Nicht jeder Arbeitsplatz muß jede Ausfüllung unterstützen.

Die WESTgraf-Arbeitsplätze unterstützen derzeit die Ausfüllungen *Leer*, *Voll* und
Schraffur, nicht jedoch *Muster*.

7.123   gset_fill_style_ind   [0a]   gsfasi

Setzt einen neuen Füllgebietsausfüllungsindex.

Setze Füllgebietsausfüllungsindex
Set fill area style index

gset_fill_style_ind   (index)

⇒   Gint   **index**
      Der neue aktuelle Füllgebietsausfüllungsindex ($\neq 0$).

Beschreibung

Der übergebene Füllgebietsausfüllungsindex wird in der GKS-Zustandsliste gespeichert (globales GKS-Darstellungsattribut). Dieser Wert wird beim Zeichnen von Füllgebieten verwendet, falls der zugehörige Aspektanzeiger den Wert *individuell* (GASF_INDIV) hat.

Der Füllgebietsausfüllungsindex wird nur für die Ausfüllungen *Muster* und *Schraffur* verwendet (s. gset_fill_int_style()). Für die Ausfüllung *Muster* ist der Füllgebietsausfüllungsindex > 0 und ein Index in die arbeitsplatzspezifische Mustertabelle. Für die Ausfüllung *Schraffur* ist er $\neq 0$ und legt die Art der Schraffur fest. Positive Schraffuren sind genormt, negative sind geräteabhängig.

Ist der angeforderte Ausfüllungsindex am grafischen Arbeitsplatz nicht vorhanden, so wird der Ausfüllungsindex 1 verwendet; ist 1 nicht vorhanden, so ist das Ergebnis geräteabhängig.

Am Anfang (unmittelbar nach gopen_gks()) hat der Füllgebietsausfüllungsindex den Anfangswert 1.

Der aktuelle Füllgebietsausfüllungsindex kann mit der Funktion ginq_fill_style_ind() erfragt werden.

Mögliche Fehler

    8 GKS befindet sich nicht im richtigen Zustand: GKS muß sich in einem der Zustände *GKOF, APOF, APAK* oder *SGOF* befinden.

    84 Ausfüllungsindex (Muster oder Schraffur) ist gleich Null.

Siehe auch

gfill_area, gset_fill_int_style, ginq_fill_style_ind, gset_asfs.

Bemerkungen

WESTgraf unterstützt derzeit das Füllen mit Mustern nicht.

WESTgraf stellt z. Z. folgende implementierungsabhängige Schraffuren zur Verfügung (s. Abschnitt 6.3):

- GSCHRAFF_0_ENG (-1). Enge, waagrechte Schraffur.

- GSCHRAFF_90_ENG (-2). Enge, senkrechte Schraffur.

- GSCHRAFF_90_WEIT (-3). Weite, senkrechte Schraffur.

- GSCHRAFF_0_WEIT (-4). Weite, waagrechte Schraffur.

- GSCHRAFF_45_WEIT (-5). Weite, diagonale (45°) Schraffur.

- GSCHRAFF_45_ENG (-6). Enge, diagonale (45°) Schraffur.

- GSCHRAFF_135_WEIT (-7). Weite, diagonale ($-45°$) Schraffur.
- GSCHRAFF_135_ENG (-8). Enge, diagonale ($-45°$) Schraffur.
- GSCHRAFF_KREUZ_ENG (-9). Enge, diagonal gekreuzte Schraffur.
- GSCHRAFF_KREUZ_WEIT (-10). Weite, diagonal gekreuzte Schraffur.
- GSCHRAFF_PUNKTE_ENG (-11). Enge, punktierte Schraffur.
- GSCHRAFF_PUNKTE_WEIT (-12). Weite, punktierte Schraffur.
- GSCHRAFF_MAUER_ENG (-13). Enge Backsteinmauer-Schraffur.
- GSCHRAFF_MAUER_WEIT (-14). Weite Backsteinmauer-Schraffur.
- GSCHRAFF_SCHACH_ENG (-15). Enge Schachbrett-Schraffur.
- GSCHRAFF_SCHACH_WEIT (-16). Weite Schachbrett-Schraffur.
- GSCHRAFF_ZIEGEL_ENG (-17). Enge Dachziegel-Schraffur.
- GSCHRAFF_ZIEGEL_WEIT (-18). Weite Dachziegel-Schraffur.

Der Schraffurtyp 1 wird in WESTgraf stets auf -1 (GSCHRAFF_0_ENG) abgebildet.

7.124   gset_line_colr_ind [0a] gsplci

Setzt einen neuen Linienzugfarbindex.

Setze Linienzugfarbindex
Set polyline colour index

gset_line_colr_ind (farbe)

⇒ Gint **farbe**
    Der neue aktuelle Linienzugfarbindex (≥ 0).

Beschreibung

Der übergebene Linienzugfarbindex wird in der GKS-Zustandsliste gespeichert (globales GKS-Darstellungsattribut). Dieser Wert wird beim Zeichnen von Linienzügen verwendet, falls der zugehörige Aspektanzeiger den Wert *individuell* (GASF_INDIV) hat.

Der Linienzugfarbindex ist ein Index in die arbeitsplatzabhängige Farbtabelle. Ein Eintrag in diese Farbtabelle kann mit gset_colr_rep() gesetzt werden. Die Farbfähigkeiten eines Arbeitsplatztyps können mit ginq_colr_facs() erfragt werden. An jedem Arbeitsplatz sind mindestens die Einträge 0 und 1 vorhanden.

Am Anfang (unmittelbar nach gopen_gks()) hat der Linienzugfarbindex den Anfangswert 1.

Der aktuelle Linienzugfarbindex kann mit der Funktion ginq_line_colr_ind() erfragt werden.

Mögliche Fehler

8 GKS befindet sich nicht im richtigen Zustand: GKS muß sich in einem der Zustände *GKOF, APOF, APAK* oder *SGOF* befinden.

92 Farbindex ist kleiner Null.

Siehe auch

gpolyline, ginq_line_colr_ind, ginq_colr_facs, gset_colr_rep, gset_asfs.

Bemerkungen

7.125   gset_line_ind [0a] gspli

Setzt einen neuen Linienzugbündelindex.

Setze Linienzugindex
Set polyline index

gset_line_ind (index)

⇒ Gint **index**
    Der neue aktuelle Linienzugindex (≥ 1).

Beschreibung

Der übergebene Linienzugindex wird in der GKS-Zustandsliste gespeichert. Dieser
Wert wird beim Zeichnen von Linienzügen verwendet, falls mindestens einer der
zu Linienzügen gehörenden Aspektanzeiger den Wert *gebündelt* (GASF_BUNDLED)
hat.
Der Linienzugindex ist ein Index in die arbeitsplatzabhängige Linienzugbündeltabelle. Werte aus diesem Bündel werden von GKS zum Zeichnen von Linienzügen verwendet, falls die zugehörigen Aspektanzeiger auf *gebündelt* gesetzt
sind. Mit ginq_pred_line_rep() können die vordefinierten Linienzugbündel erfragt
werden. An jedem Arbeitsplatz sind mindestens 5 verschiedene Linienzugbündel
vordefiniert.
Am Anfang (unmittelbar nach gopen_gks()) hat der Linienzugindex den Anfangswert 1.
Der aktuelle Linienzugindex kann mit der Funktion ginq_line_ind() erfragt werden.

Mögliche Fehler
   8 GKS befindet sich nicht im richtigen Zustand: GKS muß sich in einem der Zustände
       GKOF, APOF, APAK oder *SGOF* befinden.
   60 Linienzugindex ist ungültig.

Siehe auch
gpolyline, ginq_line_ind, ginq_pred_line_rep, ginq_line_facs, gset_asfs.

Bemerkungen
Bündeltabelleneinträge dürfen erst ab der GKS-Leistungsstufe *1* vom Programm
aus gesetzt werden.
Für alle WESTgraf-Arbeitsplätze sind 5 Linienzugbündel vordefiniert.

7.126   gset_linetype   [0a]   gsln

Setzt einen neuen Linientyp.

Setze Linientyp
Set line type

gset_linetype (typ)

⇒   Gint   **typ**
   Der neue aktuelle Linientyp ($\neq 0$). Positive Linientypen sind normiert, negative sind implementierungsabhängig.

Beschreibung

Der übergebene Linientyp wird in der GKS-Zustandsliste gespeichert (globales GKS-Darstellungsattribut). Dieser Wert wird beim Zeichnen von Linienzügen verwendet, falls der zugehörige Aspektanzeiger den Wert *individuell* (GASF_INDIV) hat.

Der Linientyp legt fest, mit welcher Art von Linie die Punkte eines Linienzuges verbunden werden. Folgende Linientypen sind möglich:

- GLINE_SOLID (1). Durchgezogene Linie.

- GLINE_DASH (2). Gestrichelte Linie.

- GLINE_DOT (3). Punktierte Linie.

- GLINE_DASH_DOT (4). Strichpunktierte Linie.

- GLINE_DASH_DOT_DOT (5). Strichdoppelpunktierte Linie.

Am Anfang (unmittelbar nach gopen_gks()) hat der Linientyp den Anfangswert 1 (*durchgezogene Linie*).

Der aktuelle Linientyp kann mit der Funktion ginq_linetype() erfragt werden.

Wenn der Linientyp am grafischen Arbeitsplatz nicht vorhanden ist, wird der Linientyp 1 verwendet.

Mögliche Fehler

   8 GKS befindet sich nicht im richtigen Zustand: GKS muß sich in einem der Zustände *GKOF, APOF, APAK* oder *SGOF* befinden.

  63 Linientyp ist gleich Null.

Siehe auch

gpolyline, ginq_linetype, gset_asfs.

Bemerkungen

7.127   gset_linewidth   [0a]   gslwsc

Setzt einen neuen Linienbreitefaktor.

Setze Linienbreitefaktor
Set linewidth scale factor

gset_linewidth   (breite)

⇒   Gfloat   **breite**
Der neue aktuelle Linienbreitefaktor (≥ 0). Der Breitefaktor 1,0 bedeutet die natürliche Linienbreite für das Gerät. Der Breitefaktor 0 bedeutet die feinste auf dem Gerät darstellbare Linie.

Beschreibung

Der übergebene Linienbreitefaktor wird in der GKS-Zustandsliste gespeichert (globales GKS-Darstellungsattribut). Dieser Wert wird zum Zeichnen von Linienzügen verwendet, falls der zugehörige Aspektanzeiger den Wert *individuell* (GASF_INDIV) hat.

Der Linienbreitefaktor wird auf die nominale Linienbreite eines grafischen Arbeitsplatzes angewandt. Das Ergebnis wird vom Arbeitsplatz auf die nächste verfügbare Linienbreite abgebildet.

Am Anfang (unmittelbar nach gopen_gks()) hat der Linienbreitefaktor den Anfangswert 1,0.

Der aktuelle Linienbreitefaktor kann mit der Funktion ginq_linewidth() erfragt werden.

Die Linienbreite wird von den eingestellten Normierungs- und Gerätetransformationen nicht beeinflußt.

Mögliche Fehler

8 GKS befindet sich nicht im richtigen Zustand: GKS muß sich in einem der Zustände *GKOF, APOF, APAK* oder *SGOF* befinden.

65 Linienbreitefaktor ist kleiner als Null.

Siehe auch

gpolyline, ginq_linewidth, gset_asfs.

Bemerkungen

7.128 gset_loc_mode [0b] gslcm

Legt die Betriebsart eines Lokalisierers fest.

Setze Lokalisierermodus
Set locator mode

gset_loc_mode (arbeitsplatz, nr, betriebsart, echoschalter)

⇒ Gint **arbeitsplatz**
Frei wählbare Kennzeichnung des Arbeitsplatzes im Anwendungsprogramm.

⇒ Gint **nr**
Nummer des Lokalisierers (≥ 1).

⇒ Gop_mode **betriebsart**
typedef enum { GOP_REQ, GOP_SAMPLE, GOP_EVENT } Gop_mode;
Betriebsart des Lokalisierers. Mögliche Werte für die Betriebsart sind: *Anforderung* (GOP_REQ), *Abfrage* (GOP_SAMPLE), *Ereignis* (GOP_EVENT).

⇒ Gecho_switch **echoschalter**
typedef enum { GSWITCH_NO_ECHO, GSWITCH_ECHO } Gecho_switch;
Anzeiger, ob ein Echo angezeigt wird oder nicht. Mögliche Werte für den Echoschalter sind: *Echo* (GSWITCH_ECHO), *kein Echo* (GSWITCH_NO_ECHO).

Beschreibung
Der Lokalisierer wird in die angegebene Betriebsart gesetzt. Bei den Betriebsarten *Abfrage* und *Ereignis* wird die Interaktion gestartet. Bei der Betriebsart *Anforderung* wird eine evtl. laufende Interaktion beendet. Die Betriebsart und der Echoschalter werden in der Arbeitsplatz-Zustandsliste eingetragen.
Am Anfang (unmittelbar nach gopen_ws()) haben Betriebsart und Echoschalter die Werte *Anforderung* und *Echo*.
Aufforderungs- und Echoart, Echofeld sowie ein Anfangswert für den Lokalisierer können mit ginit_loc() eingestellt werden.

Mögliche Fehler
   7 GKS befindet sich nicht im richtigen Zustand: GKS muß sich in einem der Zustände *APOF, APAK* oder *SGOF* befinden.
  20 Spezifizierte Arbeitsplatzkennzeichnung ist ungültig.
  25 Spezifizierter Arbeitsplatz ist nicht offen.
  38 Spezifizierter Arbeitsplatz ist weder von der Kategorie *Eingabe* noch von der Kategorie *AusEin*.
 140 Spezifiziertes Eingabegerät ist am Arbeitsplatz nicht vorhanden.
 143 *Ereignis-* und *Abfrage*-Eingabemodus sind in dieser GKS-Leistungsstufe nicht vorhanden.
2202 Wert für Aufzählungstyp nicht im Bereich.

Siehe auch
ginit_loc, greq_loc.

Bemerkungen
Die Nummer des Lokalisierers ist für WESTgraf derzeit stets 1.
WESTgraf unterstützt z. Z. nur die Betriebsart *Anforderung*.

7.129   gset_marker_colr_ind   [0a]   gspmci

Setzt einen neuen Polymarkenfarbindex.

Setze Polymarkenfarbindex
Set polymarker colour index

gset_marker_colr_ind (farbe)

⇒   Gint **farbe**
Der neue aktuelle Polymarkenfarbindex (≥ 0).

Beschreibung
Der übergebene Polymarkenfarbindex wird in der GKS-Zustandsliste gespeichert
(globales GKS-Darstellungsattribut). Dieser Wert wird beim Zeichnen von Po-
lymarken verwendet, falls der zugehörige Aspektanzeiger den Wert *individuell*
(GASF_INDIV) hat.
Der Polymarkenfarbindex ist ein Index in die arbeitsplatzabhängige Farbtabelle.
Ein Eintrag in diese Farbtabelle kann mit gset_colr_rep() gesetzt werden. Die
Farbfähigkeiten eines Arbeitsplatztyps können mit ginq_colr_facs() erfragt werden.
An jedem Arbeitsplatz sind mindestens die Einträge 0 und 1 vorhanden.
Am Anfang (unmittelbar nach gopen_gks()) hat der Polymarkenfarbindex den An-
fangswert 1.
Der aktuelle Polymarkenfarbindex kann mit der Funktion ginq_marker_colr_ind() er-
fragt werden.

Mögliche Fehler
8 GKS befindet sich nicht im richtigen Zustand: GKS muß sich in einem der Zustände
GKOF, APOF, APAK oder *SGOF* befinden.
92 Farbindex ist kleiner Null.

Siehe auch
gpolymarker, ginq_marker_colr_ind, ginq_colr_facs, gset_colr_rep, gset_asfs.

Bemerkungen

7.130   gset_marker_ind   [0a]   gspmi

Setzt einen neuen Polymarkenbündelindex.

Setze Polymarkenindex
Set polymarker index

gset_marker_ind (index)

⇒   Gint **index**
     Der neue aktuelle Polymarkenindex (≥ 1).

Beschreibung
Der übergebene Polymarkenindex wird in der GKS-Zustandsliste gespeichert. Dieser Wert wird beim Zeichnen von Polymarken verwendet, falls mindestens einer der zu Polymarken gehörenden Aspektanzeiger den Wert *gebündelt* (GASF_BUNDLED) hat.
Der Polymarkenindex ist ein Index in die arbeitsplatzabhängige Polymarkenbündeltabelle. Werte aus diesem Bündel werden von GKS zum Zeichnen von Polymarken verwendet, falls die zugehörigen Aspektanzeiger auf *gebündelt* gesetzt sind. Mit ginq_pred_marker_rep() können die vordefinierten Polymarkenbündel erfragt werden. An jedem Arbeitsplatz sind mindestens 5 verschiedene Polymarkenbündel vordefiniert.
Am Anfang (unmittelbar nach gopen_gks()) hat der Polymarkenindex den Anfangswert 1.
Der aktuelle Polymarkenindex kann mit der Funktion ginq_marker_ind() erfragt werden.

Mögliche Fehler
   8 GKS befindet sich nicht im richtigen Zustand: GKS muß sich in einem der Zustände *GKOF, APOF, APAK* oder *SGOF* befinden.
   66 Polymarkenindex ist ungültig.

Siehe auch
gpolymarker, ginq_marker_ind, ginq_pred_marker_rep, ginq_marker_fac, gset_asfs.

Bemerkungen
Bündeltabelleneinträge dürfen erst ab der GKS-Leistungsstufe *1* vom Programm aus gesetzt werden.
Für alle WESTgraf-Arbeitsplätze sind 5 Polymarkenbündel vordefiniert.

7.131 gset_marker_size [0a] gsmksc

Setzt einen neuen Markenvergrößerungsfaktor.

Setze Markenvergrößerungsfaktor
Set marker size scale factor

gset_marker_size (groesse)

⇒ Gfloat **groesse**
Der neue aktuelle Markenvergrößerungsfaktor ($\geq$ 0). Der Vergrößerungsfaktor 1,0 bedeutet die nominale Markengröße für das Gerät. Der Vergrößerungsfaktor 0 bedeutet die kleinste darstellbare Marke für das Gerät.

Beschreibung
Der übergebene Markenvergrößerungsfaktor wird in der GKS-Zustandsliste gespeichert (globales GKS-Darstellungsattribut). Dieser Wert wird beim Zeichnen von Polymarken verwendet, falls der zugehörige Aspektanzeiger den Wert *individuell* (GASF_INDIV) hat.
Der Markenvergrößerungsfaktor wird auf die nominale Markengröße eines grafischen Arbeitsplatzes angewandt. Das Ergebnis wird vom Arbeitsplatz auf die nächste verfügbare Markengröße abgebildet.
Am Anfang (unmittelbar nach gopen_gks()) hat der Markenvergrößerungsfaktor den Anfangswert 1,0.
Der aktuelle Markenvergrößerungsfaktor kann mit der Funktion ginq_marker_size() erfragt werden.
Die Markengröße wird von den eingestellten Normierungs- und Gerätetransformationen nicht beeinflußt.

Mögliche Fehler
8 GKS befindet sich nicht im richtigen Zustand: GKS muß sich in einem der Zustände *GKOF, APOF, APAK* oder *SGOF* befinden.
71 Markenvergrößerungsfaktor ist kleiner als Null.

Siehe auch
gpolymarker, ginq_marker_size, gset_asfs.

Bemerkungen

7.132   gset_marker_type   [0a]   gsmk

Setzt einen neuen Markentyp.

Setze Markentyp
Set marker type

gset_marker_type (typ)

⇒   Gint **typ**
Der neue aktuelle Markentyp ($\neq 0$). Positive Markentypen sind normiert, negative sind implementierungsabhängig.

Beschreibung

Der übergebene Markentyp wird in der GKS-Zustandsliste gespeichert (globales GKS-Darstellungsattribut). Dieser Wert wird beim Zeichnen von Polymarken verwendet, falls der zugehörige Aspektanzeiger den Wert *individuell* (GASF_INDIV) hat.

Der Markentyp legt fest, welche Art von Marke an den Punkten einer Polymarke gezeichnet wird. Folgende Markentypen sind möglich:

- GMARKER_DOT (1). Punkt: ·
- GMARKER_PLUS (2). Plus: +
- GMARKER_ASTERISK (3). Stern: *
- GMARKER_CIRCLE (4). Kreis: o
- GMARKER_CROSS (5). Kreuz: ×

Markentyp 1 ist immer der kleinste auf dem Arbeitsplatz darstellbare Punkt (Pixel).

Am Anfang (unmittelbar nach gopen_gks()) hat der Markentyp den Anfangswert 3 (*Stern*, *).

Die aktuelle Markentyp kann mit der Funktion ginq_marker_type() erfragt werden.

Wenn der Markentyp am grafischen Arbeitsplatz nicht vorhanden ist, wird Markentyp 3 (*) verwendet.

Mögliche Fehler

8 GKS befindet sich nicht im richtigen Zustand: GKS muß sich in einem der Zustände
GKOF, APOF, APAK oder *SGOF* befinden.

69 Markentyp ist gleich Null.

Siehe auch

gpolymarker, ginq_marker_type, gset_asfs.

Bemerkungen

7.133   gset_pat_ref_point   [0a]   gsparf

Setzt einen neuen Musterreferenzpunkt.

Setze Musterreferenzpunkt
Set pattern reference point

gset_pat_ref_point   (punkt)

⇒   const Gpoint   ***punkt**
typedef struct { Gfloat x,y; } Gpoint;
Der neue aktuelle Musterreferenzpunkt in Weltkoordinaten.

Beschreibung
Der übergebene Musterreferenzpunkt wird in der GKS-Zustandsliste gespeichert.
Er wird bei nachfolgend erzeugten Füllgebieten verwendet, sofern die Ausfüllung
Muster gewählt wurde.
Am Anfang (unmittelbar nach gopen_gks()) hat der Musterreferenzpunkt den An-
fangswert $(0, 0)$.
Der aktuelle Musterreferenzpunkt kann mit der Funktion ginq_pat_ref_point() erfragt
werden.

Mögliche Fehler
8 GKS befindet sich nicht im richtigen Zustand: GKS muß sich in einem der Zustände
   GKOF, APOF, APAK oder *SGOF* befinden.

Siehe auch
gfill_area, ginq_pat_ref_point, gset_fill_int_style, gset_fill_style_ind, gset_pat_size.

Bemerkungen
WESTgraf unterstützt z.Z. das Füllen mit Mustern nicht.

7.134 gset_pat_size [0a] gspa

Setzt eine neue Mustergröße.

Setze Mustergröße
Set pattern size

gset_pat_size (mustergroesse)

⇒   const Gfloat_size ***mustergroesse**
      typedef struct { Gfloat size_x, size_y; } Gfloat_size;
      Die neue aktuelle Mustergröße in Weltkoordinaten (beide Komponenten > 0).

Beschreibung
Die übergebene Mustergröße wird in der GKS-Zustandsliste als Musterbreitenvektor $(x, 0)$ und als Musterhöhenvektor $(0, y)$ gespeichert. Sie wird bei nachfolgend erzeugten Füllgebieten verwendet, sofern die Ausfüllung *Muster* gewählt
wurde.
Am Anfang (unmittelbar nach gopen_gks()) hat die Mustergröße den Anfangswert $(1, 1)$, d.h. der Musterbreitenvektor ist $(1, 0)$ und der Musterhöhenvektor
ist $(0, 1)$.
Die aktuellen Musterbreiten- und Musterhöhenvektoren können mit den Funktionen ginq_pat_width_vec() und ginq_pat_ht_vec() erfragt werden.

Mögliche Fehler
  8 GKS befindet sich nicht im richtigen Zustand: GKS muß sich in einem der Zustände
     GKOF, APOF, APAK oder *SGOF* befinden.
  87 Wert für die Mustergröße ist nicht positiv.

Siehe auch
gfill_area, ginq_pat_ht_vec, ginq_pat_width_vec, gset_fill_int_style,
gset_fill_style_ind, gset_pat_ref_point.

Bemerkungen
WESTgraf unterstützt z. Z. das Füllen mit Mustern nicht.

7.135 **gset_string_mode [Ob] gsstm**

Legt die Betriebsart eines Textgebers fest.

Setze Textgebermodus
Set string mode

gset_string_mode (arbeitsplatz, nr, betriebsart, echoschalter)

⇒ Gint **arbeitsplatz**
Frei wählbare Kennzeichnung des Arbeitsplatzes im Anwendungsprogramm.

⇒ Gint **nr**
Nummer des Textgebers (≥ 1).

⇒ Gop_mode **betriebsart**
typedef enum { GOP_REQ, GOP_SAMPLE, GOP_EVENT } Gop_mode;
Betriebsart des Textgebers. Mögliche Werte für die Betriebsart sind: *Anforderung* (GOP_REQ), *Abfrage* (GOP_SAMPLE), *Ereignis* (GOP_EVENT).

⇒ Gecho_switch **echoschalter**
typedef enum { GSWITCH_NO_ECHO, GSWITCH_ECHO } Gecho_switch;
Anzeiger, ob ein Echo angezeigt wird oder nicht. Mögliche Werte für den Echoschalter sind: *Echo* (GSWITCH_ECHO), *kein Echo* (GSWITCH_NO_ECHO).

Beschreibung

Ein Textgeber wird in die angegebene Betriebsart gesetzt. Bei den Betriebsarten *Abfrage* und *Ereignis* wird die Interaktion gestartet. Bei der Betriebsart *Anforderung* wird eine evtl. laufende Interaktion beendet. Die Betriebsart und der Echoschalter werden in der Arbeitsplatz-Zustandsliste eingetragen.

Am Anfang (unmittelbar nach gopen_ws()) haben Betriebsart und Echoschalter die Werte *Anforderung* und *Echo*.

Aufforderungs- und Echoart, Echofeld sowie ein Anfangswert für den Textgeber können mit ginit_string() eingestellt werden.

Mögliche Fehler

    7 GKS befindet sich nicht im richtigen Zustand: GKS muß sich in einem der Zustände *APOF, APAK* oder *SGOF* befinden.

  20 Spezifizierte Arbeitsplatzkennzeichnung ist ungültig.

  25 Spezifizierter Arbeitsplatz ist nicht offen.

  38 Spezifizierter Arbeitsplatz ist weder von der Kategorie *Eingabe* noch von der Kategorie *AusEin*.

 140 Spezifiziertes Eingabegerät ist am Arbeitsplatz nicht vorhanden.

 143 *Ereignis-* und *Abfrage*-Eingabemodus sind in dieser GKS-Leistungsstufe nicht vorhanden.

2202 Wert für Aufzählungstyp nicht im Bereich.

Siehe auch

ginit_string, greq_string.

Bemerkungen

Die Nummer des Textgebers ist für WESTgraf derzeit stets 1.
WESTgraf unterstützt z.Z. nur die Betriebsart *Anforderung*.

7.136   gset_stroke_mode   [0b]   gsskm

Legt die Betriebsart eines Liniengebers fest.

Setze Liniengebermodus
Set stroke mode

gset_stroke_mode (arbeitsplatz, nr, betriebsart, echoschalter)

⇒   Gint   **arbeitsplatz**
Frei wählbare Kennzeichnung des Arbeitsplatzes im Anwendungsprogramm.

⇒   Gint   **nr**
Nummer des Liniengebers (≥ 1).

⇒   Gop_mode   **betriebsart**
typedef enum { GOP_REQ, GOP_SAMPLE, GOP_EVENT } Gop_mode;
Betriebsart des Liniengebers. Mögliche Werte für die Betriebsart sind: *Anforderung* (GOP_REQ), *Abfrage* (GOP_SAMPLE), *Ereignis* (GOP_EVENT).

⇒   Gecho_switch   **echoschalter**
typedef enum { GSWITCH_NO_ECHO, GSWITCH_ECHO } Gecho_switch;
Anzeiger, ob ein Echo angezeigt wird oder nicht. Mögliche Werte für den Echoschalter sind: *Echo* (GSWITCH_ECHO), *kein Echo* (GSWITCH_NO_ECHO).

Beschreibung

Ein Liniengeber wird in die angegebene Betriebsart gesetzt. Bei den Betriebsarten *Abfrage* und *Ereignis* wird die Interaktion gestartet. Bei der Betriebsart *Anforderung* wird eine evtl. laufende Interaktion beendet. Die Betriebsart und der Echoschalter werden in der Arbeitsplatz-Zustandsliste eingetragen.

Am Anfang (unmittelbar nach gopen_ws()) haben Betriebsart und Echoschalter die Werte *Anforderung* und *Echo*.

Aufforderungs- und Echoart, Echofeld sowie ein Anfangswert für den Liniengeber können mit ginit_stroke() eingestellt werden.

Mögliche Fehler

   7 GKS befindet sich nicht im richtigen Zustand: GKS muß sich in einem der Zustände *APOF, APAK* oder *SGOF* befinden.

  20 Spezifizierte Arbeitsplatzkennzeichnung ist ungültig.

  25 Spezifizierter Arbeitsplatz ist nicht offen.

  38 Spezifizierter Arbeitsplatz ist weder von der Kategorie *Eingabe* noch von der Kategorie *AusEin*.

140 Spezifiziertes Eingabegerät ist am Arbeitsplatz nicht vorhanden.

143 *Ereignis*- und *Abfrage*-Eingabemodus sind in dieser GKS-Leistungsstufe nicht vorhanden.

2202 Wert für Aufzählungstyp nicht im Bereich.

Siehe auch

ginit_stroke, greq_stroke.

Bemerkungen

Die Nummer des Liniengebers ist für WESTgraf derzeit stets 1.
WESTgraf unterstützt z.Z. nur die Betriebsart *Anforderung*.

7.137 gset_text_align [0a] gstxal

Setzt eine neue Textausrichtung.

Setze Textausrichtung
Set text alignment

gset_text_align (ausrichtung)

⇒   const Gtext_align ***ausrichtung**
     typedef struct { Ghor_text_align hor; Gvert_text_align vert; } Gtext_align;
     typedef enum
     { GHOR_NORM, GHOR_LEFT, GHOR_CTR, GHOR_RIGHT } Ghor_text_align;
     typedef enum
     { GVERT_NORM, GVERT_TOP, GVERT_CAP, GVERT_HALF, GVERT_BASE,
       GVERT_BOTTOM
     } Gvert_text_align;
     Die neue aktuelle horizontale und vertikale Textausrichtung. Sie wird als
     Struktur mit zwei Komponenten angegeben.
     Mögliche Werte für die horizontale Ausrichtung sind: *normal* (GHOR_NORM),
     links (GHOR_LEFT), *Mitte* (GHOR_CTR), *rechts* (GHOR_RIGHT).
     Mögliche Werte für die vertikale Ausrichtung sind: *normal* (GVERT_NORM),
     oben (GVERT_TOP), *versal* (GVERT_CAP), *Mitte* (GVERT_HALF), *Schrift* (GVE-
     RT_BASE), *unten* (GVERT_BOTTOM).

Beschreibung

Die übergebene Textausrichtung wird in der GKS-Zustandsliste gespeichert. Dieser Wert wird bei nachfolgend erzeugten Texten verwendet, um den Text insgesamt
relativ zum Referenzpunkt zu positionieren.

Die Begriffe *horizontal* und *vertikal* sind relativ zum aktuellen Zeichenaufwärtsvektor zu verstehen. *Vertikal* ist in Richtung des Zeichenaufwärtsvektors, *horizontal*
ist die Richtung senkrecht dazu.

Die Textausrichtung *normal* wählt diejenige horizontale/vertikale Textausrichtung, die sich aus der aktuellen Schreibrichtung (gset_text_path()) am natürlichsten
ergibt.

Am Anfang (unmittelbar nach gopen_gks()) hat sowohl die horizontale als auch die
vertikale Textausrichtung den Anfangswert *normal*.

Die aktuelle Textausrichtung kann mit ginq_text_align() erfragt werden.

Mögliche Fehler

   8 GKS befindet sich nicht im richtigen Zustand: GKS muß sich in einem der Zustände
        GKOF, APOF, APAK oder *SGOF* befinden.
2202 Wert für Aufzählungstyp nicht im Bereich.

Siehe auch

gtext, ginq_text_align, gset_text_path, gset_char_up_vec.

Bemerkungen

Die Textausrichtung ist nur als globales GKS-Darstellungsattribut vorhanden, also
kein Bestandteil der arbeitsplatzabhängigen Textbündel.

7.138   gset_text_colr_ind   [0a]   gstxci

Setzt einen neuen Textfarbindex.

Setze Textfarbindex
Set text colour index

gset_text_colr_ind (farbe)

⇒   Gint **farbe**
    Der neue aktuelle Textfarbindex (≥ 0).

Beschreibung

Der übergebene Textfarbindex wird in der GKS-Zustandsliste gespeichert (globales GKS-Darstellungsattribut). Dieser Wert wird beim Zeichnen von Texten verwendet, falls der zugehörige Aspektanzeiger den Wert *individuell* (GASF_INDIV) hat.

Der Textfarbindex ist ein Index in die arbeitsplatzabhängige Farbtabelle. Ein Eintrag in diese Farbtabelle kann mit gset_colr_rep() gesetzt werden. Die Farbfähigkeiten eines Arbeitsplatztyps können mit ginq_colr_facs() erfragt werden. An jedem Arbeitsplatz sind mindestens die Einträge 0 und 1 vorhanden.

Am Anfang (unmittelbar nach gopen_gks()) hat der Textfarbindex den Anfangswert 1.

Der aktuelle Textfarbindex kann mit der Funktion ginq_text_colr_ind() erfragt werden.

Mögliche Fehler

8 GKS befindet sich nicht im richtigen Zustand: GKS muß sich in einem der Zustände *GKOF, APOF, APAK* oder *SGOF* befinden.

92 Farbindex ist kleiner Null.

Siehe auch

gtext, ginq_text_colr_ind, ginq_colr_facs, gset_colr_rep, gset_asfs.

Bemerkungen

7.139   gset_text_font_prec   [0a]   gstxfp

Setzt eine neue Schriftart und -qualität.

Setze Schriftart und -qualität
Set text font and precision

gset_text_font_prec (schrift)

⇒   const Gtext_font_prec ***schrift**
  typedef struct { Gint font; Gtext_prec prec; } Gtext_font_prec;
  typedef enum { GPREC_STRING, GPREC_CHAR, GPREC_STROKE } Gtext_prec;
  Die neue aktuelle Schriftart und -qualität. Die Werte werden in einer Struktur angegeben. Positive Schriftarten sind normiert, negative sind implementierungsabhängig.
  Mögliche Werte für die Schriftqualität sind: *Lesbar* (GPREC_STRING), *Zeichen* (GPREC_CHAR), *Strich* (GPREC_STROKE).

Beschreibung
Das übergebene Schriftart/Qualitäts-Paar wird in der GKS-Zustandsliste gespeichert (globales GKS-Darstellungsattribut). Dieser Wert wird beim Zeichnen von Texten verwendet, falls der zugehörige Aspektanzeiger den Wert *individuell* hat.
Schriftart und -qualität sind ein einziger Textaspekt. Eine einzelne Schriftart kann in einigen, muß aber nicht notwendigerweise in allen Qualitäten verfügbar sein.
Die Schriftqualität legt fest, mit welcher Genauigkeit die anderen Textaspekte (wie z.B. Zeichenhöhe, Zeichenaufwärtsvektor, Textausrichtung usw.) angewandt werden können. Sie kann folgende Werte annehmen:

Lesbar. Der Text wird gesamthaft behandelt. Textaspekte werden so gut angewandt, wie es der Arbeitsplatz zuläßt. Nur Farbindex und Startpunkt müssen korrekt dargestellt werden. Falls Teile des Textes außerhalb des Klipprechtecks liegen, ist es erlaubt den gesamten Text wegzulassen. Diese Qualität wird oft bei einem Hardware- (Raster-) Zeichensatz verwendet.

Zeichen. Der Text wird auf der Basis der einzelnen Zeichen behandelt. Textaspekte werden so gut angewandt, wie es der Arbeitsplatz zuläßt. Jedes Zeichen wird einzeln positioniert, wodurch korrekte Zeichenabstände sichergestellt sind. Wenn Teile eines Zeichens außerhalb des Klipprechtecks liegen, kann das ganze Zeichen weggelassen werden. Zeichen, die vollständig innerhalb des Klipprechtecks liegen, müssen jedoch dargestellt werden.

Strich. Der Text wird auf der Basis einzelner Striche (Vektoren) behandelt. Alle Textaspekte werden angewandt. Geklippt wird exakt am Klipprechteck. Diese Qualität ist typisch für Vektorzeichensätze.

Am Anfang (unmittelbar nach gopen_gks()) hat die Schriftart und -qualität den Anfangswert (1, *lesbar*).
Ist die spezifizierte Schriftart und -qualität am grafischen Arbeitsplatz nicht verfügbar, so wird (1, *lesbar*) für diesen Arbeitsplatz verwendet.

Die aktuelle Schriftart und -qualität kann mit der Funktion ginq_text_font_prec() erfragt werden.

Mögliche Fehler

8 GKS befindet sich nicht im richtigen Zustand: GKS muß sich in einem der Zustände *GKOF, APOF, APAK* oder *SGOF* befinden.

75 Schriftart ist gleich Null.

2202 Wert für Aufzählungstyp nicht im Bereich.

Siehe auch

gtext, ginq_text_font_prec, gset_asfs.

Bemerkungen

WESTgraf lädt eine Schrift dynamisch zur Laufzeit, sobald sie das erste Mal verwendet wird. Es werden höchstens drei Schriften gleichzeitig im Hauptspeicher gehalten. Das Laden einer weiteren Schrift entfernt die erste Schrift aus dem Hauptspeicher.

Die Funktion gdeactivate_ws() hat den Seiteneffekt, alle Schriften aus dem Hauptspeicher zu entfernen und den dafür belegten Speicher freizugeben.

WESTgraf unterstützt z. Z. nur Vektorzeichensätze. Folgende Schriftarten sind vorhanden (alle in Qualität *Strich*) (s. Abschnitt 6.1):

- GSCHRIFT_ECKIG (1). Einfacher, eckiger Vektorzeichensatz, der mit wenig Linien auszukommen versucht.

- GSCHRIFT_GROTESK (−1). Serifenlose Linearantiqua, im Sprachgebrauch der Typografen auch Grotesk genannt.

- GSCHRIFT_ANTIQUA (−2). Antiqua mit Serifen.

7.140 gset_text_ind [0a] gstxi

Setzt einen neuen Textbündelindex.

Setze Textindex
Set text index

gset_text_ind (index)

⇒ Gint **index**
    Der neue aktuelle Textindex (≥ 1).

Beschreibung

Der übergebene Textindex wird in der GKS-Zustandsliste gespeichert. Dieser Wert wird beim Zeichnen von Texten verwendet, falls mindestens einer der zu Texten gehörenden Aspektanzeiger den Wert *gebündelt* (GASF_BUNDLED) hat.

Der Textindex ist ein Index in die arbeitsplatzabhängige Textbündeltabelle. Werte aus diesem Bündel werden von GKS zum Zeichnen von Texten verwendet, falls die zugehörigen Aspektanzeiger auf *gebündelt* gesetzt sind. Die vordefinierten Textbündel können mit ginq_pred_text_rep() erfragt werden. An jedem Arbeitsplatz sind mindestens 2 verschiedene Textbündel vordefiniert.

Am Anfang (unmittelbar nach gopen_gks()) hat der Textindex den Anfangswert 1. Der aktuelle Textindex kann mit der Funktion ginq_text_ind() erfragt werden.

Mögliche Fehler

   8 GKS befindet sich nicht im richtigen Zustand: GKS muß sich in einem der Zustände *GKOF, APOF, APAK* oder *SGOF* befinden.

  72 Textindex ist ungültig.

Siehe auch

gtext, ginq_text_ind, ginq_pred_text_rep, ginq_text_facs, gset_asfs.

Bemerkungen

Bündeltabelleneinträge dürfen erst ab der GKS-Leistungsstufe *1* vom Programm aus gesetzt werden.

Für alle WESTgraf-Arbeitsplätze sind 5 Textbündel vordefiniert.

7.141   gset_text_path   [0a]   gstxp

Setzt eine neue Schreibrichtung.

Setze Schreibrichtung
Set text path

gset_text_path (richtung)

⇒   Gtext_path   **richtung**
```
typedef enum
{ GPATH_RIGHT, GPATH_LEFT, GPATH_UP, GPATH_DOWN } Gtext_path;
```
Die neue aktuelle Schreibrichtung. Möglich sind: *rechts* (GPATH_RIGHT), *links* (GPATH_LEFT), *auf* (GPATH_UP), *ab* (GPATH_DOWN).

Beschreibung
Die übergebene Schreibrichtung wird in der GKS-Zustandsliste gespeichert. Dieser Wert wird bei nachfolgend erzeugten Texten verwendet.

Die Schreibrichtung legt fest, an welche Seite eines Zeichens das nächste Zeichen des Textes angefügt wird.

Die Schreibrichtung ist relativ zum aktuellen Zeichenaufwärtsvektor zu verstehen. *Auf* ist die Richtung des Zeichenaufwärtsvektors, *ab* die entgegengesetzte Richtung. *Rechts* ist die Richtung senkrecht zum Zeichenaufwärtsvektor (im Uhrzeigersinn), *links* die entgegengesetzte Richtung.

Am Anfang (unmittelbar nach `gopen_gks()`) hat die Schreibrichtung den Anfangswert *rechts*.

Die aktuelle Schreibrichtung kann mit der Funktion `ginq_text_path()` erfragt werden.

Mögliche Fehler
8 GKS befindet sich nicht im richtigen Zustand: GKS muß sich in einem der Zustände *GKOF, APOF, APAK* oder *SGOF* befinden.

2202 Wert für Aufzählungstyp nicht im Bereich.

Siehe auch
gtext, gset_text_align, ginq_text_path, gset_char_up_vec.

Bemerkungen
Die Schreibrichtung ist nur als globales GKS-Darstellungsattribut vorhanden, also kein Bestandteil der arbeitsplatzabhängigen Textbündel.

7.142   gset_val_mode   [0b]   gsvlm

Legt die Betriebsart eines Wertgebers fest.

Setze Wertgebermodus
Set valuator mode

gset_val_mode (arbeitsplatz, nr, betriebsart, echoschalter)

⇒   Gint   **arbeitsplatz**
Frei wählbare Kennzeichnung des Arbeitsplatzes im Anwendungsprogramm.

⇒   Gint   **nr**
Nummer des Wertgebers (≥ 1).

⇒   Gop_mode   **betriebsart**
typedef enum { GOP_REQ, GOP_SAMPLE, GOP_EVENT } Gop_mode;
Betriebsart des Wertgebers. Mögliche Werte für die Betriebsart sind: *Anforderung* (GOP_REQ), *Abfrage* (GOP_SAMPLE), *Ereignis* (GOP_EVENT).

⇒   Gecho_switch   **echoschalter**
typedef enum { GSWITCH_NO_ECHO, GSWITCH_ECHO } Gecho_switch;
Anzeiger, ob ein Echo angezeigt wird oder nicht. Mögliche Werte für den Echoschalter sind: *Echo* (GSWITCH_ECHO), *kein Echo* (GSWITCH_NO_ECHO).

Beschreibung
Ein Wertgeber wird in die angegebene Betriebsart gesetzt. Bei den Betriebsarten *Abfrage* und *Ereignis* wird die Interaktion gestartet. Bei der Betriebsart *Anforderung* wird eine evtl. laufende Interaktion beendet. Die Betriebsart und der Echoschalter werden in der Arbeitsplatz-Zustandsliste eingetragen.
Am Anfang (unmittelbar nach gopen_ws()) haben Betriebsart und Echoschalter die Werte *Anforderung* und *Echo*.
Aufforderungs- und Echoart, Echofeld sowie ein Anfangswert für den Wertgeber können mit ginit_val() eingestellt werden.

Mögliche Fehler
   7 GKS befindet sich nicht im richtigen Zustand: GKS muß sich in einem der Zustände *APOF*, *APAK* oder *SGOF* befinden.
 20 Spezifizierte Arbeitsplatzkennzeichnung ist ungültig.
 25 Spezifizierter Arbeitsplatz ist nicht offen.
 38 Spezifizierter Arbeitsplatz ist weder von der Kategorie *Eingabe* noch von der Kategorie *AusEin*.
140 Spezifiziertes Eingabegerät ist am Arbeitsplatz nicht vorhanden.
143 *Ereignis*- und *Abfrage*-Eingabemodus sind in dieser GKS-Leistungsstufe nicht vorhanden.
2202 Wert für Aufzählungstyp nicht im Bereich.

Siehe auch
ginit_val, greq_val.

Bemerkungen
Die Nummer des Wertgebers ist für WESTgraf derzeit stets 1.
WESTgraf unterstützt z.Z. nur die Betriebsart *Anforderung*.

7.143   gset_vp   [0a]   gsvp

Setzt das Darstellungsfeld einer Normierungstransformation neu.

Setze Darstellungsfeld
Set viewport

gset_vp   (transfomation, darstellungsfeld)

⇒   Gint   **transformation**
Nummer der Normierungstransformation (≥ 1).

⇒   const Glimit   ***darstellungsfeld**
typedef struct { Gfloat x_min,x_max, y_min,y_max; } Glimit;
Darstellungsfeld in normierten Koordinaten (NK). Die Feldgrenzen müssen
innerhalb des Einheitsquadrats $[0, 1] \times [0, 1]$ liegen.

Beschreibung

Die Grenzen des Darstellungsfelds der Normierungstransformation (NT) werden
in die GKS-Zustandsliste eingetragen.

Die Änderung einer NT wirkt sich auf nachfolgende grafische Ausgaben nur aus,
wenn die NT die aktuelle NT ist (gsel_norm_tran()).

Eine NT bildet ein Fenster in Weltkoordinaten (WK) auf ein Darstellungsfeld
in NK ab. Am NK-Darstellungsfeld der aktuellen NT wird geklippt, falls der
Klippanzeiger auf *Klippen* steht (gset_clip_ind()).

Das Darstellungsfeld einer NT kann mit der Funktion ginq_norm_tran() erfragt werden. Die Nummer der aktuellen NT kann mit ginq_cur_norm_tran_num() erfragt werden. Eine NT kann mit gsel_norm_tran() zur aktuellen NT gemacht werden.

Am Anfang (unmittelbar nach gopen_gks()) sind sowohl Fenster als auch Darstellungsfeld aller NT identisch mit dem Einheitsquadrat, d.h. alle NT bilden das
Einheitsquadrat auf sich selbst ab.

Die NT 0 hat für GKS eine besondere Bedeutung. Sie bildet stets das Einheitsquadrat $[0, 1] \times [0, 1]$ auf sich selbst ab und kann nicht geändert werden.

Mögliche Fehler

   8   GKS befindet sich nicht im richtigen Zustand: GKS muß sich in einem der Zustände
       GKOF, APOF, APAK oder *SGOF* befinden.
  50   Transformationsnummer ist ungültig.
  51   Definition des Rechtecks ist ungültig.
  52   Darstellungsfeld liegt nicht im Einheitsquadrat des normierten Koordinatenbereichs.

Siehe auch

ginq_cur_norm_tran_num, gsel_norm_tran, gset_win, ginq_norm_tran, gset_clip_ind.

Bemerkungen

Die maximale Nummer einer Normierungstransformation ist implementierungsabhängig. In WESTgraf ist sie 20, d.h. es können die NT mit den Nummern 0–20
(also 21 NT) verwendet werden.

7.144   gset_vp_pri   [0b]   gsvpip

Setzt die Priorität des Darstellungsfelds einer Normierungstransformation neu.

Setze Darstellungsfeld-Eingabepriorität
Set viewport input priority

gset_vp_pri   (transfomation, referenz, prioritaet)

⇒   Gint   **transformation**
Nummer der Normierungstransformation (≥ 0).

⇒   Gint   **referenz**
Nummer der Referenztransformation (≥ 0).

⇒   Grel_pri   **prioritaet**
typedef enum { GPRI_HIGHER, GPRI_LOWER } Grel_pri;
Neue relative Priorität der Transformation gegenüber der Referenz. Mögliche
Werte sind: *höher* (GPRI_HIGHER), *niedriger* (GPRI_LOWER).

Beschreibung
Die Priorität der NT wird auf den nächsthöheren/-niedrigeren Wert als die der
Referenz-NT gesetzt. Wenn für NT und Referenz-NT dieselbe Nummer angegeben
werden, hat die Funktion keinen Effekt.

Die Priorität wird zur Umrechnung von Eingaben eines Lokalisierers/Liniengebers
in Weltkoordinaten benutzt. Die Position eines Lokalisierers wird von Gerätekoordinaten (GK) mittels der inversen Gerätetransformation in normierte Koordinaten
(NK) umgerechnet. Dieser Punkt muß nun in Weltkoordinaten transformiert werden. Von allen NT, in deren Darstellungsfeld der Punkt liegt, wird diejenige mit
der höchsten Priorität für diese Transformation gewählt. Bei Liniengebereingabe
wird diejenige NT mit der höchsten Priorität gewählt, in deren Darstellungsfeld
alle Punkte liegen.

Man beachte: Da Prioritäten immer relativ angegeben werden, können niemals
zwei NT die gleiche Priorität haben. Jede Lokalisierer/Liniengebereingabe liegt
stets vollständig im Darstellungsfeld der NT 0. Die NT 0 ist eine spezielle NT, die
nicht geändert werden kann und immer das Einheitsquadrat auf sich selbst abbildet. Es gibt also für jede Eingabe eine definierte NT zur Umrechnung.

Am Anfang (unmittelbar nach gopen_gks()) sind die Prioritäten der Normierungstransformationen in der Reihenfolge ihrer Nummern gegeben, wobei die kleinste
Nummer (0) die höchste Priorität hat.

Mögliche Fehler
   8 GKS befindet sich nicht im richtigen Zustand: GKS muß sich in einem der Zustände
      GKOF, APOF, APAK oder *SGOF* befinden.
  50 Transformationsnummer ist ungültig.
2202 Wert für Aufzählungstyp nicht im Bereich.

Siehe auch
gset_vp, ginq_list_norm_tran_nums, greq_loc, greq_stroke.

Bemerkungen
Die maximale Nummer einer Normierungstransformation ist für WESTgraf 20.

7.145   gset_win   [0a]   gswn

Setzt das Fenster einer Normierungstransformation neu.

Setze Fenster
Set window

gset_win (transfomation, fenster)

⇒   Gint **transformation**
    Nummer der Normierungstransformation (≥ 1).

⇒   const Glimit ***fenster**
    typedef struct { Gfloat x_min,x_max, y_min,y_max; } Glimit;
    Fenster in Weltkoordinaten.

Beschreibung

Die Fenstergrenzen der Normierungstransformation (NT) werden in die GKS-Zustandsliste eingetragen.

Die Änderung einer NT wirkt sich auf nachfolgende grafische Ausgaben nur aus, wenn die NT die aktuelle NT ist (gsel_norm_tran()).

Eine NT bildet ein Fenster in Weltkoordinaten (WK) auf ein Darstellungsfeld in NK ab. Am NK-Darstellungsfeld der aktuellen NT wird geklippt, falls der Klippanzeiger auf *Klippen* steht (gset_clip_ind()).

Das Fenster einer NT kann mit der Funktion ginq_norm_tran() erfragt werden. Die Nummer der aktuellen NT kann mit ginq_cur_norm_tran_num() erfragt werden. Eine NT kann mit gsel_norm_tran() zur aktuellen NT gemacht werden.

Am Anfang (unmittelbar nach gopen_gks()) sind sowohl Fenster als auch Darstellungsfeld aller NT identisch mit dem Einheitsquadrat, d.h. alle NT bilden das Einheitsquadrat auf sich selbst ab.

Die NT 0 hat für GKS eine besondere Bedeutung. Sie bildet stets das Einheitsquadrat $[0, 1] \times [0, 1]$ auf sich selbst ab und kann nicht geändert werden.

Mögliche Fehler

8 GKS befindet sich nicht im richtigen Zustand: GKS muß sich in einem der Zustände *GKOF, APOF, APAK* oder *SGOF* befinden.

50 Transformationsnummer ist ungültig.

51 Definition des Rechtecks ist ungültig.

Siehe auch

ginq_cur_norm_tran_num, gsel_norm_tran, ginq_norm_tran, gset_vp, gset_clip_ind.

Bemerkungen

Die maximale Nummer einer Normierungstransformation ist implementierungsabhängig. In WESTgraf ist sie 20, d.h. es können die NT mit den Nummern 0–20 (also 21 NT) verwendet werden.

7.146 gset_ws_vp [0a] gswkvp

Setzt das Gerätedarstellungsfeld neu.

Setze Gerätedarstellungsfeld
Set workstation viewport

gset_ws_vp (arbeitsplatz, geraetedarstellungsfeld)

⇒ Gint **arbeitsplatz**
Frei wählbare Kennzeichnung des Arbeitsplatzes im Anwendungsprogramm.

⇒ const Glimit ***geraetedarstellungsfeld**
typedef struct { Gfloat x_min,x_max, y_min,y_max; } Glimit;
Grenzen des Gerätedarstellungsfelds in Gerätekoordinaten (GK). Das Gerätedarstellungsfeld muß innerhalb der Gerätegrenzen liegen.

Beschreibung

In der Arbeitsplatz-Zustandsliste wird das angeforderte Gerätedarstellungsfeld neu gesetzt.

Die Gerätetransformation (GT) bildet das Fenster in normierten Koordinaten (NK) verzerrungsfrei auf das größtmögliche ähnliche Rechteck innerhalb des Darstellungsfelds in GK ab. Am NK-Fenster der GT wird stets geklippt.

Das aktuelle Gerätedarstellungsfeld wird nur angepaßt, wenn die Darstellungsfläche des Geräts leer ist oder eine dynamische Änderung der Gerätetransformation vom Gerät unterstützt wird. Andernfalls ist ein erneuter Bildaufbau zur Aktualisierung notwendig. Diese Notwendigkeit kann mit ginq_ws_defer_upd_sts() erfragt werden.

Kann die Gerätetransformation nicht sofort aktualisiert werden, so wird das Aktualisieren aufgeschoben (bis zum Löschen der Darstellungsfläche mit gclear_ws() oder zum Aktualisieren des Arbeitsplatzes mit gupd_ws()).

Der Anfangswert des Gerätedarstellungsfeldes ist die gesamte Darstellungsfläche des Geräts. Gerätekoordinaten können Meter oder irgendeine andere arbeitsplatzabhängige Einheit sein. Einheit und Bereich der GK können mit der Funktion ginq_disp_space_size() erfragt werden.

Mögliche Fehler

7 GKS befindet sich nicht im richtigen Zustand: GKS muß sich in einem der Zustände *APOF, APAK* oder *SGOF* befinden.
20 Spezifizierte Arbeitsplatzkennzeichnung ist ungültig.
25 Spezifizierter Arbeitsplatz ist nicht offen.
33 Spezifizierter Arbeitsplatz ist von der Kategorie *BE*.
36 Spezifizierter Arbeitsplatz ist der arbeitsplatzunabhängige Segmentspeicher.
51 Definition des Rechtecks ist ungültig.
54 Gerätedarstellungsfeld liegt nicht im Darstellungsbereich.

Siehe auch

gset_ws_win, ginq_ws_tran, gclear_ws, gupd_ws, ginq_ws_defer_upd_sts.

Bemerkungen

Die WESTgraf-Arbeitsplätze unterstützen derzeit keine dynamische Änderung der Gerätetransformation.

7.147   gset_ws_win   [0a]   gswkwn

Setzt das Gerätefenster neu.

Setze Gerätefenster
Set workstation window

gset_ws_win   (arbeitsplatz, geraetefenster)

⇒   Gint   **arbeitsplatz**
Frei wählbare Kennzeichnung des Arbeitsplatzes im Anwendungsprogramm.

⇒   const Glimit   **∗geraetefenster**
typedef struct { Gfloat x_min,x_max, y_min,y_max; } Glimit;
Grenzen des Gerätefensters in normierten Koordinaten (NK). Das Gerätefenster muß innerhalb des Einheitsquadrats $[0, 1] \times [0, 1]$ liegen.

Beschreibung
In der Arbeitsplatz-Zustandsliste wird das angeforderte Gerätefenster neu gesetzt.

Die Gerätetransformation (GT) bildet das Fenster in normierten Koordinaten (NK) verzerrungsfrei auf das größtmögliche ähnliche Rechteck innerhalb des Darstellungsfelds in GK ab. Am NK-Fenster der GT wird stets geklippt.

Das aktuelle Gerätefenster wird nur angepaßt, wenn die Darstellungsfläche des Geräts leer ist oder eine dynamische Änderung der Gerätetransformation vom Gerät unterstützt wird. Andernfalls ist ein erneuter Bildaufbau zur Aktualisierung notwendig. Diese Notwendigkeit kann mit ginq_ws_defer_upd_sts() erfragt werden.

Kann die Gerätetransformation nicht sofort aktualisiert werden, so wird das Aktualisieren aufgeschoben (bis zum Löschen der Darstellungsfläche mit gclear_ws() oder zum Aktualisieren des Arbeitsplatzes mit gupd_ws()).

Der Anfangswert des Gerätefensters ist das gesamte NK-Einheitsquadrat ($[0, 1] \times [0, 1]$).

Mögliche Fehler
7 GKS befindet sich nicht im richtigen Zustand: GKS muß sich in einem der Zustände *APOF*, *APAK* oder *SGOF* befinden.
20 Spezifizierte Arbeitsplatzkennzeichnung ist ungültig.
25 Spezifizierter Arbeitsplatz ist nicht offen.
33 Spezifizierter Arbeitsplatz ist von der Kategorie *BE*.
36 Spezifizierter Arbeitsplatz ist der arbeitsplatzunabhängige Segmentspeicher.
51 Definition des Rechtecks ist ungültig.
53 Gerätefenster liegt nicht im Einheitsquadrat des normierten Koordinatenbereichs.

Siehe auch
gset_ws_vp, ginq_ws_tran, gclear_ws, gupd_ws, ginq_ws_defer_upd_sts.

Bemerkungen
Die WESTgraf-Arbeitsplätze unterstützen derzeit keine dynamische Änderung der Gerätetransformation.

7.148   gtext   [0a]   gtx

Zeichnet Zeichenkette.

Text
Text

gtext   (position, zeichenkette)

⇒   const Gpoint   **∗position**
typedef struct { Gfloat x,y; } Gpoint;
Referenzpunkt in Weltkoordinaten für den zu zeichnenden Text.

⇒   const char   **∗zeichenkette**
Zu zeichnender Text (mit '\0' abgeschlossen).

Beschreibung

Der Text wird mit den aktuellen Textattributen dargestellt. Abhängig von den aktuellen Aspektanzeigern, werden diese entweder durch das Textbündel oder durch die individuellen Attribute bestimmt. Der Text wird auf allen aktiven Arbeitsplätzen gezeichnet.

Der Referenzpunkt bestimmt, wo der Text auf der Darstellungsfläche gezeichnet wird. Die genaue Wirkung des Referenzpunktes auf die Textpositionierung hängt von der Textausrichtung (**gset_text_align()**) und möglicherweise von der Schreibrichtung (**gset_text_path()**) ab.

Mögliche Fehler

5   GKS befindet sich nicht im richtigen Zustand: GKS muß sich entweder im Zustand *APAK* oder im Zustand *SGOF* befinden.

101   Ungültiger Code in der Zeichenfolge.

Siehe auch

gset_text_font_prec, gset_char_expan, gset_text_colr_ind, gset_char_ht,
gset_char_up_vec, gset_text_path, gset_text_align, gset_text_ind, gset_asfs,
gset_colr_rep, gactivate_ws.

Bemerkungen

7.149   gupd_ws   [0a]   guwk

Alle evtl. zurückgestellten Aktionen für einen Arbeitsplatz werden ausgeführt.

Aktualisiere Arbeitsplatz
Update workstation

gupd_ws   (arbeitsplatz, regenerierungsanzeiger)

⇒   Gint   **arbeitsplatz**
Frei wählbare Kennzeichnung des Arbeitsplatzes im Anwendungsprogramm.

⇒   Gupd_regen_flag   **regenerierungsanzeiger**
typedef enum { GFLAG_POSTPONE, GFLAG_PERFORM } Gupd_regen_flag;
Mögliche Werte für den Regenerierungsanzeiger sind:
Aufschieben (GFLAG_POSTPONE), *Ausführen* (GFLAG_PERFORM).
Legt fest, ob nur zurückgestellte Ausgabe übertragen werden soll (*Aufschieben*) oder ob auch (falls nötig) die Darstellungsfläche gelöscht und alle Segmente neu gezeichnet werden sollen (*Ausführen*).

Beschreibung
Die Darstellungsfläche des Arbeitsplatzes wird auf den aktuellen Stand gebracht.
Bei *Ausführen* werden evtl. zurückgestellte Änderungen der Gerätetransformation oder der Farbbeschreibung durchgeführt. Dazu kann es nötig sein, die Darstellungsfläche zu löschen und alle Segmente neu zu zeichnen. Diese Notwendigkeit kann mit ginq_ws_defer_upd_sts() erfragt werden.

Mögliche Fehler
7 GKS befindet sich nicht im richtigen Zustand: GKS muß sich in einem der Zustände *APOF*, *APAK* oder *SGOF* befinden.
20 Spezifizierte Arbeitsplatzkennzeichnung ist ungültig.
25 Spezifizierter Arbeitsplatz ist nicht offen.
33 Spezifizierter Arbeitsplatz ist von der Kategorie *BE*.
35 Spezifizierter Arbeitsplatz ist von der Kategorie *Eingabe*.
36 Spezifizierter Arbeitsplatz ist der arbeitsplatzunabhängige Segmentspeicher.

Siehe auch
gclear_ws, gset_ws_win, gset_ws_vp, gset_colr_rep, ginq_ws_defer_upd_sts.

Bemerkungen
WESTgraf unterstützt z. Z. keine Segmente.

7.150   gwrite_item   [0a]   gwitm

Schreibt einen Satz nichtgrafischer Daten in die Bilddatei.

Schreibe Satz in die Bilddatei
Write item to GKSM

gwrite_item   (arbeitsplatz, satzart, laenge, datensatz)

⇒   Gint   **arbeitsplatz**
Frei wählbare Kennzeichnung des Arbeitsplatzes im Anwendungsprogramm.

⇒   Gint   **art**
Satzart des zu schreibenden Datensatzes (> 100).

⇒   Gint   **laenge**
Länge des zu schreibenden Datensatzes (≥ 0).

⇒   const Gitem_data   ***datensatz**
typedef struct { Gint type, length; Gvoid data; } Gitem_data;
Zeiger auf den zu schreibenden Datensatz.

Beschreibung

Diese Funktion schreibt einen nichtgrafischen Datensatz, den der Anwender bereitstellt, in die Bilddatei. Grafische Datensätze werden von GKS selbsttätig auf jeden aktiven Arbeitsplatz der Kategorie *BA* (*Bilddatei Ausgabe*) geschrieben.

Mögliche Fehler

   5   GKS befindet sich nicht im richtigen Zustand: GKS muß sich entweder im Zustand *APAK* oder im Zustand *SGOF* befinden.
 20   Spezifizierte Arbeitsplatzkennzeichnung ist ungültig.
 30   Spezifizierter Arbeitsplatz ist nicht aktiv.
 32   Spezifizierter Arbeitsplatz ist nicht von der Kategorie *BA*.
160   Satzart ist für Benutzersätze nicht erlaubt.
161   Satzlänge ist ungültig.

Siehe auch

gget_item_type, gread_item, ginterpret_item.

Bemerkungen

Bilddateien werden von WESTgraf derzeit nicht unterstützt. Daher wird auch der Datensatz nicht verwendet.

Literaturverzeichnis

[Ber88]   Marc Berger. *Computergrafik mit Pascal.* Addison-Wesley Verlag, Bonn, 1988.

[DHGS86]   D.A. Duce, F.R.A. Hopgood, J.R. Gallop und D.C. Sutcliffe. *Introduction to the Graphical Kernel System (GKS).* A.P.I.C. Studies in Data Processing Vol. 28. Academic Press, London, 2. Auflage, 1986.

[DIN86]   DIN. *DIN 66252 Teil 1 Grafisches Kernsystem (GKS).* Deutsches Institut für Normung e.V., Beuth-Verlag GmbH, Burggrafenstraße 6, Berlin, 1986.

[EKP84]   Günter Enderle, Klaus Kansy und Günther Pfaff. *Computer Graphics Programming.* Symbolic Computation. Springer Verlag, Berlin, Heidelberg, New York, Tokyo, 1984.

[ESH89]   Günter Enderle und Angelika Scheller (Hrsg.). *Normen der graphischen Datenverarbeitung.* Handbuch der Informatik, Bd. 9.1. R. Oldenbourg Verlag, München, Wien, 1989.

[Fel88]   Wolf-Dietrich Fellner. *Computer Grafik.* Reihe Informatik Nr. 58. B.I. Wissenschaftsverlag, Mannheim, Wien, Zürich, 1988.

[ISO91]   ISO/IEC. *ISO/IEC 8651-4 Graphical Kernel System (GKS) language bindings — Part 4: C.* International Organization for Standardization, Sekretariat DIN: Burggrafenstraße 6, Berlin, 1991.

[Kop89]   Herbert Kopp. *Graphische Datenverarbeitung.* Hanser Studienbücher. Carl Hanser Verlag, München, Wien, 1989.

[KR90]   Brian W. Kernighan und Dennis M. Ritchie. *Programmieren in C.* Carl Hanser Verlag, München, Wien, 2., Auflage, 1990.

[NS86]   William M. Newman und Robert F. Sproull. *Grundzüge der interaktiven Computergrafik.* McGraw-Hill Book Company GmbH, Hamburg, 1986.

[WS91]   Herbert Weidner und Bernhard Stauß. *Grafik und Animation in C.* Vieweg Verlag, Braunschweig, 1991.

Sachwortverzeichnis

Vieweg C++ Toolbox

Professionelle Bibliothek für Turbo C und Borland C++

von Manfred Rebentisch

1991. VIII, 420 Seiten mit Diskette. Gebunden.
ISBN 3-528-05162-0

Hier liegt ein Buch/Softwarepaket vor, das sich kompromißlos an den Praktiker unter den Programmierprofis richtet. Es enthält keine theoretischen Exkurse ohne Nutzen, sondern handfeste Utilities und Tricks für den Einsatz unter Turbo C++, die es „in sich haben". Und das Ganze unkonventionell dargereicht von einem der ganz wenigen Autoren im Bereich Computerliteratur, die es gewohnt sind, kein Blatt vor den Mund zu nehmen.

Verlag Vieweg · Postfach 58 29 · D-6200 Wiesbaden

Vieweg ProjectManager PROAB® II

Software zum modernen Projektmanagement mit Benutzerhandbuch

von Erik Wischnewski

2., verbesserte Auflage 1992. VIII, 139 Seiten mit Diskette. Gebunden. ISBN 3-528-15149-3

Der Vieweg ProjectManager PROAB® II unterstützt alle drei Bereiche des Projektmanagements, d. h. die Projektplanung, die Projektverfolgung sowie die Projektsteuerung. Die Unterstützung findet auf allen Risikoebenen statt: Technik, Termine und Kosten. Das Paket unterstützt den Projektleiter einerseits bei der Termin- und Kostenüberwachung und hilft ihm andererseits, die Ressourcenplanung sowie den Ressourceneinsatz zu optimieren. Die auf dem Markt erhältlichen Programme zum Projektmanagement unterstützen in der Regel lediglich die Erstellung von Struktur- und Netzplänen, zum Teil wird auch die Kostenplanung mit berücksichtigt. Die vorliegende Software leistet mehr: die Projektverfolgung umfaßt unter anderem die automatisierte Berichterstattung und eine vollständige Verfolgung von Fremdleistungen sowie die Erfassung von Störungen. Die Projektsteuerung wird durch die Bereitstellung analytischer Werte und zahlreicher Diagramme erleichtert.

Verlag Vieweg · Postfach 58 29 · D-6200 Wiesbaden